文學評論叢書
03

在閱讀與書寫之間

——評好書300種

著作者
（依評介先後為序）

鄭政秉

卓清芬

李福鐘

郭強生

吳月蕙

衣若芬

白　靈

林黛嫚

張錫模

黃雅歆

楊　明

宇文正

辜振豐

謝鵬雄

張春榮

張堂錡

方　梓

三民書局

三民的文化使命

「三民叢刊是三民書局的文化使命」，知名文化評論家、也是三民叢刊的作者之一的南方朔先生如是說。

在普通讀者的印象裡，三民書局是和教科書畫上等號的，證諸三民書局五十年的發展史，得到的答案亦相去不遠，三民書局首先出版的是法政方面的大學用書，當時法政權威鄒文海、薩孟武、張金鑑、戴炎輝等人都為三民寫書，陶百川先生並為三民編輯新版《六法全書》，這一系列法政大學用書，確定三民出版品的方向與地位，那些鵝黃色封面的大學教科書，迄今仍是那個時代閱讀過的學子最珍貴的記憶。隨後的三民文庫、三民叢刊、滄海叢刊、世界哲學家叢書、比較文學叢書、國學大叢書、新世紀法學叢書、現代社會學叢書、大辭典、宗教文庫、兒童文學叢書等建立了三民書局累積知識與承傳學術的社會價值。

其中三民文庫與承繼三民文庫的三民叢刊則是三民書局的文化使命。在當時國內出版界率先採用歐美袖珍版的三民文庫，最初的編輯目的是希望前輩學者以回憶錄的形式，將個人治學的經驗與經歷記錄下來，作為後輩學子效法學習的典範，前後出版了錢穆、方東美、唐君毅、牟宗三、薩孟武、陶百川、洪炎秋等輩學人的著作，後來因為這類著作畢竟可遇不可求，且為因應讀者需要，將文庫的出版方向轉向文學方面，這一系列的書每一本都是劉董事長親自邀約出版的，

文庫出版至二百號，因書局業務繁忙，劉先生無法親自約稿，為避免影響文庫的方向與品質，因此忍痛在二百號後光榮結束。但藉由非教科書的出版品，尤其是文學、文化方面的叢書來和社會結合，來呈現當代的文化風格的想法，劉先生始終沒有放棄，而在 1990 年起開闢三民叢刊，多面向出版文學、文化、藝術等方面的書籍。

到 2005 年，三民叢刊也出版到三百號了，十五年，三百種書，每一本都記錄著這段時間臺灣文化發展的軌跡，過去在三民書局站著看白書的往事，是 50、60 年代最美麗的風景，三民叢刊把這種美麗的風景帶進了 21 世紀，許多愛書人站在三民書局裡閱讀的不再只是教科書，也是文學，也是心靈。

這本《在閱讀與書寫之間》，由三民書局編輯部邀請 17 位作家、學者撰寫，把三民叢刊的三百種書做出簡練而精要的品賞，讓讀者在短短八百字的篇幅中領略一本書的菁華，有興趣的人也能找出原書做進一步的精讀。《在閱讀與書寫之間》仍然肩負著三民的文化使命，它不是「三民叢刊」的結束，而是一道橋樑，一道文化橋樑，陪伴讀者走向新的世紀。

林黛嫚

著者簡介

鄭政秉

美國密西根州立大學經濟學博士。師承自經濟思想史大師 Warren
Samuels,主修經濟思想史和制度經濟學,晚近也致力於探索中國大陸
的制度變遷及兩岸經貿發展。現為東吳大學經濟系助理教授。

卓清芬

臺灣大學中文所博士。曾任中央研究院史語所研究助理、臺灣大學中
文系兼任講師。現為中央大學中文系助理教授。著有《納蘭性德文學
研究》、《清末四大家詞學及詞作研究》等。

李福鐘

臺灣大學歷史學博士。曾任《聯合報》大陸新聞中心記者、《中央日報》
綜合新聞中心主任、復興電臺「兩岸櫥窗」節目主持人。現為政治大
學臺灣史研究所助理教授。著有《新民主主義時期 (1949–1956) 中國
共產黨的私營工商業政策》、《改造一個共和國──中國大陸改革運動
的展開 (1976–1984)》等。

郭強生

臺灣大學外文系畢業,美國紐約大學戲劇博士。現為東華大學英美文
學系、創作與英語文學研究所副教授。著有《掏出你的手帕》、《在文
學徬徨的年代》、《2003 / 郭強生》等。

吳月蕙

文化大學中文碩士。曾任《中央日報》副刊編輯。現從事文字工作,
建國科技大學、健康管理學院兼任講師。著有《筆耕心耘見良田──
女作家群像》、《謎樣的孩子》等。

衣若芬

臺灣大學中文所博士。曾任輔仁大學中文系副教授、韓國成均館大學東亞學術院招聘教授。現為中央研究院中國文哲研究所副研究員。著有《衣若芬極短篇》、《青春祭》、《蘇軾題畫文學研究》等。

白　靈

本名莊祖煌。美國史帝芬斯理工學院化工碩士。曾任《臺灣詩學》季刊主編。現為臺北科技大學副教授,「年度詩選」編委。曾獲中山文藝獎、國家文藝獎等。著有《妖怪的本事》、《白靈短詩選》、《煙火與噴泉》等。建有網站「白靈文學船」(http://www.ntut.edu.tw/~thchuang) 等。

林黛嫚

臺灣大學中文系畢業,世新大學社會發展研究所碩士。現為《中央日報》副刊中心主任兼〈中央副刊〉主編、國立臺北師範學院兼任講師。主編年度小說選《復活》,著有《閒愛孤雲》、《本城女子》、《平安》等。

張錫模

俄羅斯聯邦莫斯科大學政治學博士。曾任《中央日報》主筆兼〈地圖周刊〉主編。現為中山大學中山學術研究所助理教授。著有《莫斯科不相信眼淚》、《聖戰與文明》等。

黃雅歆

輔仁大學中文所博士。現為國立臺北師範學院語教系、臺文所副教授。曾獲第六屆梁實秋文學獎散文獎佳作、民國 82 年教育部文藝創作獎散文獎第二名。著有《旅行的顏色》、《不可不讀的五十首唐詩》等。

楊　明

東海大學中文系畢業,四川大學中國現當代文學博士候選人。任職新聞工作多年,曾服務於《臺灣日報》、《自由時報》、《中央日報》。著有《走出荒蕪》、《我想說我捨不得》、《學會放心和放手》等。

宇文正

本名鄭瑜雯。東海大學中文系畢業,美國南加大東亞所碩士。曾任《風尚》雜誌主編、《中國時報》文化版記者、漢光文化編輯部主任,主持電臺「民族樂風」節目。現為《聯合報》副刊組編輯。著有《幽室裡的愛情》、《顛倒夢想》等。

辜振豐

臺灣大學外文系畢業。曾任教東吳大學英文系。現專事寫作,為《C'est Moi 是我》、《漂亮家居》等雜誌專欄作家,並常在報刊發表評論。著有《布爾喬亞:欲望與消費的古典記憶》、《時尚考:流行知識的歷史祕密》等。

謝鵬雄

臺灣大學外文系畢業,留日傳播學者。曾任教政治大學及世新大學,歷任電視臺編審、主管。現專事寫作。著有《莎士比亞的政治語言》、《文學中的女人》、《透視日本》等。

張春榮

臺灣師範大學國文所博士。現為國立臺北師範學院語教系所、臺文所教授。著有《含羞的歲月》、《青鳥蓮花》、《詩學析論》、《修辭散步》等。

張堂錡

東吳大學中文所博士。曾任職《中央日報》副刊多年。現為政治大學中文系助理教授。著有《文學靈魂的閱讀》、《舊時月色》、《清靜的熱鬧:白馬湖作家群論》等。

方　梓

本名林麗貞。中國文化大學大眾傳播系畢業,東華大學創作與英語文學研究所碩士。曾任文化總會企劃、《自由時報》副刊副主編。現為世新大學、靜宜大學兼任講師。著有《第四個房間》、《采采卷耳》等。

大時代中的平穩舵手

鄭政秉

001 邁向已開發國家

孫震 著

本書的內容和作者孫震當時所面對的社經環境息息相關。那是一個充滿騷動的大時代，民主轉型正是風起雲湧、青年人求新求變、反抗體制的熱潮方興未艾。當時擔任臺灣大學校長的孫震，赤裸裸地在第一線遭受這一波又一波浪潮的直接衝擊：廢除審稿制度、要求言論自由、主張校園普選、鼓動政治改革、廢除戒嚴法、提倡社會運動……。因此，讀者從這本書讀到的不僅僅是一位經濟學家對經濟政策之建言，也可以領會到一個身處變遷時代的舵手，是如何艱難地因應時代的衝擊。

本書的結構恰是作者在當時多重身分的反映。首先，他是臺灣頂尖大學的校長，所以關心臺灣教育之大走向，包含國家教育政策、人力投資，以及文化建設等大問題。其次，他是既有社會面對前衛青年衝擊時的捍衛者，因此，書中有四分之一的篇幅在談道德教育、如何重建一個富而好禮的社會等教化社會的文章。最後，他是一位專業經濟學家，因此全書超過一半以上的篇幅在談經濟發展的相關問題，包括臺灣經濟發展的回顧、當時所面臨的挑戰，以及未來的發展前景等。我們從這些財經文章中，看到一個專業經濟學者關心的問題：貿易順差、外匯激增、臺幣升值、投資不足、技術有待升級等議題。也可以讀到一個典型自由派學者所鼓吹的理想——經濟自由化和國際化。

作者在處理上述三類問題時，都是從大角度、大方向切入。因此，讀者很容易感受到作者宏觀的視野。作者在書陳這些時代的變遷時，雖然不時引用中國傳統的四書五經和西方思想家的理論，但是筆調是溫和的，氣勢是敦厚的。因此，我們也能夠了解，何以臺灣在這個大時代的轉變過程中，大抵是平和順暢的，而能夠避免了青年革命時期常見的動盪和不安。

社會人文

素樸的臺灣經濟發展論　　鄭政秉

002
經濟發展啟示錄

于宗先　著

社會人文

　　于宗先一直是橫跨學術界與政策界非常活躍的一位臺灣經濟學家。他早先也是臺灣經濟學界的領袖之一，在中研院經濟所所長任內，引領著臺灣經濟學術匍匐前進。在學術研究之餘，他也在政府各部門擔任顧問，親身參與許多政策之制定。之後，擔任中華經濟研究院院長，更是熱心投諸國家各項財經政策之評估與訂定。因此，于宗先一直是臺灣經濟發展政策最積極的建言者，不僅在 1980 年代之前就有專書問世，一直到今天，他仍然持續出版有關臺灣經濟發展及兩岸政策之著作。

　　本書共收錄于宗先於 1985 年至 1990 年之間撰寫的四十二篇文章。全書分成八大部分，多圍繞在當時臺灣社會所面臨的財經問題。因此，要了解本書，必須回顧當時的時代背景。臺灣在 1985 年前後，經濟發展已卓然有成，不僅成長快速，而且累積了大量之外匯存底。不過，雖然在自由化和國際化的旗幟下，臺灣正努力改善經濟體質，但是社會各種保守的力量和政府的管制措施依然普遍存在。再加上，日益活躍的民間社會，卻瘋狂於「大家樂」、「六合彩」的豪賭、以及房地產和股市的炒作。因此，作者在本書中分析上述這些現象的成因及長遠的負面影響，並提出各種長短期的解決之道。

　　于宗先的文筆平實，結構穩當，分析與推論大多是樸實無華的。不過在這些看似平常的政策分析中，卻遍布作者清晰的推論和井然有序的理論基礎。許多有見地的觀點，至今仍值得我們關注。譬如，作者告訴我們，應該善用過剩的外匯存底，設立外匯基金，以引領臺灣高科技的升級。又如作者分析保護主義的來龍去脈，並關聯到美國「三○一條款」的政策效應，最後引申出進一步推展自由化之必要性等，都是可以超越時間的論述。

文學長河

卓清芬

中國文學源遠流長，從春秋戰國到現代，許多偉大的心靈產生了千古不朽的傑作。那些琅琅上口的文字，成為每個時代共同的記憶。

面對浩瀚的文學典籍，不免有力不從心之歎。王更生教授的《中國文學講話》便是從文學典籍中選出韻文、散文、駢文、小說、戲曲、文學批評等六部分，依時代先後，提綱挈領地將各類文體的發展、特色、著名作家及代表作介紹給讀者。注重文學的內在關聯，避免朝代的割裂；去除艱深拗口的詞彙，使用簡明扼要的文字。篇末附參考書目，對中國文學有興趣的人，能由此登堂入室，不致望而卻步。

韻文部分包含《詩經》、楚辭、漢賦、古詩、樂府、唐詩、宋詞、元曲等，除點明各類文體特色外，也對文體興盛和衰落的原因作了簡要的說明。

散文部分涵蓋了經、史、子、集，從先秦、兩漢到民國以來的白話文，著重形式、內容方面的沿革。

駢文強調對偶工整、文字華美，除欣賞古人名篇之外，亦可將對仗、排偶的技巧應用在白話文的書寫上。

中國古典小說，從先秦的神話寓言到明清的章回小說，無論形式、內容均有不同的變化。民國以來的新小說，受西方文學影響，在技巧、結構上有更豐富的展現。

中國戲曲成熟得較晚，元雜劇及明清傳奇，產生了許多膾炙人口的劇本，至今仍受重視。無論是演出或改編，戲劇魅力依然歷久不衰。

除了針砭創作之外，文學批評也提出理論、領導思潮、建立鑑賞標準、探索文學功能、反映出各個時代的文學現象。文學批評的蓬勃、興盛，對文學發展亦有推波助瀾之功。

書中所選的各類作品都是歷經各個時代的考驗，在時間的潮流沖刷下還能留存的文學精品。雖然年代久遠，但真摯的情感、豐富的想像、深刻的思想、高妙的技巧，仍能切中現代人的心靈深處，引起強烈的共鳴。

猜　　心

卓清芬

　　自從《紅樓夢》問世以來，即獲得廣大讀者的喜愛，迄今不衰。在民國 93 年《聯合報》舉辦的讀者票選古今中外「最愛一百」小說活動中也名列前茅。這本膾炙人口的小說是誰寫的呢？在胡適提出《紅樓夢》的作者是曹雪芹之前，可說是眾說紛紜，莫衷一是。胡適的考證一出，獲得當時學界的肯定，獨潘重規先生提出異議。他認為連接近曹雪芹時代的旗人高鶚都未能肯定《紅樓夢》的作者是誰，僅指出曹雪芹刪改修補數次，並不能就此斷定作者就是曹雪芹。

　　潘先生認為《紅樓夢》是影射明清政權轉移的政治小說，作者是心懷故國的明代遺民，用隱語的方式抒發亡國之痛。賈寶玉代表傳國玉璽，所以愛吃胭脂（印泥），林黛玉影射明朝，薛寶釵影射清朝。林薛爭取寶玉，即是明清爭奪政權，林薛的得失，即是明清的興亡。賈府暗指清政府為偽（假）政府，賈政即是偽政，暗示賈府終有樹倒猢猻散的一天，即是異族胡人政權潰敗之時。

　　書中提出對胡適《紅樓夢考證》的質疑，引經據典，攻守有度。對《紅樓夢》的評注者脂硯齋，作者也有獨到的見解。他認為脂硯齋大概是一位仕宦之家的旗人，與曹雪芹同是愛好《紅樓夢》的書迷，遇有特殊意見，便推雪芹加以增刪，如秦可卿死因的改寫、為中秋詩補充缺文等，雪芹刪修工作未竟而逝，脂硯齋傷感不已。

　　書中也以問答的形式，說明寶玉、黛玉、寶釵、鳳姐等人物的影射內涵，以及若干隱事、隱語之謎，如黛玉又稱瀟湘妃子、寶釵又稱蘅蕪君，都顯示帝王身分，地位高於其他姊妹；《紅樓夢》又名《風月寶鑑》，「風月」指「清風明月」，即是影射明清……等等，頗能引人入勝。沒有一般考證文章的枯燥乏味，反而有猜謎、解謎的樂趣。結合史事解讀《紅樓夢》，給讀者帶來另類的思索及體會。

學海漫遊

卓清芬

從中學沉迷《紅樓夢》開始，到研究整理《紅樓夢》的相關資料，潘重規先生投入三十年的歲月，寫成《紅樓夢新解》、《紅樓夢新辨》、《紅學六十年》等書。

在《紅樓夢新辨》的幾篇論文裡，潘重規先生分析了乾隆抄本百二十回《紅樓夢》稿，認為是高鶚手定的稿本，並以此本對照其他版本的原文找出脫漏和錯誤。

關於高鶚是否續作《紅樓夢》後四十回的問題，潘先生根據程小泉〈紅樓夢序言〉，認為高鶚有重定補綴之功，並非續作，前人的認知有誤。

潘先生認為《紅樓夢》乃原書之名，作者並非曹雪芹，而是有不得已的苦衷，刻意隱姓埋名的前朝遺民。曹雪芹曾刪改增補書中若干情節，與脂硯齋、畸笏叟等同為愛好《紅樓夢》的讀者。潘先生對趙岡、陳鍾毅合著的《紅樓夢新探》有不同的意見，書中記錄了文章往返、書信答辯的過程和內容，雙方各持觀點互相辯難，反映了當時紅學論爭的盛況。

書中有許多篇章是比較《紅樓夢》的版本異同，著重文句之間的差異，並說明五十年來紅學研究的發展概況，為研究《紅樓夢》的讀者提供了豐富的參考資料。

005 紅樓夢新辨

潘重規 著

古典文學評賞

民主的再思考

李福鐘

006
自由與權威

周陽山 著

　　近代中國的政治發展史上，有一個十分突出而在其他亞洲國家似乎不是那麼明顯的現象，那就是對「民主」(democracy) 這個詞彙作字面上的無條件崇拜。不僅清末的革命分子如孫中山等人將民主政治視為中國救亡圖存的不二法寶，甚至「五四」運動時期標榜新思想的知識分子，亦將「民主」（德先生）與「科學」（賽先生）並列，作為一切改革的至高無上心法。「民主」在這裡被披上了神聖的外衣，成為一種絕對不容置疑的價值，而不僅僅只是一種政治制度，或是社會組織的模式選項而已。這樣子對民主的理解，當然是相當偏頗、甚至極端危險的事情。中國共產黨建立中華人民共和國之後，亦大言不慚援引「民主」的口惠，標榜「民主集中制」，以民主之名，行一黨專政甚至個人獨裁之實，不能說不是此一迷思的遺毒。而國民黨政權 1949 年撤退來臺，亦口口聲聲「民主中國」、「自由中國」，然而「民主」在這裡是沒有實質內涵的，只是一面廣告看板。當「民主」兩個字被神聖化、內容被空洞化之後，在近代中國歷史上的命運就是淪為獨裁政權的遮羞布，不僅完全失去其在近兩個半世紀歐美社會的實際意義，而且還混淆了人民對自由與基本人權的認知。

　　1980 年代下半葉之後的臺灣，經歷了解嚴以至於回歸憲政的政治體制革命，近二十餘年的街頭和議會實踐，讓 21 世紀初的臺灣人民逐漸摸索出自己的民主政治運作模式。「民主」兩個字在臺灣已不僅僅只是標語口號，而是貨真價實的人民行為模式。也因此站在 21 世紀的臺灣，可以更適切地觀察到 1980 年代末、90 年代初的臺北知識分子，在思考臺灣的政治前途時，那種焦慮與不安的憂心忡忡。周陽山教授當年旨在討論臺灣政治發展及辯論民主價值的多篇論文，反應的便是那個時期知識分子的階段性反省。周教授將之集結成冊，以「自由與權威」為題，呈現的是對於當時臺灣民主政治道路的細部思考。十餘年後重新展卷閱讀，仍可以看出作者在政治及思想理論上的用心，以及臺灣政治轉型所應該面對及反省的若干價值取向問題。

勵志手冊的先驅

郭強生

007勇往直前──傳播經營札記

石永貴 著

作者石永貴先生曾任臺灣電視公司總經理、《中央日報》發行人兼社長、臺灣《新生報》發行人兼社長，對臺灣文化及傳播界的貢獻卓越，在專業的領域論著外，亦經常以散文方式分享自己工作上的心得。他於民國79年出版的這本副題為「傳播經營札記」的文集，收錄了有關自己童年成長、新聞採訪生涯、對中文報業世界的觀察……等等情理並茂的散文作品，以類似新聞體的明快簡潔文字，觀照了彼時臺灣在媒體解禁前後的生態，同時不忘以勵志的主題提醒年輕人如何在工作得到奉獻後的快樂與滿足，可謂爾後臺灣書市大受歡迎的勵志手冊型出版品的先驅。

而反觀當時，有兩本翻譯作品曾在臺灣掀起轟動，一是艾科卡所著的《反敗為勝》，一是松下幸之助的自傳型告白，皆對臺灣企業經營與工作倫理走向升級與轉型有著莫大影響。這本《勇往直前》有效仿之意。對成功的黃金定律，創業成功的條件，如何自我實現……皆有親身體驗為本的教訓與反省。然而傳播經營的面向太廣，不似艾科卡或幸之助單以獨一企業體系作分析，經營策略與哲學較能有集中性且數據型的探討，所以不妨將本書看作一位成功的前輩的生活哲學分享，而不必在意它在「傳播經營」理念的開創與實踐上稍嫌單薄。尤其是書中〈他們是怎樣成功的〉一文，特別值得年輕人借鏡。

社會人文

耿耿此心在

吳月蕙

　　論述文章難寫，因為要說道理，沒有條理清晰的腦袋和巧言善辯的本領，拉里拉雜扯一堆，總讓人看得想打瞌睡。會寫的人早有定見，謀篇布局如運籌帷幄，陣仗一擺出來就有看頭，先聲奪人之餘還得後援不斷，精采高潮一波接一波，左攻右打，招招命中，淋漓盡致，看得人人叫好，終篇了還覺意猶未盡。劉紹銘的作品就有這種迷人的特質，在這本《細微的一炷香》裡頭的三十篇文章，生活化的題材寫得活色生香沒啥了不起，奇怪的是不管他寫什麼，犖犖大者如國際現勢下的文化反省，政治批判，不管是嘻笑怒罵借古諷今，還是口誅筆伐直言不諱，他就是能寫得筆底生風，酣暢淋漓，讀者借他人酒杯澆自己的愁，也覺一吐胸中積悶，不亦快哉。

　　劉紹銘為知名學者，身在海外卻始終對中國局勢的發展深切關注，書中蒐錄的是他在六四天安門事件後所發表的作品，一個知識分子在此強烈的歷史衝擊下，留下的這些「舒解孤憤」的文字，烙上了鮮明的時代印記。特別是那篇〈細微的一炷香〉，以在海外避秦偷生的人自況，為民運人士打氣，他這麼寫著「你們擎著的是火炬。我們捧著的只是細微的一炷香。但只要餘火不滅，總有燎原的希望。」這段文字平實沉靜，毫不浮誇煽惑，卻有相當感人的力量，一介書生，空自咄咄，呼之欲出的是他對家國的深刻愛戀。

　　集中〈雞頭寨原是丙崽村：淺論韓少功小說〉雖然是篇論文，其實也是全書重要的精神所在，作者在分析韓少功小說在挖掘中國人的「劣根性」上所用的斤斧勁道之餘，也為講究聖賢之道的古老文化在文革時期的墮落退化深致哀憫，寫學術文章不忘寄寓一己對民族文化孤高的懸念，這就是劉紹銘。舉世滔滔，長夜漫漫，此心耿耿，劉紹銘《細微的一炷香》舞文弄墨狂歌數萬言，背後最深的意旨，就是中國文化的這一脈心香。

「真情」與「造文」

衣若芬

本書分為「散文卷」與「小說卷」二輯,收錄琦君旅居海外期間的十九篇散文,五篇小說,以及一篇劇本。

琦君的散文一向溫柔婉約,故鄉風景、童年舊事、生活點滴等等,無不以流暢平實之筆,娓娓道來。《文與情》的內容稍有不同,談論的是作者的異國經驗、閱讀感懷,從而表達個人的文學觀念,可以說從「自我抒情」移向了「寓情於理」的層次,給予讀者含英咀華之收穫。

《文與情》中多篇述及文友之著作,包括簡宛、周腓力、丘秀芷、應平書、卓以玉的作品,深入淺出,既可見友誼,亦不失客觀。琦君所受的中國文學專業訓練,在本書中表露無遺,其中一篇探討潘人木的《馬蘭的故事》所顯示的道德情操,以及介紹南宋詩人陸游的〈囊中一卷放翁詩〉,已經具備學術論文的規模,令人感佩在文學家的筆下,即使具有研究性質的文章,非但條理分明,論證有據,也能寫得絲毫不乾澀枯燥,果然功力不凡。

琦君在〈文與情〉一文中談到:「無論詩或詞,我都比較欣賞白描的、以情寄景、以景寓情之句。」這也是作者寫作的一貫作風。作家鍛鍊字句,著意造文,本屬無可厚非,琦君則更強調「真情」與「造文」之協調並奏,以及「真情」所蘊含的作者思想內涵,讀《文與情》,再對照琦君的其他作品,更可見其身體力行。

此外,琦君一向很少寫的小說和劇本,也在《文與情》一書中得窺端倪。寫小說的琦君,並未完全改變她的敘事口吻,故而讀來親切。劇本〈母與女〉,寫被丈夫冷落的妻子和女兒及親戚過中秋節,月圓人未圓的黯然,即使如此,劇本中的母親,在女兒的眼中還是毫無怨懟,接受父親滯外不歸的理由,熟悉琦君作品的讀者,當可從中獲得共鳴。

歷史的逆耳忠告

白　靈

在這麼一個變動激烈、資訊迅速爆發的世界，是否會因目眩神迷而不知如何自處？或者說，如果心中對這個世界有所期待的話，想要屬於我們的又應該是怎樣的一個時代？會是一個在「炮火聲中」成長「民主」的國家？還是人人都能持有「靈明」之心，讓這社會變得更加安詳？在周志文的這本《在我們的時代》裡，一幅幅包括臺灣社會以及世界各國的景況縮影躍然於眼前。作者針對國內的教育、政治、環保、學運、體育等相關社會議題與現況，均提出了具有人文省思的言論。

例如對於當時仍是在野黨的民進黨希望來日若有成為執政黨的機會，應緊握法治，並容納異己之聲。而中國對內打壓民主學運、對外處處刁難我國在國際上的發展，作者更有數篇文字為這不平等待遇發聲。不僅於此，作者對蘇聯、羅馬尼亞、尼加拉瓜等國家的民主進程、人權問題等等，也均有相當程度的關懷和探討。

本書收錄的篇章大致完成在 80 年代，對於時下所謂的六、七年級生的讀者可能較不易摸著頭緒。但是閱讀本書正可感受作者對當下時代的關懷之情，何況，不管是不是曾經經歷過那個時代，歷史總是殷鑑不遠，易於重蹈覆轍的。這一刻、這一世代曾經發生過的，下一刻也許便會重演，此書懇切呼籲的，正是對後世之人的逆耳忠告。因此如果以一種更開放的胸襟來看待這本書，正好可以明白已經過去的歷史何以是一面明鏡，因為它正無時無刻提醒活在當下的我們，每一步進程都得小心謹慎，如此或許才會更清楚未來的方向在哪裡。

大時代小故事

林黛嫚

如果不是這本書，我們不會知道中央社的前身是「中國國民黨中央執行委員會宣傳部通訊社」；因為有這本書，我們知道中央通訊社曾經有過和美聯社、路透社等世界級大通訊社並駕齊驅的輝煌歲月。

這本書是一位在中央通訊社的資深員工，把他在中央社服務四十年，以社為家的生活故事，這一段長達半生的經驗記錄下來。雖是說故事，也是為中央社寫歷史，只不過這段中央社的歷史是從一位參與草創、成長、發展、壯大各階段的小人物的所見所聞出發，一方面是中央社的社史，一方面也是個人的私史。對讀者來說，既見證了中央社引領風騷，歷經建設、抗戰、戡亂各時期的發展軌跡，同時也看到了一位從見習生、助理員做到助理編輯以迄編輯主任的新聞工作者的職場生涯。

本書上冊歷數中央社改組後的前二十年，從改組到在戰爭中日益茁壯以及抗戰勝利復員的過程，其中某些段落情節趣味，作者以樸實的文筆記敘，頗為引人入勝，如描述在防空洞辦公一節，「世界上有成千上萬的通訊社，而在防空洞裡執行業務的，可能只有中央社了，能夠不受敵機干擾，繼續不斷以新聞電訊供給全國各報紙和廣播電臺，創造了第二次世界大戰的奇蹟之一」。作者也說明當時在重慶總社被空襲時，就把廣播移到貴陽準備總臺播發，如果日軍同時向這二個城市實行疲勞轟炸，那麼中央社的廣播勢必停止，但是八年之間，日本沒有一次這麼做過，因此，中央社的人引以為豪的就是抗戰期間「新聞廣播從無一日中斷」。

011 中央社的故事（上）

周培敬 著

傳記

不朽的新聞事業

林黛嫚

　　本書下冊從大陸淪陷播遷臺灣開始寫起，直到作者民國 62 年退休為止，把中央社來臺後重建，帶動臺灣新聞傳播界的發展及繁榮的過程，作一詳盡的介紹。在這一冊中，我們不僅看到中央社的艱辛重建到茁壯成長，也看到臺灣的新聞界如何從無到有，寫下輝煌的篇章。

　　在下冊中，也有部分篇幅在敘寫中央社的歷任領航員，即前後任社長蕭同茲、曾虛白、馬星野和魏景蒙。作者除了歷數各任社長的領導風格和任內建樹外，也對各任社長的為人處事多所著墨，其中尤以對蕭同茲社長的感念最深最多。在作者筆下，這位蕭三爺是一位最平凡也是最不平凡的人，他只受過中等教育，既未學過新聞，也未從事過新聞工作，卻能在最短期間內且是國家正危難時，將中央社辦得名列世界五大通訊社之林，誠如黃少谷所言「中央社的事業將成不朽的事業，而蕭同茲先生的精神與風範，亦將隨著中央社的不朽的事業而永遠為人所懷念」。

　　本書完成時，中央社還不是國家通訊社，但一直是扮演及發揮著國家通訊社的功能和使命，作者所敘寫的這一段中央社的故事，正是我國兩度瀕臨興亡關鍵的大時代，中央社不斷奮鬥的過程幾與國家的否泰同步，現在中央社改組為國家通訊社，名副其實地承擔起為國家宣傳及發布訊息的使命，但現實環境的演變，各種資訊管道的普及及暢通，卻使得國家通訊社的功能與使命相對式微，正因此，62 年以後的中央社以及我們的新聞事業，都還有很長的故事，我們只能期待有心人來完成續篇。

什麼樣的梭羅

郭強生

013 梭羅與中國 陳長房 著

　　本書為英美文學教授陳長房先生對梭羅研究之數篇論文之合集。梭羅的《華爾騰》一書批判人類沉溺於物質文明，以其在湖畔獨居歲月的簡樸與徜徉自然美景所悟，呼籲世人發揚高度的良知本性。不僅為重要之美國文學經典，更是影響美國早期哲學與人文思想的重要著作。林語堂博士曾說：「我把梭羅文章譯成中文，說是一位中國詩人所寫的，一定不會有人懷疑。」最可說明梭羅思想中外貌酷似儒家思想，精神上卻類屬道家的特質。但亦有美國批評家斷然否認道家思想曾經對梭羅有過任何直接或間接的關聯或影響，這也就是陳長房教授在數篇論文中所著力之處，企圖爬梳出梭羅與中國道家思想脈絡之類同，辯解此絕非僅止於巧合或偶然。

　　當然這並非欣賞《華爾騰》的唯一法門，所以在本書的第二部分，作者從「梭羅與中國」的書題中跳出，企圖對梭羅的文字、修辭、結構深入分析，或是將《華爾騰》一書與其他英美文學如《魯賓遜漂流記》、《格利弗遊記》作一比較。但是或許一般讀者會對梭羅產生錯誤印象，以為他的遁世獨立乃其思想之精髓，事實上梭羅對個人與國家之間的關係也多有深思，對少數服從多數的原則表示質疑，並疾呼在不公不義的情況下，人人必須挺身而出，採取行動。這一部分雖在本書中亦有提及，但著墨不多，值得讀者進一步的閱讀與反思。

社會人文

剛柔並濟與深情關懷

白　靈

　　葛蘭西在其重要著作《獄中札記》裡曾經說過，所有的人都是知識分子，不過不是所有人都具有知識分子的作用。在他的分類中，屬於「有機的」知識分子一直都是積極的在參與社會活動，創造能產生影響的新的觀點。透過龔鵬程這本書，我們可以看到一個可敬文人的堅持，對這個國家投注以最摯誠關愛的眼神。與其說作者是位學者，是位在學院裡任職的教授，不如說他是個主動介入這個社會，不因其所學而自限的知識分子。又因敢言，兼具柔軟與剛直的心，故對可憫的給以深情關懷，可厭的則予以嚴厲斥駁。這時代，這樣的知識分子已不多見。

　　本書所收錄的篇章多為作者發表在報章雜誌上的專欄寫作，或是為他人作序的文字。作者雖任文學系所教職，但其視野並不局限在文學世界。他能以特有的文人關懷出發，去剖析、指出這個社會的種種現象和弊端。例如在〈人口問題的問題〉裡，作者探討臺灣社會人口結構老化的現象，指出過時的社會政策應隨著社會脈動、變化而隨時跟之調整。〈性問題‧性策略〉以臺灣性侵害實案呼籲國家社會應正視「性」不再是一種自然的生理需求，已逐漸成為一種為利益服務的手段。〈宜革新稅法〉、〈大家來做秀〉則是對臺灣的政策、政治環境提出省思和批判。

　　此外，作者更以數篇文字申論臺灣以及中國兩岸在政治、文化、民主（學運）、教育、經濟、語言等各個不同面向的差異與期許。並對中國政府血腥鎮壓民主學運嚴詞譴責，殷切期盼不管是臺灣或中國都能有更民主的發展。而回到文學的本行上，作者對於國內的國文教育、文學雜誌、小說家、散文家、古典文學等，不管是在人、事或者是書，都有全面而精闢的評析和看法。當然，本文所舉篇章只是書中的一小部分，還有更多精采的文字等待讀者親自去「積極參與」。

紅樓思辨

卓清芬

民國 6 年，蔡元培《石頭記索隱》一書，指出書中人物多影射漢族仕清名士，主旨在弔明之亡，揭清之失，引發和胡適之間的論戰。胡適《紅樓學考證》主張作者是曹雪芹，後四十回乃高鶚偽作，此說一出，獲得廣大迴響，幾為定論。獨潘重規先生提出不同的觀點，認為此書隱藏改朝換代的民族血淚，作者並非曹雪芹，高鶚僅作補綴刊行的部分，《紅學六十年》一書便是潘先生《紅樓夢》的研究成果之一。

書中介紹了六十年來《紅樓夢》的研究概況，學者在各種版本的比對、校勘上耗費了不少心力。作者根據海外罕見版本如列寧格勒所藏的《紅樓夢》抄本與其他版本作比對研究，包括回數、頁數、批語、批評態度都有詳盡的考索。

由於潘先生的論點和胡適大相逕庭，引發許多爭議。如陳炳良、趙岡、余英時、汪立穎等研究《紅樓夢》的學者，針對作者、主題、思想等相關議題，質疑潘先生的論點。潘先生除了刊出對方的信函和論文外，也提出自己的答辯意見，將雙方觀點完整地呈現出來，使讀者能夠明白問題的來龍去脈，不致霧裡看花或僅聽一面之詞而已。

當年紅學之爭如火如荼，雖然你來我往、互相詰難，但都能秉持證據，探索問題，尋求真相。前輩學者投注的心力，為後學者奠定了深厚的基礎。現今《紅樓夢》的相關研究越趨蓬勃興盛，正是延續了一甲子以來的研究熱潮之故。

015 紅學六十年

潘重規 著

古典文學評賞

解除政治的符咒

張錫模

　　政治體制的選擇與設計，是人類政治思維的最高級探索。古希臘人的政體比較論、古猶太人的契約・神約論，中世紀羅馬共和與帝國的制度轉換，以迄近代民主政體的崛起和傳播，具現著人類追尋良善政治生活有賴於健全政治制度之建立的軌跡。在民主主義蔚為時代主流且沛然莫之能禦的當代，在幾乎所有的人類都經營國家生活與肯定民主政治之際，長時間以國民國家為基本單位而成立的民主主義，卻不時遭遇著嚴重的問題：有時是一些國家空有政府而未有統治，有時是一些國家空有政令而未能具體執行，致使不同國家的國力判然而分，一些國家的政府效率驚人，但另一些國家的政府，就像滾入池塘的巨石一樣，在整個池裡製造了巨大而無所不及的波浪，但巨石並未撞到任何一隻魚。這一切，說明了一個基本的真理：健全民主制度的建立，有賴於舊體制的破壞與新體制的建立，兩者不可或缺。

　　勞思光《解咒與立法》一書，書名極具象徵性地點出破壞與建設的雙重管理課題：革除舊體制的壓迫是一個解咒的過程，但解除舊時代的咒語，尚必須搭配著新時代的社會契約，亦即立法與建構新制度等配套措施，否則將難以確立長治久安的政治生活。在臺灣政治民主化的過程中，平衡有效地管理此一去舊布新的雙重過程，攸關臺灣政治良窳的關鍵。在此一民主轉型的過程中，作者躬逢其盛，以小品政論文方式，點點滴滴地寫下有關臺灣民主轉型的各種觀察，既進入社會觀察，亦超越臺灣而放眼世界，再返回臺灣凝視政局，疾呼解咒之際亦需注重立法。對研究臺灣民主轉型的讀者而言，本書具有歷史臨場感的參考價值。

「借過」於各類文體之間　　郭強生

作者水晶先生早年以小說創作崛起文壇，爾後轉往文學研究，特別是對《紅樓夢》以及張愛玲有獨到之處。而在同時，他亦以研究中國流行老歌獲得許多讀者的歡迎。水晶先生的多才多藝特別可以從這本「雜文」式的集子中看出。又誠如作者在序中所言，「這本集子是編者十萬風火的催逼下，『趕集』而成。」或許在編輯上不盡令人滿意，將散文小品與嚴肅的文學評論（〈「圍城」面面觀〉、〈中國愛慾小說初探〉）、輕鬆的觀影雜感（〈嘉寶頌〉）、對臺灣肥皂劇的批評（〈幾度春風幾度霜〉）並置一爐，或許有失焦之弊，但從另一個角度觀之，倒也多元豐富。

在第一部分的小品輯中，悼念亡友、知名小說家王禎和先生的一篇〈死人的太陽照不到活人的身上〉最具可讀性。雖在文中作者自言與已故小說家有著不願再提的恩怨。字裡行間對王禎和先生似乎仍有保留意見，但在捕捉故友音容形影時，作者對細節的掌握確是精采的散文之筆。第二部分以文學評論為主，但〈中國愛慾小說初探〉並非作者之作品，而是翻譯自美國漢學教授韓南 (Patrick Hannan) 之一篇文學研究，對於美國東亞文學研究有興趣者可從中得知一、二有關西方學者對中國文學的觀點。

書名取為「對不起，借過一下」，實則妥貼提示了全書中各式文體與題材的彼此穿梭。

017 對不起，借過一下
水晶　著

文學創作
散文‧雜文

走過二十年臺灣歲月

李福鐘

楊渡先生是臺灣資深的媒體人。1980 年代的最後那幾年，當臺灣社會因為政治的解嚴而突然間變得騷動不安之際，楊渡以輿論界青年才俊之姿，發表了不少擲地有聲的評論。《解體分裂的年代》一書正是楊渡當年作品的彙集，寫作年代基本上集中在 1988 年至 1989 年之間。就題材而言，本書涉及當年政治、社會、文化，以及環境生態的諸多現實問題，在在可以發見作者遒健的筆鋒及犀利敏銳的觀察能力。

置身臺灣解嚴近二十年之後，回過頭來理解臺灣走過的這段歲月，確實匪夷所思。臺灣以極為特殊的方式，終結列寧式的黨國體制，以不流血手段完成政黨輪替，以草根類型的公共論述進行著西歐「公民社會」(civil society) 的搏成。然而相較於政治涇渭分明的前進軌跡，臺灣經濟從 1980 年代「錢淹腳目」的沾沾自喜中逐步蛻變，順應中國的經濟崛起而呈現著危機四伏的產業轉型。此外隨著經濟情勢的渾沌不明，貧富不均、高失業率與社會焦慮亦折磨著近年來的臺灣社會。比較起充滿不確定感的 1980 年代末，21 世紀頭十年的臺灣其實更加的不確定，更加的「解體分裂」（套用楊渡先生的書名），更加的處於「轉型」階段。如果 1988 年的楊渡認為當時的臺灣正朝向某個標的物進行「轉型」，那麼，近二十年的時間過去了，臺灣到底轉型成功了沒有？究竟該轉到什麼時候？「轉型」這個詞彙究竟具備解釋能力沒有？

由以上的疑問看來，其實遠在 1988 年那個時候，臺灣就已走上了一個新的旅途，目標或許必須由更久遠之後的歷史學家來總結，但是十餘年前楊渡所深信的臺灣「轉型」階段，其實只是個幻覺，是剛自政、經威權體制中走出來的臺灣人，不確定自己所踏踩的土地為何，而引用來自我安慰的概念。臺灣並不準備轉型到另一個穩定僵固的體制裡頭去，而是掙脫開來，試圖摸索一個共同的未來。

在這個共同的未來輪廓還不十分清晰之前，以二十年為一階段，重新審視走過的腳印，未嘗不是件有意義的事。這是身處 21 世紀，回頭閱讀楊渡先生二十年前對臺灣社會與政治的觀察，主要的意義。

0
1
8
解體分裂的年代

楊渡 著

社會人文

跨越時空的旅程

張錫模

019 學生時代

薩孟武 著

傳記

　　每個時代都有負笈他鄉的留學生，其中的傑出之士，不少留下留學生涯的紀錄，或是點滴式懷想，或是系統性記述，或是夾敘夾憶，或是筆錄見聞。無論何種內容與何種形式，這些篇章總有甚多可觀處，既可以為讀者們提供理解另一個社會的觀察與洞見，同時也讓讀者認識與理解敘事者本人的情感與觀點。幸運時，甚至還可以從這些記述中習獲一些有用的讀書、觀察、思考方法。更重要的是，通過這些傑出留學生留下的學生時代紀錄，讀者可以進行一場穿越時空之旅，跨入另一個時代，閱讀當時那個特定社會的林林總總，而超越自己的時代，進入另一個時代，是鍛鍊自我與豐富心靈的必要之旅。事實上，這是涵養心智的最佳路徑——通過這一類的閱讀，人們既在讀萬卷書，同時也在行萬里路。

　　《學生時代》一書是戰後臺灣政治學界出類拔萃的先驅薩孟武教授的回憶錄，記述著作者一生從幼年以迄日本京都大學畢業的點點滴滴。作者生於 1897 年，幼年學習歲月在清帝國晚期的教育中度過，少年時代負笈東瀛，先後在東京與京都就讀，完整地經歷日本帝國時代的中學與大學等正規教育。一個是東亞古老帝國的衰退時代，一個是東北亞新興帝國的崛起時代，作者親身經歷這兩種不同的社會與特殊的時代，並以回憶的短文方式，一一將這些寶貴的經驗記錄下來。儘管作者謙稱本書所錄諸文只是「極平平凡凡的回憶」，「供人茶餘飯後開心而已」，但事實上本書是一本日本社會學的傑作，一本洞見時代變動的奇書，一本生命奮進的浪漫紀行，一本足供所有青年學子細心閱讀與仔細品嘗的經典。

從平凡小事見識民初風俗

林黛嫚

薩孟武在三民書局出版的回憶錄有《學生時代》和本書《中年時代》，本書是繼續《學生時代》而寫，由留學日本返回中國後（民國13年）寫起，寫到民國35年來臺灣為止，雖說是中年時代，但他初回國時不過27、28歲，還是青壯年，只是離開中國時，卻已微近中年了。

薩先生對寫回憶錄有一套與眾不同的看法，他在序中寫道：「本書所述乃來到臺灣以前的事，還是平平凡凡，既不謾罵別人，別人謾罵亦不反駁。」「關於回憶錄，人們喜歡看的乃是平凡的小事」，「由平平凡凡的事，認識當時的民風士氣，這是本篇的寫法」，至於他與哪一位要人有什麼關係？如何交往？他在學術上有什麼貢獻？薩先生認為這些看了讓人頭痛，他還是不寫的好。

這種有別於一些傳記歌功頌德的寫法，並且確實記錄了一些生活小事，讓我們到了21世紀，仍能藉由薩先生的中年時代，認識當時的上海、當時的生活，譬如當時人力車均有牌照，分為大照會和小照會二種，大照會是英國巡捕房發給的，可在各租界和中國界通行，而小照會是中國工務局發給的，只許通行中國界；還有當年上海電車分為兩等，即第一等和第三等，沒有第二等，最初只許中國人坐第三等，蓋因當時列強均指中國為三等國，故由一等即降落到三等，其後中國人衣冠整齊的也可坐一等電車；又如當時婦女所穿之衣裳叫旗袍，據薩先生所寫，本來是八旗婦女所穿，大約是民國初年，先由上海長三（妓女）穿起，而後普及於一般婦女；除了這些讓我們認識當時風俗的小事外，書中也收錄了幾篇薩先生閱讀古典小說的心得，讓我們看到一位政治學者的國學見解，諸如「孔明壯志不酬，其遠因實在於關羽之失荊州」、「賈府沒落，賈母似有責任」等，別具趣味。

薩先生雖說本書所寫都是一些平平凡凡的小事，然而這些平凡小事的背後，撐起的卻是一個巨大的、轟轟烈烈的時代。

閱讀‧女性‧人生

林黛嫚

　　蘇雪林是出生於五四年代的女作家，和冰心、謝冰瑩、凌叔華等齊名，在文學作品及學術論著都奄有聲名，本書是她唯一的一本傳記，她於民國 88 年以 104 歲的高齡病逝之後，她的友好及門生彙整她的日記及著作，出版《蘇雪林全集》，將她一生所立之言完整呈現，然而若論傳記，仍以這本她親自執筆的自傳，最能讓讀者認識她傳奇的一生。

　　閱讀《浮生九四》除了見識五四時代文人的文筆之外，本書獨特之處在於她所敘寫的這位不顧傳統禮教，突破社會重重藩籬，追求知識與學問的舊時代新女性的一生，面對舊時代親權過重，學業、婚姻與家庭多重壓力，和傳統禮教抗爭，過程精采感人，文字雖質樸無華，卻字字真誠實在，當我們看到「我北京女高師尚欠一年卒業，留法三年時而學文，時而學畫，半個學位未得，只能做個無名義的教員……月薪最多五十元。自外子到東大任職：學校連這五十元也不想付，因他們規例如此，夫任職有薪，妻只好白教。由我寫信給校長，說我有私人負擔，這五十元薪金不能不給」時，那位不屈從於封建社會的女性彷彿躍然紙上。

　　本書另一值得珍視之處在於除了是一位女性的一生經歷外，也是一位女學者的求學之路及學習成果的呈現，作者在書中費了許多篇幅介紹她的學術研究，其中以屈賦為最，蘇雪林的屈賦研究，學術界多認為是野狐外道，就連主持「長科會」的胡適也不認同，但卻是蘇雪林一生學問的結晶，她在眼疾纏身的情況，念念在茲，還把二十五萬字的研究成果一口氣上繳長科會，被武大老同事笑為老實得不可救藥，因為若分三年呈繳，便可請領三年的補助，但蘇雪林卻說，「我並非老實，無非想我的屈賦研究早日面世，好取得共鳴而已」。

　　「實際上，我是個人，是個普通女性，青年時代也頗嚮往愛情生活，屢受打擊，對愛情倒盡胃口，從此再也不想談這兩個字。把愛情昇華為文學創作及學術研究的原動力，倒也是意外的收穫。」閱讀《浮生九四》而能理解女性人生，也是意外的收穫。

書海有知己

郭強生

　　知名文學家莊信正先生近年來在《中國時報‧人間副刊》之「三少四壯集」專欄，與〈中央副刊〉之「書海六品」園地陸續發表不少凝鍊雋永的散文作品，內容雖都緊扣讀書與文學研究心得，但他慣以大題小作的方法，自文學名家作品生平中擷取精華，或以反諷，或以深思的筆調，體現當代知識分子優遊書海、瀟灑與執著兼具的風格。而這部《海天集》是莊信正先生難得一見的長篇幅散文合集，尤見他中西文學通博的視界。

　　喜愛他精悍珠璣之短篇文字的讀者，在本書中更可深入一探作者治學的態度與中西比較文學領域對其閱讀之影響所在，分別是張愛玲、魯迅與鹿橋，各自獨立卻又互成指涉。譬如張愛玲小說中童話世界之傾圮對照鹿橋《未央歌》中唯美的童話嚮往，魯迅對現實世界中平凡老百姓之麻木、愚蠢和殘忍表示痛心疾首，襯托張愛玲筆下對小人物不加以價值判斷的特殊胸懷，都提供了讀者對中國小說在 30 年代的大放異彩另一種思考的角度。

　　第二輯中則針對西方文壇在現代主義後的流變作了深入淺出的勾畫，分別從諾貝爾文學獎、法國文壇在 80 年代的劇變，以及美國文學評論名家艾德蒙‧威爾遜切入。第三輯中顯現作者比較文學本行的功力，討論魯迅與杜斯妥也夫斯基之人文及社會關懷。而〈「尤力息斯」和中國〉更為全書壓卷之作，作者長年對《尤力息斯》之精闢研究已為他博得專家之美譽，一般讀者藉此可一窺《尤力息斯》一書瑰麗繁複的架構與各種中譯版本之比較。

不只是「看見」日本而已

黃雅歆

023 日本式心靈——文化與社會散論 李永熾 著

對於與臺灣地理、歷史都關係緊密的日本，也許是國人旅遊的熱門地點，但熟悉並不等於了解。同樣是東方社會，日本社會具有「距離感」的人際關係、既進步又頑固的形象（如接受文明新知的超強能力與近乎食古不化的保守皇室），還有既壓抑又開放的「雙面」行為等等，都和我們差異甚大。

想要了解一國文化的內在，絕非觀察眼前現象即可分析的，卻可以在追溯歷史文化的過程中找到軌跡。

本書作者雖是歷史學者，但他自己說「這不是一本嚴肅的學術論文，只是探索日本心性的論述文章」，一方面免除學術論文繁瑣的寫作格式，一方面也讓一般讀者安心。不過，即使如此，本書的知識性還是很高的，不脫「學院派」論述風格。正好可以讓近年來「哈日」風潮過後，仍有興趣在表面的流行文化之外，進一步了解日本民族性與社會樣貌之內在因素的讀者，有進階閱讀的機會。

譬如日本社會中的人際關係、傳統的能劇藝術、空海與日本佛教，以及曾經是臺灣政壇熱門話題的德川家康幕府等，這些關於日本文化的「入門」課題，在本書中都有深入淺出的紮實論述。在時代上，作者「從近代往前推溯，推到近代以前，因為深層的心性研究實以長期觀察為宜」。所以，可以從德川時代「家」的高價值與競爭態勢，窺知日本現代企業以本家為中心的同族企業組織架構；從日語以佛家「人間」一詞用以指稱人或人類，進而討論日本文化中「身」、「心」之間的對應關係。皆有歷史學家之本色。

除此之外，作者亦提出了日本人與日本文化的觀察與批判，對近代思潮（如明治年間的女權運動）的討論亦具分量。

社會人文

文壇上的今昔風貌

黃雅歆

本書內容為李瑞騰教授在民國 75 年至 80 年間，陸續發表在報章雜誌上，關於臺灣文學的短文。正如書名所揭示，想一窺當時臺灣文學風貌的讀者們，本書是很好的入門書。因為配合報章雜誌的屬性，每一則論述篇幅不長，文字簡白，即使是非學術研究領域的一般讀者也能輕易上手，讀之有味。

從民國 70 年到 90 年，不僅臺灣文壇已多所變化，臺灣文學的研究也漸成「顯學」，李瑞騰教授更已身為臺灣文學研究之重要學者。作者提到，自己原本是中國古典文學的研究者，後來，轉而關注臺港兩岸三地與海外華文世界整體發展，因此，本書的結集可說是作者踏入臺灣文學研究的初步「宣言」。在內容上，雖然是見諸報章的零散文章，每一則只能有「點到為止」的觀察，但這些觀察都成為日後值得參考與探索的議題，也為當時的臺灣文壇景況留下可供參考的資料。

這些論述在內容上可概分有三：其一為總論，譬如「臺灣文學」定義的討論、「閩南方言」文字的運用、各大學臺灣文學課程的安排與比例等；其二為臺灣各種現代文類的概況簡述，包括詩、散文、報導文學、文學批評、文學出版品的發展等；最後則是對臺灣文學的期許，包含對未來發展的走向與建言。除此之外，從中亦可見臺灣當代文壇重要作者的介紹。

除了知識性之外，閱讀本書還有一種「今昔對照」的樂趣。譬如書中提到的一些重要的「青年」作家，至今仍在文壇上活躍的，都已成「前輩」作家，文壇的「青年軍」已被新生代後浪所取代。再如臺語的文字使用，已進入被概括稱為「鄉土語言」的範疇，被不斷的討論著。另外，經過「臺灣文學是什麼」的質疑論辯之後，在教育政策的支持下，臺灣文學系與碩博士研究所如雨後春筍般，紛紛在公私立大學中成立，使臺灣文學研究站上了學術研究的重要舞臺。

立足現在，回顧過去，本書不僅記錄了臺灣文學與研究的發展歷程，也呈現了一位臺灣文學研究者最初的心路歷程。

沒有真，善、美存在嗎？ 楊　明

025 干傺集

黃翰荻　著

社會人文

　　80 年代可以說是臺灣藝術發展最為蓬勃的年代，這蓬勃不一定是指創作，很大一部分是反映在市場上，經濟的繁榮帶動了藝術市場，而本書便是一本討論 80 年代臺灣藝術界現象的集子，作者在自序中曾提到本書書名的出處，是陶淵明的「刑天儛干戚，猛志固常在。」不難看出作者的用意，希望藉著自己的議論反映當時藝術界的一些問題，黃翰荻引用一位朋友的話，從事批評的人，是在別人的缺點上討生活，作者希望在「討生活」之餘，自己的批評也能發揮警世作用，對臺灣藝術的進展能夠引發正面的影響。

　　本書討論的藝術話題很廣泛，包括藝術教科書的出版、流行時尚和藝術創作之間的關係、臺灣畫廊經營的盲點、本土藝術形同口號、藝術與色情等，作者都提出了他個人的看法，他指出問題，並且提出建議，也以國外案例作為借鏡，作者的藝術背景顯然是在主流之外，他原本學的是科學，大學畢業後考入臺大藝術史研究所，但是最後放棄了學位，轉到美國就讀於紐約藝術學生聯盟，而這是一個臺灣教育部並不承認的單位。

　　徘徊在主流和非主流之間，激發出黃翰荻對臺灣藝壇現象許多反省，他認為藝術「像一座枝葉糾結、密不透天的莽林，它們的根部分別發自不同的心靈實體，卻又在空中某些地方匯通交融。」「最奇妙的部分，在於知性和感性之間的張力平衡」，但是臺灣藝術的發展卻未能平衡，黃翰荻認為臺灣大環境的毀壞墮落，是因為不求「真」，而思求「妄念式的美、善」，然而沒有了真，善和美還存在嗎？又或者這樣的存在其實也是失真的呢？

　　本書中並收錄了一些藝評，像是對柯里斯托的包裹藝術、德國現代藝術、安東尼奧的評介等，當然也有關於臺灣藝術家的一些評論文字，包括陳澄波、蕭如松、丁雄泉等，藝術無國界，美的定義雖然各有不同，但是「真」的藝術對人心的感染力卻是相通的。

有意思的那些人那些事

吳月蕙

謝冰瑩 (1906-2000)，是中國現代文壇的一位奇女子，儘管因為戰亂，「軍中作家」不少，但多為男士，以軍旅生活為題材的女作家，似乎只有她。描述她巾幗豪情的《從軍日記》、《抗戰日記》、《女兵自傳》等作品，都曾洛陽紙貴，膾炙人口。五四運動以後的中國文壇，充滿了蓬勃的生命力，適逢其會的謝冰瑩，熱愛文學，又曾任報紙副刊及文藝月刊的主編，結識的文人甚多，後來臺任教，亦始終未離文化圈，可以說，她的人生，就是文學史的一部分。

《作家與作品》蒐集了作者從白話文學發軔的風雲時代以降，與一些知名的作家，如她視之為忘年交的林語堂、孫伏園，又如江紹原、吳宓、周作人、沈從文、朱光潛、石評梅、許欽文、李長之、秋燦之等人時相過從的回憶，雖都是單篇小帙，似乎難窺全豹，但吉光片羽，實亦彌足珍貴。另一部分則是針對作品的臧否與評議，帶我們進入中外文學家所建構的心靈世界，並分享她在其中所獲得的感動，沒有尖酸刻薄的嚴厲批判，只有「好東西與好朋友分享」的急切熱情，感恩懷舊寬厚謙和，這是一本飽含生命熱力的書，見證了文學，也見證了人生。

謝冰瑩從軍，巾幗不讓鬚眉，執筆為文，同樣有一股爽利之風，找不著一點吮筆濡墨慘淡經營的痕跡。纏綿嬌羞的小兒女態絕不是她，橫眉豎眼，故作盛氣凌人之狀，也絕不是她，她誠懇親切樸實開朗，只寫「出自內心的肺腑之言」。當我們閱讀這些「由胸臆中湧出」至情至性的文字時，實在不難想見一代文壇女豪傑的精神樣貌，連帶她身邊的那些人那些事，也都顯得極有意思了。《作家與作品》是這麼告訴我們的。

026作家與作品

謝冰瑩 著

傳記

寄給從前

衣若芬

027
冰瑩書信

謝冰瑩 著

文學創作

散文‧雜文

「我好比一條僵死在繭中的蠶,我吐完了絲,已經盡了我的責任;但我要重生,我要培植我下一代的生命;所以用力咬破了那曾經是我自己用吐出來的絲,一層層緊緊地縛住了自己的繭裡飛出來,於是我重生,我又有了新的生命了!」

這是謝冰瑩在寫給友人英英的信──〈怎樣解除愛的煩惱?〉中的一段話,這段話恰好足以說明為何謝冰瑩能夠忍受腿傷、眼疾、齒痛等等身體不適,以八十餘歲的高齡,仍然寫作不懈的動力。

在《冰瑩書信》一書中所收錄的信件,時間橫跨了六十餘年。全書分為七個部分,第一部分「半世紀前的一封信」,是作者於 1927 年進入中央軍事政治學校女生隊後,寫給全校同學的號召書,這封已經可以列入史料的書信,除了顯示作者個人參加軍事武裝行列的決心,其中對於女子革命的精神與目的,慷慨陳詞,直言批判女子的虛榮心、依賴性、精神衰弱等惡習,尤其提到「不要忘記中國過去婦女運動的失敗」,更是發人深省。

本書第二部分「賈奶奶信箱」,作者署名「賈奶奶」,和小讀者們談讀書與成長,介紹書籍,回答小朋友的問題,是作者《小讀者與我》一書的延續。第三部分「未付郵的信」,寫婚姻受挫的婦女昭昭的故事,作者為之打抱不平,熱血沸騰。第四部分是「給女兒的信」,收錄 1960 年至 1964 年之間,寫給在海外進修的女兒的信件。第五部分「給臺灣的朋友們」,是作者旅居美國時,懷念臺灣的心聲。第六部分「海外寄英英」,勸慰深陷情海,為情所苦的友人英英,早日撥雲見日。最後是「附錄」,談論女性於日常人倫之自處之道。

新奇的眼睛

衣若芬

　　寫《女兵自傳》的謝冰瑩，造訪了臺灣的軍事前線——澎湖、金門和馬祖，飽覽了戰地風光，經驗了離島的生活，寫出了《冰瑩遊記》中，關於臺灣的現代歷史。

　　此外，謝冰瑩還將腳步跨向海外，遊歷馬來西亞檳城、美國的紐約、華盛頓、波士頓、舊金山、紐奧良、芝加哥、夏威夷等地，將所見所聞，一一形諸筆墨。

　　謝冰瑩的遊記，和她其他的散文一樣，流暢自然，沒有刻意的修辭與鋪飾，淺白易懂，使讀者一如聽記者報導，隨著作者的行跡神遊大地。謝冰瑩不僅寫異國風景，更重視歷史與人事，所經之處，皆追本溯源，介紹該地的背景與文化、地理掌故、環境變遷，因此，本書還富有知識的趣味，以及思想的深度。

　　現今，出國旅遊對於國人而言，已經司空見慣，關於世界各國的資訊也多如牛毛，人們很少再抱持著好奇的心理前往海外，甚至於在出發旅行之際，早就因為事前的準備工作，而對即將登上的他鄉土地瞭如指掌。這種積極的態度固然能夠充分掌握旅遊的過程，有助於迅速適應異國的生活，然而，卻也難免失去了期待感與新鮮感。

　　讀謝冰瑩的《冰瑩遊記》，在字裡行間，發現年逾七十的作者，仍然充滿了赤子一般的熱情，關切海外的華人生活與華文教育，並且念茲在茲於中華文化之流布傳播，著實令讀者敬佩與感動。

留住永恆的當下

吳月蕙

　　《冰瑩憶往》從年少一直寫到年老，殷殷追記舊事，那樣的情調讓我想起這首歌：「在那金色沙灘上，灑遍銀白月光，尋找往事蹤影，往事蹤影迷茫，往事蹤影已迷茫，猶如幻夢一樣，你在何處躲藏？久別離的姑娘。」雖說走過的必留下痕跡，然而足跡履痕並不能清晰永在。打有記憶開始，人就開始為所經歷的點點滴滴建立資料的庫存，可惜肉身記憶的資料庫難免有滿檔而需要汰舊換新的時候，那些輕量級的記憶，因此散逸飄失，重尋難覓。唯一能留住它們的，也只有借助文字，讓當下永不磨滅了。

　　謝冰瑩寫往事，細膩真實，歷歷如繪，令人驚歎：「她的記憶力怎麼可能這麼好？」但是，她也有不敵歲月的感慨，〈記憶力衰退〉這一篇，寫臨老多忘事的窘迫，任何上了年紀的人看了，都會心有戚戚焉。她對年輕朋友喊話：「趁著年輕的時候，千萬多讀書，到了老年，你只能當時陶醉一下，過後什麼都忘了！」但我想年輕人多半聽不下去，除非等到他們也老了。

　　記性與忘性恆常處於勢均力敵的狀態，謝冰瑩定然很早就了悟記性的不可依恃，她從15歲開始就每天不間斷的寫日記，持續了六、七十年。這樣勤勉的結果使她累積了豐富的寫作素材，《冰瑩憶往》裡的篇章想必有不少脫胎於她的日記。讀者乘著這艘載滿回憶的小舟，尋訪她的童年，纏過足幸而及時放開的腳，有八根指頭伸不直，這雙腳卻能帶她跑遍萬里山河保家衛民，當女兵，我們看成傳奇，而她視做平凡的日子，綽號「剛猛子」，情願糊塗情願吃虧，什麼都不計較，只有對創作一往無悔……一篇篇親切的短文，譜寫出一位爽朗大方的民國女子的生命樂章。樸實的文字，不矜誇、不張揚，沒有脂粉污顏色，自然率性的本色，正是謝冰瑩的往日情懷，捧讀之際，但覺每一個昔日、每一個當下都生動鮮活了起來。在文學裡，留住的，其實就是永恆。

傳記

塵　　緣

卓清芬

　　人物傳記一向很難寫得好。因為文字是抽象的，很難將一個人的外型、個性具體的呈現出來，尤其是看不見的人格特質，更是不容易捕捉。謝冰瑩的《冰瑩懷舊》寫她的親朋故舊，有黃埔大學校長蔣中正、推行國語不遺餘力的齊鐵恨、亦母亦友的馬夫人沈慧蓮、著名文人漫畫家豐子愷以及祖母、父親、母親、丈夫、女傭，都能傳神地刻劃她生命裡的重要人物。由於都是悼念文章，除了勾勒性格之外，還有生離死別的遺憾與不捨，字裡行間充滿濃厚的感情和依戀，每一篇都是用傷心的淚水澆灌而成。

　　謝冰瑩寫人物，擅長用對話營造氣氛。例如：描述王壽康先生因病中風，說：「我……我不……不……認識注音……符號了。」這對畢生推廣國語注音符號教學的王先生是多大的打擊啊！然而王先生說這句話時的表情並沒有痛苦，他已遺忘了一切。寫被郭沫若始亂終棄的記者于立忱，在為郭墮胎之後，說：「大姊，我恨透了他，恨不得將他千刀萬割，我忍受不了，腦子已經整個壞了，我不但一個字也寫不出，連想都不能想……大姊，你好好保重吧！不要以我為念，我是咎由自取，自作孽……我有個妹妹于立群……你將來如有機會見到她，就請把這件事告訴她吧！那時我早已離開了人間，隨人家怎麼說，我都不在乎了。」出院後不久，這位為愛情付出一切的女孩便自殺了。

　　作者也常以自己的急躁個性作為對比，突顯人物的寬和溫厚。例如她去見齊鐵恨先生時，有一男客在座，言談幼稚，囉唆不已。後來她去電抱怨齊先生為何要浪費兩個小時與不相干的人閒談?齊先生說：「唉！有什麼辦法呢？他不走，我不好下逐客令。我想他也許是感覺無聊才來找我的。」將齊先生溫和慈藹的長者風範，描寫得淋漓盡致。

　　從家常瑣事見溫厚，從待人接物見性情。謝冰瑩的《冰瑩懷舊》，不僅是她個人的生命印記，也使我們見證了上一個世代的文人風華和溫婉的人情味。

變動的時代，不變的堅持

衣若芬

　　鄭樹森教授為比較文學博士，並且持續關心及掌握國際文壇之動態，《與世界文壇對話》便是展現鄭教授學貫中西的著作之一。

　　本書收錄作者與十多位享譽國際的重量級作家或學者的訪談錄，包括德國的漢思・布克、漢思・謝特理斯，波蘭的巴倫切克，捷克的杜力驍、華朱力克，匈牙利的巴路巴斯，羅馬尼亞的米蓋・烏薩奇、葛楚斯庫，保加利亞的維爾察，立陶宛的蕭巴佐里斯，蘇聯的特拉告莫斯申科、托斯泰雅、伊凡諾娃，義大利的琵安卡・弗拉博塔，墨西哥的富恩特斯，巴勒斯坦裔的賽依德，南非的顧力力，日本的大江健三郎，以及美國的華裔作家譚恩美。

　　從以上臚列的國家分布情況可以看出，作者花了相當大的精神和筆力向中文讀者介紹大家比較不熟悉的東歐、（前）蘇聯、拉丁美洲等地區的文學概況，這是本書首先值得捧讀再三的先決因素。大部分的臺灣讀者，對於所謂的「外國文學」，所知十分有限，而且集中於通俗或暢銷作家的作品，受到語言的條件影響，被翻譯成中文的也集中於日語和英語的著作，少數原著為德語、法語、西班牙語的作品，有時還是經由「二手翻譯」（原著翻譯成英語）而來。閱讀本書，一定能令讀者眼界為之一開，所謂的「世界」或「國際」，當然不是只有日本和英語國家而已。

　　此外，本書寫作於 1980 年代後期，時值蘇聯解體，兩德統一，東歐各國逐步走向民主改革，本書所訪談的作家或學者，大都直接以行動或寫作參與了時代的鉅變，問答之間，我們再度重溫了那一段歷史，並且瞻仰那些長期在威權統治之下，堅持文學藝術的高貴心靈。

預　言

郭強生

032 捉狂下的興嘆

南方朔　著

社會人文

　　「人類的世界並無形狀，由人賦予形狀；我們看問題的方法，就決定了我們將會在哪種社會裡生存。」

　　這是南方朔先生在民國80年，臺灣社會解嚴初期正面臨制度、文化、經濟結構劇變前夕所說的一段話，在當前讀起來不僅不會令人有時移事往的陌生，反更教人沉痛有感。本書與另外於民國82年所出版的《文化啟示錄》，堪可作為那個時代的重要紀錄與證明南方朔先生先知型文人思考的典型作品。《捉狂》意在建立深度公民素養，對時代中充斥浮濫的媚俗、權力、價值混亂興歎之餘，更立書痛下針砭，與《文化啟示錄》中剖析文化結構、呼籲教養之重要，可並列為臺灣社會把脈的先聲。站在21世紀回顧，尤見南方朔先生長年堅持原則與不隨時舞的文人本色。是為臺灣文化、政經評論難得的良知勇者。

　　雖多以短評形式，本書中的諸篇個個展現南方朔先生深厚的學養，一語道破亂象癥結與思考盲點，雖著眼於當時的執政者，但卻揭露臺灣社會長久以來意識型態的空泛，政治交易中的短視近利，甚至大批親美親日情結，讀來在在讓人聯想起今日臺灣的困境。如果在彼時，他便對臺灣邁向升級的遠景提出「臺灣各種事物……都充滿著古舊觀念的復辟，無一吻合民主新社會的價值標準」之異聲，那麼本書超越時代的意義不言自明。

　　「但知抗爭而不從事民主的建造……正是臺灣民主發展的最大瓶頸」；「臺灣的政治癥結……每一個人均在怨懟政治的兩極化」、「民主不是理想國的到來，而只是通往理想國的坎坷道路」……句句箴言，處處可拾，當下我們正處於「興嘆下的捉狂」，必當重讀本書！

錢賓四先生的學術與志業　　李福鐘

余英時先生《猶記風吹水上鱗》一書，記述的是 20 世紀中國史學界的大師錢穆（賓四）先生，關於他的學問，以及他的志業。

稱呼錢賓四先生為 20 世紀中國史學界的大師，其實是有語病的，因為 1949 年至 1980 年之間，中國鋪天蓋地被唯物史觀所籠罩，錢賓四先生的史學絕對會被列入「破四舊」的名單中，屬於嚴重的「封建餘毒」，錢先生的著作在中國根本乏人問津。而 1949 年以前，在科學主義掛帥的中國史學界中，錢賓四先生則屬於冥頑不靈的「國故」派，面對胡適、顧頡剛，甚至是陳寅恪這些「新」式的史學家，錢先生的形象顯得保守落伍，只不過憑著根底紮實的考證功夫，寫出像《先秦諸子繫年》這樣讓人無從挑剔的作品，奠定其「專家」的地位。

錢先生最終成為「大師」，其實是 1949 年來臺灣之後的事。錢先生的史學強調中國傳統價值，就這一點來說，符合撤退來臺的蔣氏政權的要求。雖然徐復觀先生曾作〈良知與迷惘〉一文指責錢賓四先生史論的偏頗，然而半個世紀來錢先生在臺灣的追隨者仍不斷擴增，終於使錢先生的史學觀點成為臺灣學界的大宗。除了講究以西方科學方法治史的某些人士外，錢先生的《國史大綱》幾乎被視為是大一「中國通史」教科書的不二選擇。錢先生的其他作品，例如《中國史學名著》、《中國近三百年學術史》，亦在在被奉為經典。1980 年代之後，中國在鄧小平領導下走回恢復傳統的道路，錢賓四的史學重回中國，成為「五四」學風退潮之後中國學者擁抱的對象之一。

余英時先生是錢賓四最著名的弟子，由余先生來追念賓四先生，自然順理成章。尤其余先生浸淫西方學術界數十年，對於歐美的知識體系甚為熟稔，評論起錢先生來，自然帶有「國際」眼光。對於想了解錢先生的學術而又不願被復古派牽著鼻子走的讀者，再合適不過。

＊右側直排文字＊

033 猶記風吹水上鱗——錢穆與現代中國學術

余英時　著

傳記

透視當代西方藝術的一扇窗　　宇文正

　　以藝術作為一種審美的對象，在當今潮流裡，多數人們常感到無法掌握；而臺灣社會對於美術的欣賞教育較諸文學、音樂等藝術又更為冷淡。藝術與文學、音樂一樣，在直觀的感性訴求之外，自有一套「語言」，只不過它的語言系統以「形象」為主體；現代藝術難以理解，正因為標榜個人風格，那些藝術家獨創的個人化語言，難以溝通、難以理解。《形象與言語》一書，試圖帶引讀者解讀西方當代藝術的「形象語言」，猶如親近西方藝術的一本工具書。

　　書中從浪漫主義的藝術界定、象徵主義的來龍去脈、達達的嘲謔到超現實的幽默、60年代的物化藝術與新寫實主義……到現代與後現代的分野，這些爬梳各階段主流藝術的篇章可說是此書的精髓，從風格的釐清、背景的傳承追溯，對種種藝術問題做了縱向的解說。而兩篇談法國19世紀畫家圭斯達夫・莫侯的文字、解讀臺灣雕塑家黎志文的石雕、談曲德義的藝術面向等篇，搭配圖片對照，可說是形象言語解構、詮釋的一篇篇示範教學。

　　全書最後三篇介紹80年代巴黎龐畢度中心發生的一場美術館大辯論、蘇俄印象派精品初現美洲引起的博物館文化消費角色的思索，及法國文化疏散與藝術基金的問題、經驗等篇，均針對當代藝術與社會的互動作橫向的觀察，不但讓讀者更貼近理解西方藝術界的運作，更可作為我們文化政策的重要參考借鑑。

　　李明明常年研究、教授西方藝術，她的文字簡練明晰，讀來毫不晦澀。她說，「藝術作品像是一座窗子，目的是要使人透過窗子洞察世界之美。」那麼，《形象與言語》恰是透視當代西方藝術一扇明晰的窗子。

鍥而不捨的研究精神　　辜振豐

035 紅學論集

潘重規 著

古典文學評賞

　　潘重規教授是知名的紅學專家，早年曾在香港中文大學新亞書院中文系開設一門「《紅樓夢》研究」的課程，並成立「《紅樓夢》研究小組」，創辦雜誌《紅樓夢研究專刊》，貢獻確實不小。值得一提的是，作者敢以自己的創見，挑戰過去的紅學研究權威，如胡適、蔡元培、俞平伯等人。尤其在跟胡適論辯後，胡適對《紅樓夢》三大主張：作者是曹雪芹，主題是曹雪芹的自傳，後四十回是高鶚的偽作，已經受到挑戰。

　　學術要進步，有賴於大家互相交換資料，作者也了解這個關鍵所在。所以作者呼籲，研究《紅樓夢》的人，無論他對《紅樓夢》的見解有多大的歧異，都必須設法搜羅《紅樓夢》有關的資料，不但要好好整理，而且要盡量流通所有資料。畢竟有資料才有新發現。材料的有無，對於研究的結論，影響很大。而他為了徹底求證，在冷戰時期，還潛入俄羅斯列寧格勒的東方研究院，查閱圖書館內所收藏的《紅樓夢》舊鈔本，共三十五冊。當時該院的孟列夫教授，說作者是第一個來看這份資料的中國教授。同時指出，此抄本是以清高宗《御製詩集》的襯葉作稿紙，而反以《御製詩集》作為鈔本的襯葉。而作者也發現原來乾隆時代是用普通抄書的竹紙墨筆寫的，竹紙的質地很薄，並非《御製詩集》硯紙。想必是原鈔本經過多人閱讀，書頁的中縫都離披裂開，不便翻揭。經收藏者重新裝訂，於是拆開《御製詩集》作為襯葉。

　　此外，作者談到他跟孟教授的一段學術因緣，十分感人。過去他曾請人帶他的著作送給這位俄國教授，因此兩人便開始通信。後來他到巴黎開會，孟教授就邀請他到列寧格勒，兩人一見如故，而作者也利用這個機會，查閱《紅樓夢》舊鈔本。多年來，他主張這份寶貴的資料應該公開，後來終於出版。顯然，作者為人大公無私，從不將自己發現的資料當成祕籍，因此他的一言一行是值得大家學習的。

冷靜與狂放的相容

白　靈

036
憂鬱與狂熱

孫瑋芒　著

文學創作

散文‧雜文

　　出生於 1821 年、集爭議於一身的法國詩人波特萊爾在其散文集《巴黎的憂鬱》裡道出對女性「她」的渴望:「她美麗,勝過美麗;她令人驚奇。她身上富於黑色……有些女人惹人想征服她,享受她,但是這個女人使人想在她的目光下慢慢地死去。」一百多年後,孫瑋芒在散文集《憂鬱與狂熱》中找到了與「她」永恆相伴的方式:「在我古老的夢出現之際,她不但以手、以身體承接我的熾炭,更將它貼上胸口,與我捨命相擁,以雙方的心分擔炭的灼燙。」

　　波特萊爾對於愛情的追求在孫瑋芒的身上有了答案。這樣的類比也許有些牽強附會,但對某種抓不住的事物的遐想,在兩人的文字中卻似乎可以尋獲相同的蛛絲馬跡。不一樣的是,波特萊爾總是讓自己陷入許多無解問題的泥沼之中,孫瑋芒則是在深沉思索後,一次又一次地表達了他對生命狂熱的愛。

　　於是,冷靜與狂放這兩種格格不入的質性,竟然可以在一個獨立的生命中找到相容的可能。例如重溯記憶源頭的〈回首故園〉一文,童年往事就像電影般清晰、緩慢且帶點鄉愁的在眼前娓娓演映。其母親無微不至的關懷也曾使得「最不顧家」的作者在外頭打拼、顛沛之際,體會到世界上永遠不會改變的真理,那就是母親對於子女(不管多大年紀)永恆的慈愛。書中有些篇章則是透過文字,銳利解析對六合彩的狂熱、對梵谷畫作的癡迷,乃至對電腦瘋狂、狂馳汽車等不可解但的確發生在作者本身的行為,進行了自我剖析和批判,也間接透析了當下社會的紛雜現況。另外,作者在〈人生難得幾回失戀〉中把失戀者的病症一一寫出,並對勇於戀愛的人們給予高聲歡呼。

　　詩人余光中對孫瑋芒的作品讚譽有加,稱他是:「一位感性與知性兼長、詩情與哲理並茂的陽剛作家。」這樣的形容在作者身上其實再適切不過。如果願意,如果你的心中也曾憂鬱,也曾狂熱,不妨一起來分享這本書中兼容兩種極端風格的文字,相信你也會和作者一樣擺盪於兩者之間而陶醉不已。

既遲到已早退的小說家

林黛嫚

70 年代頗受期待的小說家沙究，大部分的作品發表於《文學季刊》、《中國時報・人間副刊》、《聯合文學》、《自立早報》、《當代》、《自由日報》，從這些發表的刊物來看，我們可以知道，這可能是一位消失的小說家，我們最近看到的沙究的作品是民國 93 年出版的《文學大系・小說選集》中的一篇〈天暗，燒香去囉〉，發表於十四年前的〈人間副刊〉。沙究所有著作只有《浮生》（民國 75 年圓神出版）和這本《黃昏過客》，雖然作品不多，但卻以當時尚未結集出書的〈黃昏過客〉等七篇短篇小說獲得中國時報文學獎小說推薦獎，「為樸素心靈尋找一些普通相的句子」，沙究在獲得時報短篇小說推薦獎時曾對他的寫作有如是的感言，他的作品就是最好的實踐。

為何一位只出版兩本短篇小說集，作品只有少少十幾篇的作者，卻還是如此令人難忘，以致《文學大系》他也不能缺席？或許本書將帶領我們認識一位如此量少卻質精的小說家如何從浮生眾相中探索人類心靈的面貌。

雷驤形容沙究的創作風貌為起始，「超現實的寓言設局——將人生之窘，純化為單一的局限，即時導引出互動的戲劇性張力」；「後來，逐漸吸納夥眾的現實素材進入，小說與讀者間的媒介增強，使作家的面貌，出現一種明晰的通情達理」，用同為書名的〈黃昏過客〉一篇來對照，短短三千字的篇幅，卻同時有雷驤所說「超現實的寓言」和「吸納夥眾的現實素材」，既有戲劇張力又通情達理，一位為堅持理想而辭去工作、離開女友（也是老闆的女兒），準備返鄉的途中，因火車無限期誤點而能以一種前所未有的視角觀看自己的人生，沙究的文字簡練而豐富，布局緊密，意蘊深遠。

被雷驤喻為「遲到的小說家」，如今又已早退，因為沙究的作品這麼少，這麼好，另一本《浮生》早已絕版，這本《黃昏過客》因而是這麼珍貴。

詩與籃球都是圓的

白　靈

　　曾任《時報周刊》及《聯合文學》編輯、海風出版社總編輯的詩人徐望雲，卻也是多本籃球「名著」的作者。籃球與詩看起來是多麼不搭軋的兩回事，就像比喻的喻旨與喻依一樣，相隔越遠越易造成驚奇。但畢竟籃球是圓的，不到嗶聲響過的終場，很難確認輸家贏家；詩在徐望雲身上看來，彷彿也是圓的，在詩人還未定稿之前，無人知曉會獲得噓聲還是掌聲。但徐氏更關心的，是上場打球的球員（詩作者）人數不少，在場邊觀賞加油的觀眾（詩讀者）卻寥寥可數。「對現代詩的了解很少」，他說的不只是場外，也包括場內，「許多譁眾取寵的文字便假借現代詩的名義出現，讓詩人成為一種笑話。」本書即以熱心指導員的身分，站在場內與場外之邊界，不憚其煩，說明內外兩邊各自的遊戲規則，期待引導更大量的讀者接近、了解現代詩，其用心可謂良苦。

　　此書收筆記六十四篇、報告三篇、論文兩篇，並有附錄；由簡入繁，自淺漸深，很像對現代詩壇的觀察、分析、論述等的三階段研究報告。「筆記」中對詩及詩壇的觀察鉅細靡遺，嬉笑怒罵皆有，避免使用專門術語；「報告」中的〈現代詩人的現代困境〉坦率指出詩人欲藉作品直接參與社會之不可能，從而對所謂「新聞詩」予以質疑、批判；〈語言的制約與增強〉則自語言的功能著手析論，為「懂」與「明朗」之美學立場辯護；〈詩語言的一些思考〉則批判所謂「折制語言的脖子」、「語言的暴力」，譏諷他們都是耍嘴皮子的行為。至於「論文」中的〈詩的動作與表現〉一文則嘗試建立詩歌的「動作論」，強調「動作」在詩中的關鍵性；〈與時間決戰〉則概述50年代起臺灣新詩刊物四十年的奮鬥史，某些史料極具參考價值。此書之書寫志在使讀者接收正念的入門訊息，從而建構自身的詩觀，以憑此去鑑賞或創作新詩，此項「任務」和「意圖」應已達成。

辨別崇拜銅像的功過

謝鵬雄

039 走出銅像國

龔鵬程 著

社會人文

　　銅像是什麼？一般說來，銅像是後人為「偉人」所建立的紀念像。有資格在生前或死後讓人建立銅像立在廣場上的「偉人」如列寧、史大林、赫魯雪夫……都是曾經不可一世，或被許多人頌揚成不可一世的人物。但據本書的寫序人周志文先生說，「銅像通常不是哪個『偉人』要求樹立的，建立銅像的人便是後來覺得恐懼不安的那些人。他們需要一個像神一般的人物來領導他們……。」

　　據此「銅像崇拜」不是「偉人」或「銅像」之罪，而是有些需要有銅像可以崇拜的人自找的。至於那銅像是「偉人」之像或「獨夫」之像，並非重點所在。

　　書名叫「走出銅像國」，讀者或誤認為作者是在提倡、或煽動大家打破銅像、恢復自由意志或自由思考，但看完全書，覺得完全不是那回事；至少不只是那回事，而且也不是那麼忿怒激烈地要拆掉銅像。因為作者認為銅像有兩種：一種是政治社會史意義的銅像，這種銅像不妨走開。另一種是藝術史意義的銅像，可以慢慢欣賞。譬如蘇美銅器中的阿卡地安王頭像、希臘神話的銅像等等，都是很好的美術。

　　事實上作者相當理性而幽默地談到一些古今銅像級人物，及他親身認識的可敬人物，如顧頡剛、陳寅恪、余英時、臺靜農等人，對這些人不因他們為銅像級而有什麼敵意。書中從文化談到詩，從大嬸婆遊世界談到傳播媒體。也談人物銅像、也談銅像化的觀念，揭開婦女一向受壓迫的真象及假象等等，觀念生動、語言有趣，很有啟發性。

音樂家的精神圖像

吳月蕙

040 伴我半世紀的那把琴

鄧昌國　著

社會人文

「鄧昌國」三個字，在音樂界一直是令人敬服仰望，完美典型的代名詞。11 歲才接觸小提琴的他，在戰亂的年代成長，卻「寧願做乞丐也要學音樂」，突破萬難從北京師大畢業後又赴比利時深造。1957 年應教育部長張其昀之邀返國服務，創辦音樂研究所，制定天才兒童出國進修辦法，積極培育國內的音樂人才，陳必先、林昭亮等國際知名的音樂家，都是當年他著意栽培的天才兒童。他創辦樂團、改革制度，什麼都想做，從沒有不可能，被視為「奇蹟的創造者」。直至 1992 年病逝，這位享年 69 歲的音樂家始終毫無保留盡情揮灑，數十年樂教人生了無遺憾。

本書是音樂家晚年生活感懷之作，音樂仍是全書主軸：回憶舊時從師學藝音樂追求路上的點點滴滴、對古今音樂大師的感懷與追念、音樂教育問題的探討。從創作、演奏，到周邊的設備，他關注的面既深又廣，而平易近人的寫作風格，讓非科班的音樂愛好者也能心領神會。就中尤以那篇描述他 13 歲時費盡千辛萬苦才「分期付款」買到的堤波威琴，陪伴他走過半世紀滄桑歲月的文章感人最深，其他對世局生活隨時有感，信手拈來把筆成文，亦皆有其可觀省玩味之處。比如看過深富哲理的〈癡想與禪悟〉、〈佛牙與觀音顯靈〉、〈「安迷失」的思想與生活〉等篇，你會更深刻體會作者以「自強原天性，服務即人生」為行事準則，磊落的襟懷與務實的作風之所由。又比如〈洋取燈兒及其他〉、〈語言的消失與新生〉、〈姐姐的金婚〉等篇，童年的、北平的、家族的，看似瑣碎，難掩情真意摯，把細微處一一兜攏來看，就能試圖拼貼出一幅鄧昌國的精神圖像。

有人這麼形容：在鄧昌國的世界裡，「服務」是一點圓心，「淡泊」是半徑，而「音樂」的圓規，則畫出了他生命中完美無缺的一個圓。認識鄧昌國，品味鄧昌國，《伴我半世紀的那把琴》這本書是一個很好的切入點。

時代轉折的省思

張錫模

20世紀前半葉的世界政治格局，由冷戰終結、蘇聯解體與美國成為唯一超強等結構性變動所決定。其中，1989年至1991年，是世界政治變遷最為重要的年代：中、東歐民主革命與蘇聯解體，連同南非「種族隔離」體制的終結與政治民主化的進展，不僅標誌著第三波民主化的劃時代變革，同時也標誌著舊時代的結束；而美國與伊拉克的波灣戰爭（「沙漠風暴」），則彰顯著世界政局正進入史無前例的美國一國權力獨大時代，美國的權力既是西歐、東北亞與美洲長期和平的支柱，但美國權力及其發動的全球化，卻同時也是世界局勢多災多難的要因。圍繞著這一系列史無前例的變局及其巨大衝擊，不僅要求著人們必須注視時局的細微變遷，更要求著人們必須懷抱深層思考的格局來體察世界總體局勢的變化，並在此一變化中思考自己國家的前路與因應之道。

《深層思考與思考深層》一書作者劉必榮博士，為國內知名的國際政治評論家，全書由作者在1989年至1991年此一關鍵時代，於國內報章發表之國際政治評論文所構成，凡五十餘篇，篇篇獨立，但主題彼此相關，構成有機的結構性連結，並可概分為四大部分，其中既析論中歐、東歐共產主義體制崩解的劃時代變局暨南非國家體制轉型等重要歷史變遷所彰顯的舊時代終結歷程，更從多重角度探究1991年波斯灣戰爭的樣貌、歷程、影響及其代表之美國權力獨霸全球的新時代動向，進而在新舊時代的交錯中，探索臺灣外交的出路與應有作為。本書既有時代見證，亦有知識人關注世局與國家命運的情懷，文字淺顯易讀，適合一般讀者大眾品閱。

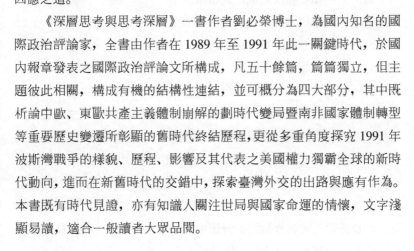

0
4
1
深層思考與思考深層
——轉型期國際政治的觀察

劉必榮 著

社會人文

對照記

卓清芬

瞬間

042
瞬間

周志文 著

在地球轉動的同時，許多事情正在發生，也迅速成為過去。昨天的新聞、時事，今天就變成舊聞、歷史。「過去」被遠遠地拋在身後，能留存當時心境的，大概只有文字了吧！周志文教授的《瞬間》收錄發表在《中時晚報》與《中國時報》的社評、時論。書名叫做「瞬間」，除記載的都是當下發生的事之外，亦受東坡〈赤壁賦〉的影響：「『蓋將自其變者而觀之，則天地曾不能以一瞬；自其不變者觀之，則物與我皆無盡也』，一瞬與永恆，只不過是在不同角度觀察一物的結果罷了。」

書中社論大都發表在民國78年年底到80年之間，當時的總統李登輝、行政院長郝柏村、財政部長王建煊，有的已經卸任，有的早已退出政治舞臺。那時兩德剛剛統一，美伊戰爭方熾，中共對臺文攻武嚇不遺餘力；如今美國總統已是布希之子、海珊被擒、李鵬下臺，兩岸關係也走向新的階段。在十幾年後的今天看來，當時的「時論」已成為歷史，許多話題雖不再具有時效性，但文中所提出的臺灣社會現象卻依然存在，甚至變得更糟。如錢穆先生逝世，周教授認為這個社會「是一個普遍漠視文化的社會，一個瀰漫著煙霧、到處充斥著權力與金錢遊戲的社會」，而今天的臺灣社會更是變本加厲，人文素養備受忽視；四處林立的違章建築，周教授指出「除了不守法的性格外，我們國民的審美能力低淺，也是造成違建氾濫的重要原因。」十多年後的今天，公權力依然不彰，人民的審美品味也未見提升，反而越趨低俗。

除了社會現象之外，文中所彰顯的客觀態度、理性思維、人文觀點，都是經得起時間考驗，能夠切中人心的永恆價值。在政黨互相攻訐、口水淹沒理性、社會風氣敗壞的今天，這樣不偏不倚、實事求是的精神，毋寧顯得更為可貴。

社會人文

迷幻的海峽政治

張錫模

　　兩岸關係是影響臺灣最重要的一組雙邊關係之一，但同時也是臺灣對外關係中，最為撲朔迷離的雙邊關係。政治上，中國與臺灣的對峙已長達半個世紀，其間還夾雜著穩定的軍事威脅。但在經濟上，臺灣與中國的關係卻日趨緊密。這些複雜的關係，涉及極多關鍵的變數，如中國共產黨的權力接班與臺灣的政治民主化，以及更遼闊的國際環境，都對兩岸關係產生深刻的影響。要釐清這樣一組堪稱人類史上最具戲劇性的複雜關係，不僅需要長期的歷史視野，更需要恢宏的結構觀點。歷史觀足以協助人們釐清來龍去脈，而結構觀可以為人們提供穿透紛繁外象而掌握底流動力的洞視。與此同時，洞視兩岸關係，也需要新聞記者般的第一手調查。歷史、結構與現場主義，是理解兩岸關係的匙鑰。

　　《兩岸迷宮遊戲》是一部新聞記者眼中的兩岸關係之作。本書由作者在國內報刊雜誌發表的兩岸關係相關報導分析所構成，雖非體系性論述，但作者超越時政俗論的動機相當明顯，企圖將歷史與新聞記者特有的現場感揉合為一，據此解剖兩岸關係的複雜動態。了解兩岸關係的動力學，構成作者行筆的關鍵動力，以此為起點，作者先展開自己的臺灣史論述，檢討 1949 年以降兩岸關係的風雲變動，繼而探索臺灣解除戒嚴後兩岸關係的變動與新趨勢，追索兩岸交流的軌跡，並專文探討中國的對臺政策、臺灣與中國雙邊互動中的談判實務，以及中國獨特的對臺新聞發布策略與操作方法，焦點則置於臺灣與中國展開經貿與人員交流的新時代變動之中。

　　本書觸及的問題十分廣泛，允為探討兩岸關係的先驅著作，迄今仍為關注兩岸關係的研究者與一般讀者所重視。

0
4
3
兩岸迷宮遊戲

楊渡 著

社會人文

解剖歐洲的心臟

張錫模

過去幾百年來，歐洲不斷地重新自我定義，歐洲的「政治・文化疆界」也不斷變化。17世紀末的歐洲，尚未成長為世界霸權，其東部邊界也僅限於維也納。19世紀的歐洲，茁壯為支配世界的霸權集團，致使歐洲本身的定義也跟著產生變化。在整個不斷自我再定義的過程中，界定變遷的關鍵，正是「德國問題」。

徹底擊潰歐洲文明自信心的第一次世界大戰，源自德國權力的崛起與大英帝國的權力衰退，大戰摧毀了整個19世紀的歐洲，激發著俄羅斯1917年社會主義革命，但戰後凡爾賽體制未能善後，反而埋下禍根，使「德國問題」惡化為納粹政權的擴張而成為第二次世界大戰的引爆點，並因此導致歐洲霸權的終結與美蘇主導歐洲秩序的冷戰。1989年中、東歐革命，1991年年底蘇聯解體，徹底打開歐洲聯盟成長與擴張的道路，並通過歐盟的建構與茁壯來重新定義歐洲。此一再定義的關鍵仍是「德國問題」：德國的自我定位，以及德國諸鄰邦對德國權力再崛起的反應。德國牽動著歐洲整體局勢，理解德國問題是理解歐洲秩序或歐洲無秩序的匙鑰。

《德國問題與歐洲秩序》一書，以歷史為經，政治為緯，系統性介紹「德國問題」的地理背景與歷史根源，此一問題的變遷歷程與引爆兩次世界大戰的慘痛代價，史詩般的德國戰後政治民主化、高度精神反省與驚人的經濟復興，引起全球廣泛關注並衝擊歐洲全盤政治秩序的東西德國合併，詳細析論1990年代的新興德國對歐洲秩序的影響，最終展望未來的「德國問題」與歐洲秩序之前景。本書寫作風格嚴謹信實，論述條理清晰，頗值任何對歐洲局勢與世局變化有興趣的讀者閱讀參考。

文學的困境與收穫 白　靈

045 文學關懷

李瑞騰 著

　　人與人之間的相互扶持、相互關懷是再自然不過的事，但對於文學呢？文學是否有其自我成長、演變的過程是我們所忽略的呢？關於這個問題，在李瑞騰的《文學關懷》一書中，許多文學內緣的問題將可在此找到宏觀而精切的解答。

　　收錄的文章以輯一「本質」、輯二「現象」、輯三「實踐」等三部分來類分。在輯一中，作者談論文學的題材、功能、批評客觀化的意涵與界定。例如近年受到重視的「自然書寫」，表示文學家開始願意以文字去參與我們生長的這塊土地。而對於「政治小說」、「民俗文學」等文學類型的真正意義、性質須以嚴肅的態度來掌握和斟酌。此外，關於一個文學批評家該扮演什麼角色去介入文本才適切，作者在這裡有詳盡的討論。

　　輯二李瑞騰把焦點擴及到整個臺灣文學教育教學層面，並提出許多省問。像臺灣為什麼沒有一個以現代文學研究為中心的研究機構呢？有是有，但真正能付諸研究實名的其實尚未誕生。在相同資源下，我們有漢學、近代史等研究所，但與我們最相關的現代文學的研究單位卻最難以成立。面對大陸文學，作者呼籲要用更積極的方式去整理與引介。

　　輯三中又分成三小節，依序是教學、活動與編輯。作者以親身在學院教學的經驗說法；文學在學院內有怎樣的困境與收穫，以及如何突破以便為文學教育開創新局。在參加許多文學研討會、相關活動後，李瑞騰也提出他的感想和建言，期盼能有更多的發展空間。最後是作者在編輯各個書刊後的序言，讀者可以一窺一本文學選集的編成「時而厭煩，時而雀躍」的複雜心情。

　　作者是一位道地的文學人，從文章可以輕易感受他對文學盡心盡力的關切之情。想要對臺灣的文學教育、文壇現況有所了解的讀者，這本書想必能提供最中肯、最全面的資訊。

舊情綿綿

辜振豐

046
未能忘情

劉紹銘 著

文學創作
散文‧雜文

劉紹銘雖然曾在美國任教漢學，但他在文壇算是老一輩的文人，因為他的小品文經常出現在報章雜誌。可貴的是，他寫起文章一點不像老學究，不但親切感人，而且心中還滿腔熱情。

從內容可以了解他的特性：關懷文學、敬重長輩、感念舊情。他在 50 年代以僑生身分來到臺北求學。當時臺灣的經濟尚在起步階段，一切因陋就簡，但他倒能夠悠遊其間。在他看來，50 年代的臺北，連細菌也有人情味，窮學生晚上看電影回來，無法上館子吃宵夜，只能在路邊攤喝兩塊錢蛤蜊湯，而加幾片蔥花薑絲，心中還認為比得上燕窩魚翅。有趣的是，吃了四年，肚子也沒有病痛。顯然在當年的克難時期，也有一套生活的美學。

他尊重長輩，但不流於歌功頌德，尤其是能以客觀的角度看待《中國小說史》的作者夏志清。夏氏頗有先見，早年力排眾議，指出小說家張愛玲的優點，以致她的作品能流芳百世，這是大家有目共睹的。作者更指出，夏氏在討論《水滸傳》時，以中國學者的身分批判中國文化的道德面貌，確實勇氣十足。

作者飽讀各種書籍，以致論起各種問題，都能以寬廣的角度來看待。尤其是在談到馬來西亞和新加坡，也有獨到的見解。談到馬國，就以前總理馬哈地為焦點。馬氏認為英國的殖民政策，就是將境內巫族、華人、印度人分化而治。但獨立後，巫族當了家，種族問題便浮上檯面。劉紹銘教授多年來以文學研究者的身分，除了關心文學的發展，更撰文關心歷史、文化和國際關係，這種具體的實踐確實令人敬佩。如果大家對他的早期作品有興趣的話，《吃馬鈴薯的日子》跟《二殘遊記》也是值得一讀的。

臺灣經濟的樂觀領航員　　鄭政秉

本書收錄了孫震在 1990 年至 1992 年之間發表的十九篇文章。由於孫震當時仍是名望士林的臺灣大學校長，這些文章大多是他在重要場合的演講稿。譬如〈對當前我國人文社會科學發展的一些看法〉一文，就是 1991 年在總統府國父紀念日的講稿。因此之故，這些文章不僅淺顯易懂、舉例親切，而且關照的角度都較大。

全書區分成三大部分，第一部分是社會篇，大抵在反省臺灣在轉型過程中的亂相與失序，包括金融投機、房地產及股票市場狂飆、紛亂的民主政治、有我無人的年輕世代，以及急功近利的社會風氣。和前一本書《邁向已開發國家》的論點一樣，弘揚中華文化，建立一個富而好禮、溫柔敦厚的社會是他所提供的解決之道。

本書第二部分是教育篇，反省當時臺灣總體教育所面臨的問題。作者用「投資財」及「消費財」的概念，主張不同的階段應該產生不同的教育觀。當經濟進入較發達階段時，不應該僅將教育視為搭配經濟發展的投資財；而應該有愈來愈多的公民，享受教育的樂趣，視教育為一種消費財。作者對於增加臺灣高等教育人才也有獨到的見解，特別是他用才華分散 (diffusion of talent) 來剖析何以許多新科的歸國博士會迅速研究能力大減，相當具有說服力。

在第三部分經濟篇，作者反覆闡述生產力進步之要義，希望透過持續的技術進步，善用「後進的優勢」，訂定有效的經濟計畫，以迎頭趕上已開發國家。雖然在書中不斷提醒我們臺灣的「近憂」（巨額貿易順差）和「遠慮」（投資遲滯），不過當社會普遍對臺灣經濟的前途感到悲觀時，作者又不忘援引《世界經濟論壇》(World Economic Forum) 對臺灣競爭力優異之評估，告訴我們臺灣經濟的未來還是樂觀和充滿希望的。

047 發展路上艱難多

孫震 著

社會人文

解讀胡適與他的時代

郭強生

　　周質平教授對中國思想史研究及胡適、魯迅對中國影響之論述在中外學界皆負盛名，而這本《胡適叢論》既具學術說理之引證立論，亦具高度可讀性，適合一般讀者閱讀。

　　在眾多對胡適這位中國新思潮之大儒的研究著作中，本書特別引人入勝處即在於擴及了胡適與他當代的其他重要文化宗師的對話，分別以七個篇章，從對胡適提倡科學與整理國故之重新評價，到胡適與馮友蘭、趙元任、魯迅之交遊，甚至於與曹珮聲的戀情都詳加鋪陳，這樣的著眼自然呼應了胡適思哲背景的形成，尤其彰顯周質平先生肯定胡適一生不為政治口號驅使，在 20、30 年代「主義」狂熱中甘冒眾怒的翻案企圖。

　　胡適之功過雖至今眾說紛紜，對於胡適提倡的實證主義也因歷史的教訓不免在今日回顧亦有其漏洞與瑕疵，但無疑的卻是，胡適在新文化運動中，是最能利用激進思想來打開新局的人，同時也最能了解激進思想的局限，本書在這一觀點上頗能啟發知識分子對中國現代化的重新評估與想像。

　　胡適一生之起落不光是他個人與時代拔河的因素所造成，更代表了那個時代 —— 甚至於當前所有中國知識分子的命運。夾在新舊交替的社會，中西文化衝突與不平等時，面臨了群眾路線與溫和理性之抉擇，胡適的甘於寂寞與忍耐孤獨，亦為了解這位一代宗師的另一種重要角度。這本《胡適叢論》雖無法盡涵胡適思想之脈絡架構，但卻是可貴的補白。

傳記

瞄準空白

韋振豐

多年來研究文學往往聚焦於考據和作品的詮釋，因此忽略很多層面的探討。在此書中，研究神話多年的王孝廉再度將論述的角度移到許多有趣的議題，如圖騰、頭髮、假髮、巫術、妖術等，讀來令人大開眼界。例如他在探討假髮就有文化史的思維，尤其是古希臘人，不分男女，都戴假髮，而以為捲毛最美，此外希臘人也有染髮的習慣，波斯戰爭以後，希臘的年輕戰士才開始剪髮。這種風俗習慣延續到羅馬帝國，當時的婦人從日耳曼進口金髮來製作假髮。歐洲人戴假髮的全盛時期是在法國路易十三和十四統治的時代。當時居上位者引領時尚，所以王公貴族跟隨這種潮流，全部都戴起假髮。

他在探討妖術也強調女人的獨特能力。女人之所以成為妖術的使者，原因在於女人是天生的「妖精」，在身體和生理上都比男人纖細，所以容易成為妖術師，而宗教的說法，認為女人是由亞當的一根肋骨所造成的，所以是不完整的動物，因此比男人容易受到魔鬼的引誘，而成為魔鬼的代言人。以社會的角度來說，女人社會地位低下，每每在男性社會被視為奴隸，由於這種差別待遇而衍生補償的心理而成為操作妖術的魔女。

作者短短幾句話，便能說出神話的特質，以呈現自然和人文兩種思維的結合。例如，古人的植物崇拜而形成許多植物神話，其原因在於古人透過深化的思維去解釋他們四周的實際植物，或借用植物來反映日常生活的一些事實。比如說，遠古時代神農氏為了人類找藥材，嘗了斷腸草，以致中毒而死，這種植物就是南方楚地一種具有毒性的黃色小花。又如湛湛江水上的楓林，則是楚人祖先蚩尤的鮮血化成的。本書在解釋文化的各種課題，淺顯易懂，而娓娓道來，就像在講故事，因此內容有別於沉悶的學術論文。

049 水與水神——中國的民俗與人文

王孝廉 著

社會人文

另類的文學研究

辜振豐

　　過去，臺灣學生總是以留美為首要選擇，所以研究英美文學的著作舉目可見，相對而言，有關歐洲研究的出版物可謂鳳毛麟角。幸好這幾十年來，前往歐洲的留學生日漸增多，因此探討英語世界以外的著作便越來越多。研究方向的變化，是有助於擴大讀者的世界觀，畢竟每一個國家的文學作品必定有自己的特色。

　　本書所討論的前衛作家，可以讓我們進一步了解法國文學的新風貌。作者的文章深入淺出，往往一兩句話，就把每位作家的特色凸顯出來。例如，在法國一提到莫里亞克，大家會知道他是一位悲天憫人的基督徒，經常關照人性的良心和罪孽，並呈現自然律和人間法律的悲劇。但這位小說家反對「天主教小說家」這種稱號，因為他自稱是一位小說家，同時是個基督徒，但並不是「天主教小說家」。顯然文學作品一向關懷全世界，並且超越任何宗教，而莫里亞克至少很清楚他的創作理念。

　　作者也花了很多篇幅介紹法國的「新小說」，以便讓讀者能夠進一步了解這種作品的特色。其實這個門派的小說家如葛利耶和米歇爾‧畢宇鐸赫都曾經來臺灣訪問。作者還翻譯了畢氏的兩篇文章，同時以「語言和文學」為題，討論這位傑出的作家。報章雜誌經常報導美語和法語的衝突，尤其是法國政府經常抱怨美語入侵法語。不過在畢宇鐸赫看來，法國境內的少數民族也有自己的語言，如普羅旺斯方言、巴斯克語、尼薩爾語、亞爾薩斯語，但法國政府在 19 世紀和 20 世紀初期則不斷打擊這些語言，只要孩童進初級學校時就禁止他們使用這些語言，結果這些語言就慢慢消失了。看來，語言的強勢與否，有賴於國家的政治力和經濟力。此外，作者金教授還介紹卡繆、劇作家尤乃斯柯，還有當過文化部長的作家馬爾侯。顯然，本書能夠以歐洲的觀點，來探討法國文學，同時對於法國也有所批判。因此讀者如果想一窺法蘭西文學，本書是一本值得閱讀的入門書。

0 5 0
由英雄的人到人的泯滅
——法國當代文學論集

金恒杰 著

文學評論

横越臺灣人文思潮二十載　鄭政秉

051
重商主義的窘境

賴建誠　著

　　經濟學在臺灣是一門顯學，但臺灣的經濟學家卻鮮少提筆寫書。偶爾有幾本非教科書的書籍出版，也多是論述時下經濟現象或經濟政策，少有將關心的觸角延伸到臺灣的普遍人文現象、甚至文化思潮上。作為一位探索經濟史和經濟思想史的學者，賴建誠無疑較一般偏重數理技巧的臺灣經濟學家具有更寬廣的視野，而這本《重商主義的窘境》也的確呈現了臺灣經濟學著作少見的廣博內涵。事實上，這本十餘年前發表的書籍，有系統的反映了臺灣人文學界在過去二十年來曾經流行的思潮和普遍的文化特徵。

　　作者將本書分成四大類：評論、書評、人物和文藝。但筆者覺得這樣的分類不足以顯現本書的特色。事實上，本書的內容可以重新分組成以下三類：⑴臺灣新興思潮和文化思潮之評析。其中最重要的是剖析了二十年前臺灣最流行的「韋伯熱」、「儒家思潮」、「依賴理論」和「公正理論」等。也直接批判了臺灣學術界的嬰兒症候群和文化偏食症。其中的許多論點都是自成一家、深刻而有力量。⑵歐洲思潮的引進，尤其是對法國年鑑學派以及法國文壇的介紹，足以彌補臺灣學界長期偏食美國文化之弊病。⑶經濟現象及經濟政策之解析，不過，這部分的篇幅實際上相當少，只有四篇，衝擊力也不如前二部分。所以，本書最精采之處，實際上是在第一部分。該部分的議題事實上已橫越社會學、哲學、歷史學和經濟學，因此，本書提供了一個多領域對話的平臺，而不只是局限於一個經濟學門內的狹窄課題。

　　相對於作者之後其他的著作，本書是氣宇軒昂、意氣風發的，充分顯露一位年輕學者對未來學術生涯的渴慕與期待。因此，它必然帶給臺灣當時的人文社會學界一定程度的衝擊，也為臺灣的新興人文史留下了深刻的足跡。

社會人文

學術與世變

李福鐘

　　若謂當今國內最聲名卓著的歷史學家是哪一位？中央研究院院士余英時先生可能當之無愧。余先生的作品不僅影響了二十餘年來不計其數的各大專院校歷史系所學生，而且他本人在美國哈佛、耶魯、普林斯頓三所頂尖學府所訓練出來的臺灣留學生，歸國之後幾乎皆成為臺灣歷史學界各重要大學及研究機構的中堅，凡此皆使得余先生的學術觀點、價值取向，廣泛地複製於臺灣的歷史學界中。

　　當然余先生能夠對臺灣歷史學界的影響之所以如此深遠，絕非浪得虛名。筆者大學時代即接觸不少余先生的作品，深知余先生自命為「五四」的第三代人物，不僅一生堅持自由主義信念，相信中國的正確道路唯有在「民主」與「科學」，而且他亦深刻反省「五四」運動以來的反傳統思潮，認為只有在不割裂傳統與現代的狀況下，才有可能使中國現代化事業平順地、全面地開展。所以余先生一方面堅持「五四」道路，另方面也尋求傳統的轉化。雖然看似折衷，其實是企圖進行兩者之間的整合。不論余先生畢生努力的成績如何，然而其做學問盡從大處著眼的魄力，以及為後學引領的思想道路，在在令人敬服。

　　余先生所著《中國文化與現代變遷》一書，基本上為其在 1988 年至 1991 年間所撰寫的非學術專業文章的合輯。雖說文章性質並非學術專業，然而其所關懷的，以及涉及的問題，卻在在都是嚴肅的、知識性的層次，與其數十年來的學術志業相互呼應。尤其本書中篇幅最巨的長文〈費正清與中國〉，係為紀念 1991 年 9 月去世的美國漢學界一代宗師 John K. Fairbank 而作，有相當珍貴的親身交往經歷，也許余先生對 Fairbank 的評價表現出強烈的個人觀點，不過對照詰辯的結果，不失為讓讀者更深入了解費正清為人與思想的好機會。

　　余先生出生於 1930 年，青年階段便經歷了 20 世紀中國最動盪的歲月，因此其生命的關懷，亦在於為中國尋出路。《中國文化與現代變遷》一書，正是其思想世界的具體縮影。

淡中得趣的高手

吳月蕙

自學成功而成為翻譯名家的思果 (1918–2004)，前不久過世了。他在翻譯的領域累積的成果十分豐碩，影響也十分深遠。在中文表述日漸西化的趨勢下，破壞了原本簡潔對稱的美，他與余光中共同呼籲「還給中文清純的原貌」，並在作品中充分實踐這樣的理念。我們讀這本《橡溪雜拾》，明淨條暢，不蔓不枝，也就是在享受正宗原味的中文之美呢。

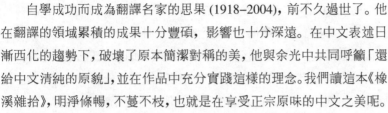

本書乃民國 81 年結集出版，收錄的五十幾篇文章多半是作者旅居美國北卡羅萊納州林居生活的隨筆。退隱的人追尋的樂趣，不外乎寄情於書卷，與古今文人為友，放懷於山水，以天地自然為師。思果筆下，紅葉是「有個性，也有了嗓子」的，掃落葉如同「改過失，剛改了一個又有了新的」，「樹林像本書，你得從頭到尾把它讀完，又像房屋，你得在裡面住下去，過完四季，才知道他的好處」，「我林居十年，經歷了好些從來不知道的事，而每年行禮如儀的舊事，都像初次經歷一樣，給我新奇的感想，自然原來是最豐饒的」，所展現的是何其從容、智慧、滿足、愉悅的美，「萬物靜觀皆自得，四時佳興與人同」，《橡溪雜拾》作者所說的美，也需要讀者放慢閱讀的速度，慢慢品味。

此外，在時代的遽變中雜生的感懷、讀書心得、人生哲理、暮年鄉關、旅遊筆記等也在書中多所發揮，比如〈吸哀紙〉寫目睹天災人禍，感慨天地不仁，〈廣告世界〉和〈攻心新術〉寫被廣告統治的危機感，〈滋補〉其實是反滋補，說補藥就是毒藥，真正的健康良方是體力的勞動，〈用什麼尺量人〉說的是人才衡量的標準之難。作者早年失學，人生閱歷豐富，剖析事理每有獨到之處，加上勤於自修學富五車，中西掌故瞭若指掌，旁徵博引涉筆成趣，文章的密度頗高。然而他又講究深入淺出的寫作原則，通篇流暢通順，完全不給讀的人任何壓力，雖有幾篇憶舊傷老之作微見傷感，但深情中自有節制，非箇中高手不能為也。

0 5 3
橡溪雜拾

思 果 著

文學創作

散文·雜文

源遠流長的生命之河
白　靈

這是海峽兩岸最負盛名的詩人余光中年輕時的作品結集，寫於 1954 至 1956 年，約當他 27 歲至 30 歲之間，是作者的第三本詩集，卻因故被擱置十三年，遲至 1969 年才出版。此時余氏已進入壯年（42 歲），作品早已脫離新月派風格，迭經變化，建立自己獨特的風貌。而回頭再出版「少作」，自然感慨不已，他卻不擬「解嘲護短」，一方面勇敢面對過去的歲月，一方面似有宣示割斷新月的臍帶、從此走自己的道路之意。對讀者而言，則是一大福音，可以借此「窺探」大師級的詩人如何成長蛻變的過程。

此本詩集於形式上非常有新月格律風，計收六十二首詩，除了第一首〈鵝鑾鼻〉採不分段形式、〈給惠德曼〉一詩形式較有變化外，其餘各詩均以四行一段為主，也偶有兩行一段、五行一段，但集中各詩分段均極工整、且押尾韻明顯，十足奉行新月派「建築美、音樂美、繪畫美」的作風。而〈鵝鑾鼻〉一詩的不分段形式，其實也昭告了余氏此後新詩作品的主要外延風貌，這在聞一多的〈奇蹟〉一詩中試行的形式，卻由余氏加以發揚，且獲致極度的成功。余氏之後在不少評論文章中一再對年輕詩人強調，為免於過度自由散漫不如自我「格律訓練」，其實正原於余氏年輕時長期嚴謹的錘鍊，由此詩集正可追蹤其中軌跡。

此集中作品如〈鵝鑾鼻〉、〈靈魂的觸鬚〉、〈飲一八四二年葡萄酒〉、〈天國的夜市〉、〈如果〉、〈新月和孤星〉、〈別後〉、〈永恆〉、〈回憶〉、〈給寂寞〉、〈宇宙觀〉等作品均音色鏗鏘、氣勢不凡，卻又細膩浪漫。而如〈腐儒〉、〈給某批評家〉等詩諷刺性十足，〈方向〉則有揮別陰鬱，不走他人灰色道路的宣示味。由〈詩〉則可看出作者對待詩的態度，他將每首詩都當作一封「靈魂的短信」，無論探險地獄或遊歷天堂、神祕或奇妙，均「完全記在信裡」，意即將生活所見、所感、所思無不能以詩表現，其對詩的執著可見一斑，由此亦得明白大詩人生命之河的源遠流長。

詩意的指點

吳月蕙

黃永武是國內中文學界以詩學研究著稱的學者，同時也是學者群中少數勤於提筆的創作者之一，讀書寫作，他視之為「滔滔亂世裡安度災厄的最佳方策」，愛廬是他的書齋，在那方小天地裡，他埋首著述，將「鬱盤的忠義之氣，化作悠然孤往的文辭」，享受「萬境自閒，我心自閒」的快樂，《愛廬談文學》就是在這種情境中讀詩治學的一季收成。當中雖有一些是為編輯邀稿或學術會議的應命之作，絕大多數是話題偶及或讀書興起，所思所慮的隨筆雜記。內容以古典詩歌為重心，由此向外輻射，如文字繁簡的論戰、星座生肖起源的追索、敦煌殘卷的勘讀與應用的示範、明人詩文集中生活美學的研究與開展，以及對「圖象批評」的分析等，關懷的面向可說極為寬廣，是一道豐盛可口的文學佳餚。

作者沉潛古典文學之中而樂此不疲，著書的那些年，對明代六千種善本書鑽研的興致尤深，在讀書當中得到的種種領會，往往便用淺顯的筆法記錄下來。這些篇章寫得頗有趣味，一般人閱讀，不會覺得隔閡枯燥，有心治學者，則不妨將之當成引燃熱情的一種觸媒，由此登堂入室，親自去品嘗做學問的甘苦滋味。

黃永武長年累月愛詩讀詩研究詩，翻讀這本作品，真是處處有詩，他以酣然半醉的詩意引詩、解詩、品味詩，將詩裡那種或恬適或飛揚或悲戚或幽靜的感受，那真那善那美，那中國文學中取之不盡用之不竭的珍貴寶藏，指點出來。比如〈談灑脫〉一文，就引寒山子的詩「眾星羅列夜深明，巖點孤燈月未沉，圓滿光華不磨瑩，掛在青天是我心」來闡述一顆光明自由灑脫的心靈，又引唐代鄭雲叟這首「似鶴如雲不繫身，不憂家國不憂貧，擬將枕上日高睡，賣與世間榮貴人」來詮釋所謂的真灑脫，因為談灑脫談出了一首又一首意味深長的好詩，讀者真是太有福了。鼎嘗一臠可以知味矣，讀這本《愛廬談文學》，就是這麼美好的經驗。

0
5
5
愛廬談文學

黃永武 著

古典文學評賞

回歸藝術的冥思

楊　明

德國哲學家伽達莫說:「在所有不完滿、厄運、偏激、片面、災難性的迷悟中,必然導致對非現實的藝術中美的夢幻的追求。這是人求完美的本體論的功能,它填充著理想和現實之間的鴻溝。」

呂大明的散文是唯美的,她以詩化的文字,詩化的意象,進行文學創作,可惜現在文學在社會中並非主流,而唯美散文在文壇也非主流,甚至可以說有日益式微的趨勢,呂大明以其自身濃厚的書卷氣,自然而然抒發於筆端,字裡行間流露出她淵博的文學修養,加上她的用詞遣句精緻雋永,形成優美清新的風格,在當今文壇可說是一股清流。

呂大明曾經在英國和法國留學,其後又在英國電視臺擔任編劇,旅居法國多年,傳統中國文學提供了她充足的養分,歐洲洋溢藝術風情的生活環境也影響著她,使她的作品風格合璧中西菁華,融合交織出一種新的氣象,風格是溫柔敦厚,內涵是有容乃大,心情真誠語調平和的寫出她的想法。祖慰認為「呂大明是外在信息極為多元的當代的作家。她觀照審美對象,不會像以前的作家那樣以一種價值觀或一個角度觀照。她以她在歷代中西文學奇葩上博採而來釀製的多元審美價值,去提純出多元的美意象,場性地編織在一起。」

呂大明對創作、對生命的價值都有她的堅持,在她的作品中隨處可見,她在〈風鈴草之頁〉一文中寫道:「所有大自然都在說明美與善,就像藍色的風鈴草花,只是現代人已經迷失在市聲裡,漸漸聽不到那種微細深沉的聲音,……但總有一天人們會感到『以心為形役』是多麼浪費生命,聲色犬馬是多麼令人厭惡,生命又回到最初的開始,人會再回頭來看這朵藍色的風鈴草花。」呂大明對風鈴草的形容,以及對忘記風鈴草之美的人們的期待,何嘗不是對文學的形容,對忘記文學之美的讀者的期待呢?

056 南十字星座

呂大明 著

文學創作

散文・雜文

踏雪尋梅

楊　明

057 重疊的足跡

韓　秀　著

　　韓秀說：「當一個喜歡寫字的人得到編者的肯定、鼓勵和幫助，得以向世人公開自己的所知，從而獲得讀者的關注與期許，那時的心境只有兩個字可以形容：幸福。」

　　原本出生在紐約的韓秀，父親是美國人，母親是中國人，不滿兩歲的她由美國來到中國，和外祖母一起生活，沒想到因此在中國大陸停留了將近三十年，她曾經去山西插隊落戶，文革時流亡新疆長達九年，在一片沙漠中度過了 21 歲到 29 歲的黃金歲月。

　　直到 1978 年，韓秀才又回到出生地美國，重新開始學英文，適應美國的生活，因為外祖母的教導，中國傳統文化對她影響甚鉅，中國的經驗對她而言是痛苦的，但也是深刻的，特殊的成長背景使得她的作品有了不同於其他旅美作家或是傷痕文學作家的風格。

　　本書是作者寫於 90 年代初期的散文集，書中寫的幾乎全是作家和書，寫人她寫沈從文、劉賓雁、戴晴、阿城和魏子雲，寫書她寫朱曉平的《陝甘大道》、王心麗的《越軌年齡》、孔捷生的〈血路〉等等。寫作是一條艱辛的路，但是韓秀認為，對於浪跡海外的華文作家而言，寫作不是一種手段，而是一種目的，為了心中的一方淨十，即使環境困難，依然要堅持下去。

　　韓秀的文字生動，有如小溪流水忽而在石頭上蹦跳，忽而在陽光下安靜的流淌，她還有許多故事要說，她的年輕歲月，她親睹的歷史時刻，韓秀說：「時間使經驗過的事件沉澱下來，使寫作者的視野更為開闊，著眼點也更為客觀。距離則使寫作者有了機會對描述對象有了多面的觀察、分析、了解。」

　　本書雖然寫的是作家和書，但卻絕對不是一本文學評論集，它更接近於作家的私房記事簿，記下了生命軌跡中的重疊，和喜歡文學的讀者分享。

文學創作

散文・雜文

雋永的小曲

黃雅歆

如果文學批評只是學術論述的產物，那麼，一般讀者在閱讀上應該從哪裡獲得體貼的、善意的、又專業的建議和選擇呢？

作者在本書中有這樣的一段話：「文學界似乎面臨著兩個相當極端的對比：一個是文學作品愈來愈商品化」，「另一個極端則是文學批評愈來愈成為少數學者的專利，批評的用語幾乎離開了學院就成為不可解的符號」。「這樣的兩極現象成為引人深思的矛盾」。身為學者的黃碧端在民國 79 年提出了這樣的問題，到了民國 90 年代的今天，還是令人深思。

因應現代社會快速的步伐，受大眾青睞的作品往往輕薄短小；以書評與文化意見論述為主的本書，也走短小路線，但不「輕薄」。因為是報紙專欄文章的緣故，一則兩千字上下的篇幅正適合一口氣讀完，而且作者觀點中肯，無論對作品、對文化現象都有精到的見解，加上文筆俐落曉暢，的確「平易近人」，不會有被「束之高閣」的命運。

儘管本書所評作品皆為民國 70、80 年間的文學新書，所論之事亦為當年文化現象，但就像作者在序中所說：「新書隔了這麼多年當然已經不新，但所談的問題大體仍在，所評的書多半仍在各自的學術範圍內有其重要性。」譬如李昂的《暗夜》、余秋雨的《文化苦旅》、蕭颯《小鎮醫生的愛情》等都是名家經典之作；至於所討論的「女作家」、「暢銷作家」的問題，十多年來仍在臺灣文壇發酵，所以深具參考意義。

詮釋莎翁作品的精髓　　　辜振豐

莎士比亞的作品老少咸宜，一般讀者或觀眾可將他的作品視為通俗劇。不過如果要深入了解，則必須要參考入門書，本書作者在大學任教莎劇多年，並將心得形之於文字，自然對讀者助益甚大。尤其是，莎翁知名作品如《哈姆雷特》、《羅密歐與朱麗葉》、《奧賽羅》固然淺顯易懂，但作者從文化背景和心理層面來詮釋這三齣劇本，卻呈現一些深層的意義。哈姆雷特是丹麥王子，在父親死後不久，母親即改嫁他叔叔，他開始心生不滿，等到父親託夢告知是被叔叔殺害的，此時王子心中的衝突日漸擴大。他不但諷刺母親，女友歐菲利亞也受到波及。很多人以為王子發瘋，但在作者看來，王子反覆無常，時而令人對他的粗魯或缺德感到訝異，時而對他心頭壓力充分了解而同情他，甚至佩服他的才智過人。他多次的獨白道出內心的痛楚和懷疑，他心靈世界象徵多變的人生際遇和人心的不可測。

這種表現好像在問：人在世界要怎樣才能好好做人，怎樣才能使生命有意思？所以仔細一想，王子哈姆雷特的問題很容易轉化成一般人的問題。經由作者的引導，讀者也透過劇本的對話來反思生命的問題。此劇本關於報仇和母子的糾葛，《羅密歐與朱麗葉》則是呈現命運的捉弄。不過作者卻由人物的性格來探討，以致這個劇本也展現新的意義，從而讓大家發現莎翁的創作技巧確實高人一等。

至於《奧賽羅》一劇，作者以文化背景來解釋，西方人將黑人視為野蠻人，而莎翁一開始也符合觀眾的期待，但等到奧賽羅受到惡棍依阿溝的慫恿，開始對他太太起了懷疑，誤會她跟他副官有婚外情，觀眾開始同情他，畢竟他有天真的性格，但作者指出後來奧賽羅因嫉妒而勒死他太太，本身的角色已經是由天真轉變成野蠻的魔鬼。所以莎翁把奧賽羅刻劃成多層次的性格，絕非西方人心中的刻板人物而已。莎翁雖然是英國作家，但目前他的作品已經翻譯成好幾國語言，以致變成世界的文化遺產，而作者朱立民教授無疑是一位傑出的「導遊」。

059　愛情‧仇恨‧政治——漢姆雷特專論及其它　　朱立民　著　　文學評論

是真實？ 還是虛構？

楊　明

060
蝴蝶球傳奇——
真實與虛構

顏匯增　著

文學創作

散文·雜文

　　作者在書中有這樣一段文字：「一本書的完成對個人所意謂的最大意義，或者在於預示一個『真正』的開始，一種近於重新創造『歷史／真實』的心理空間。」由這段文字不難看出作者意圖透過本書所呈現的，不只是架構於文學範疇的創作，也不是經由報導寫作的人類訊息，書中「真實」和「虛構」交錯並陳，讀來真實的敘述文字中可能潛藏著虛構，而看似虛構的模擬詞句中又或者包裹著真實。

　　《蝴蝶球傳奇》可說是作者在紙上所作的一次文字實驗，又將此實驗結集成冊，全書分成上、中、下三卷，這不是一本小說集，但其中有小說，這不是一本論述集，但書中不時可看到作者現身論述，例如上卷中，第一篇收錄的是〈蝴蝶球傳奇〉（原名〈月夜〉），第二篇是〈月夜〉寫作札記，第三篇是〈月夜〉寫作札記後記，讀者不斷看到作者遊走在字裡行間的思緒，遊走範疇廣闊，從倩女幽魂到反核運動，從離島生活到Ａ片，我們可以看到作者不停歇的思考，而他的思考，是本書的過程，這過程猶如不只一次出現在本書中卡夫卡的句子：「只有目的，沒有道路，我們所謂的道路只是一種搖曳不定的東西。」在搖曳中，作者提出了疑問，也提出了面對疑問時，他尋找出的線索。

　　作者人類學的背景，使他的作品充滿了反省，對於人類的過去、現在和未來，他說：「人類最重要的資源是人類文化的豐富性，他提供各種充滿分歧與選擇的可能性。」田野工作的訓練，豐富了作者的寫作題材，也使他有機會重新發現人類的智慧，在搜尋的過程中，他開闊了自己的視野，並且藉著文字，記錄了他對人類的思索、從人類得到的啟發。

文化守門員

郭強生

061 文化啟示錄

南方朔 著

「西方的『評論家傳統』是個值得臺灣好好去研究並學習的傳統，他們由於守門，因而不能自外於大眾，因而使得西方的主流評論文體一直維繫在『平易但有學問』的這個境界……。」

南方朔先生長年擔任臺灣文化守門員的角色，他對西方「評論家傳統」表示的讚許其實完全可充分用來形容這本評論文集。不自限於文化精英的孤芳自賞，不與媒體文化隨波逐流，南方朔先生精闢的見解深入「文化」的各個層面。從語言到建築、電影到性別，都在他關心的範圍，也是他實踐知識分子建立評論家傳統的最佳例證。

臺灣從 80 年代的「後現代」風，走入 90 年代的「後殖民」熱，事實上它的文化面貌始終模糊而搖擺不定。南方朔先生在這本文集中抽取了最具說明性的樣本，對所謂的文化再造提出深刻而長遠的建議。例如在〈知識分子・文化・邊緣化〉一篇中，他便明白指出西方文化日益「邊緣化」的現象已逐漸在臺灣發生，提醒臺灣知識分子「耽於文化符號戰太久，已疏忽了它的創造」。在〈民主・政治文化・心的革命〉中則強調民主即是一種文化，而臺灣政治發展何以跟蹌的原因即在「沒有民主文化的奠基工作，缺乏經營衝突的文化能力」。南方朔先生文化的視界超越狹義的認知，尤其針對臺灣的文化建構多有啟示性的期許。

本書出版於民國 82 年，但從書末的幾篇從文學與語言切入的評論，自可銜接至他近期的著作，對於文化、語言、閱讀有興趣的讀者，尤其不可忽略南方朔先生除政論外這一方面的精采文字。

社會人文

東瀛文化的點線面

韋振豐

　　過去臺灣學生，以留美居多，學術研究和譯作也以英語世界為主，因此有關日本研究的少之又少。這幾年來，探討日本的出版物越來越多，但大多限於遊記跟小說。畢竟要了解日本，還是需要有宏觀的角度，而《日本這個國家》倒是一本內容豐富的好書。舉凡政治、經濟、文化、日語的特色、日常生活，以及大家不了解的「部落民」，都是作者探討的重點。回顧過去，17世紀德川時代實行鎖國，但19世紀中期受到西方國家的壓力，所以在1868年實行明治維新，開始西化。等到國家強盛後，便開始實行帝國主義的侵略野心。

　　二次大戰時，日本還有神風特攻隊，偷襲珍珠港。書中作者也說明「神風」的由來。神風當然是日本軍人的幻想，其來源是13世紀的蒙古大軍曾兩次渡海攻打日本，但兩次都因颱風而全軍覆沒，因此就相信得到神助，日後也以神風來命名各種事物，以求好運。諷刺的是，二次大戰還是吃了敗戰。1945年，日本受到美國的扶持，工商業開始起飛，目前已成為經濟大國。不過，號稱自由、民主的日本還有差別待遇的觀念存在，如「部落民」的問題。以往在德川時代，從事「製革」和「屠宰」行業的人一律被歸為「賤民」，一直到戰後他們的後代還受到歧視，而一般民眾要是得知子女跟他們論及婚嫁，往往反對到底，以致斷了夫妻的姻緣。

　　至於日本民族的起源，以往許多御用學者宣稱日本民族是神的子孫，後來有些政客還提倡「單一人種說」，但戰後就遭到反駁，對此作者也引用人類學家今西錦司的觀點，強調像京都、大阪一帶的人大多來自於中國，因此「混血人種說」也得到印證。本書探討的層面頗具廣度和深度，所以也可以當成「日本文化小百科」來閱讀。

有待於黃碧端

宇文正

　　黃碧端的《在沉寂與鼎沸之間》，大約成稿於民國 79 年至 82 年間，於今（民國 93 年）撫卷重溫，十年前的時事針砭，於今仍然擲地有聲，不禁令人感歎：是作者實在洞燭機先，還是我們的社會完全沒有進步呢？

　　民國 79 年至 82 年間，依黃碧端女士的說法，那是「我們社會急遽變動的三年。兩黨政治日漸成形，兩岸關係日趨複雜……整個社會充滿體系變易、價值轉換之際的焦慮和亢奮……」，對於專欄作者而言，她說，那是「最壞與最好」的時代。在這樣的時代裡，她從教育問題到社會法理，從國會制度到兩岸關係，從國內民意、人情到國際現象，尖銳的批判、理性的縷析，這整本書事實上正多角度呈現了當時整個臺灣社會的氛圍。

　　重溫那樣的年代──即使是批判遠多於讚頌的年代，竟使人產生奇妙的懷舊心理。當時的焦慮與亢奮，如今讀來猶有餘溫；儘管眾聲交集、社會多變，那卻是令人能夠懷抱期待的年代，翹首瞻望何去何從的年代。十年，驀然回首，荒謬的大學校園仍在上演「行政暴力」的戲碼，教改改得家長、孩子無所適從，補習風尚絲毫不減，膨脹的本土意識、自絕於國際視野……教育問題，看不出較好的走向；政治呢？兩岸關係呢？社會人情呢？在亢奮漸息的時候，我們開始憂慮，在那個轉折點上，我們的社會選擇了什麼？我們是走向開闊還是封閉？自由還是禁錮？

　　有更多的質疑，有更強烈的焦慮，我相信對於黃碧端這樣的作家，現在，更是險象環生、更是「最壞與最好」的時代。我們有待於更多像黃碧端這樣的知識分子，在泛濫的語言砂礫中，持續提供清醒理性的靜言。

社會人文

書生論政

李福鐘

064
民主與兩岸動向

余英時 著

社會人文

　　余英時院士以其在中國學術思想史研究上的弘博精專，望重士林，二十餘年來雖身在美國，卻對臺灣學術界發揮過深遠的影響。如今國內青壯一輩的歷史學者，或多或少都在成長的過程中，吸收過余先生的思維觀念。余先生在臺灣聲望漸隆的 1980 年代初，正是政治解嚴前的蔣經國主政時代，長期以來中國近代思想史上的一些禁忌，包括「五四」運動的反傳統思想，以及陳獨秀、殷海光等讓執政的國民黨當局恨之入骨的思想人物，成為臺北學術文化界還未真正嘗試碰觸政治雷區之前的暖身區。也因此當時余英時先生所與役的「五四」思想討論，以及名噪一時的〈反智論與中國政治傳統〉一文，讓余先生在學者身分之外，多添了不少政治的敏感色彩。雖然余先生在《民主與兩岸動向》一書的序言中謙稱：「評論時事從來不是我的興趣所在」，然而余先生以古鑑今、書生論政的文風，還是讓許多人，尤其是透過媒體認識他的一般社會大眾，寧可將他想像成「政論家」。

　　因此余先生將 1987 年至 1991 年間所寫的政論文章集結成冊，一點也不讓人意外。這是余先生社會形象的一部分，其濃厚的書卷味，與現時臺灣草根氣十足的主流政治語言，形成強烈反差。就這點而言，為余先生的政論觀點留下一點紀錄，毋寧是十分有意義的事。

　　不過書生論政難免徒託空言，或予人不切實際之感。臺灣的民主發展是華人世界裡的一場史無前例的革命，其實驗性之強，以及創新意義之重大，在在有待歷史給予更公允的評價。余先生在本書中批評中共「六四」屠殺，月且臺灣政局走向，所立基的是他畢生對民主制度，尤其是歐美民主實踐的信念。這樣的價值觀能否一體適用於亞洲，尤其是華人社會，還有待歷史來告訴我們。余先生是歷史學家，自然知道這個道理。

文學因緣

韋振豐

劉紹銘教授的文章平易近人，雅俗共賞。幾十年來，他勤於筆耕，就是珍惜他跟文學的緣分。在書中，無論是談翻譯、創作、作家的生活，讀來趣味盎然，並且可以增加人文知識。要當一個專業作家或評論家，一定要保持寫作的習慣。美國批評家葛萊斯瑪指出，即使有時候寫不出東西來，也要用布把打字機擦乾淨。然而，作者還談到，美國科幻小說大師愛斯莫夫，寫了不少暢銷書。難得和家人到夏威夷渡假，在沙灘上曬太陽，不久，人不見了。他太太回到旅館問櫃檯，才知道先生已經在房間又寫起小說！顯然，作者擅於傳達作家在生活中的小插曲。

很多論者和作家一談到翻譯，大多關心英翻中的問題，但劉教授則聚焦在華文作品的英譯問題。日本文學在西方世界受到學者和讀者的重視，反之中國文學卻受到冷落，對這種現象，他詳細分析其中的道理。尤其他希望各機構能夠多多努力，同時撥出經費好好請專家學者，以便將更多的作品輸出。而有些老外的說法也證明作者的看法，例如小說家魯西迪指出，只要研究經費充足，多聘請研究人手，一本接一本的專論出版下去，什麼鬼作家都可以吹捧成天才。

有句俗話說：「本地人經常否定他們的先知。」用在文壇的說法，就是很多作家往往沒有受到應有的重視，因此要等到外國人的捧場之後，才得到平反。作者就舉例說，美國作家愛倫坡就是「出口轉內銷」，他的作品一直受到冷眼相待，但法國的波特萊爾、魏爾蘭和馬拉美等詩人，為他造勢一番，美國學評界才改變看法，並追封其成就。其實，詩人佛洛斯特也有同樣的遭遇，因為他在英國大紅特紅之後，才使美國人刮目相看。

065 靈魂的按摩

劉紹銘 著

文學創作 散文‧雜文

80年代文學圖像的構築

白　靈

　　80年代是一個怎樣的年代？眾生喧譁、百花齊放的年代？或者是群魔亂舞、不知所云的年代？當我們回頭去看這一段歷史，特別是文學史的時候，能有什麼樣依據讓我們清楚了解這來龍去脈呢？向陽的這本評論集為我們提供了一個最好的見證。

　　本書有四卷，分別是依散文、詩、小說等來作劃分。作者雖為一個詩人，但文學關懷卻是跨足了所有領域。在分析蕭蕭的散文的文章裡頭，更以蕭蕭前後階段不同風格的文字排比實證其文學風格的轉變。此外，羊牧、阿盛、林文義、楊逵、焦桐的散文，作者也一一從文本、結合當下的臺灣社會現況寫出貼切且詳實的分析。

　　詩論是作者的本行，寫詩的人評論詩自然更入裡、更能深入詩的血肉。所以我們在卷二中看到了一篇篇對於施明正、林燿德、林彧、洪素麗、杜南發等人詩作的精闢論述。卷三則有聶華苓、姚嘉文、林崇漢、鄭羽書、吳豐山、銀正雄等人小說的介紹和評論。此外，在卷二和卷三的最後都有一篇作者對於當時的詩（〈從泥土中翻醒的聲音——試論戰後臺語詩的崛起及其前瞻〉）和小說（〈分立與統合——俯瞰八〇年代臺灣新世代小說走向〉）的文學現象做橫貫經緯的論述。

　　卷四非常鄉土，也非常臺灣。作者介紹了洪惟仁的《臺灣禮俗語典》、簡上仁的《說唱臺灣民謠》、立石鐵臣的「臺灣民俗圖繪」、莊永明的《臺灣歷史上的今天》、杜文靖的《大家來唱臺灣歌》等書寫臺灣語言、歌謠、歷史的冊子。

　　作者說書中的篇章「有意無意中架構了一個試圖影響當代文化變革的意識形態」，事實上文學並無一評判標準，自然也就有主觀的立場與想法。而作者為我們構築的這幅80年代的文學圖像其實已經很精準的抓住這個時代的脈動，為我們留下日後追溯的最佳憑證。

0
6
6
迎向眾聲

向　陽　著

——八〇年代臺灣文化情境觀察

文學評論

直視出走的臺灣經濟

鄭政秉

本書收錄了作者在 1988 年至 1993 年之間所完成的有關臺灣經濟發展的二十六篇文章。因此，本書所顯現的正是臺灣在 1990 年代初期所遭逢的可能困境。首先是國內金融泡沫雖已逐步收縮，但整個金融體系，仍然難臻完善。因此，作者在本書中對金融及銀行的發展提出了建言。此外，伴隨著中國經濟的蓬勃發展，臺商逐漸掀起一股大陸投資的熱潮，再加上國際區域保護的再度興起，臺灣對未來的發展，出現了高度的不確定感。因此，作者也對國際經濟情勢和兩岸政策提出了針砭。

事實上，歷經了十年之後，臺灣現今遭逢的困境仍然難脫作者當時所點出的架構——金融體系仍待健全，臺商投資中國的熱潮有增無減，全球區域保護政策仍然方興未艾，但臺灣卻日益被邊緣化。從這些角度來看，于宗先這本著作，無疑的是領先大部分臺灣的政策制定者。

在中國議題上，管理大師麥克波特 (Michael Porter) 認為臺商一味搶進大陸，只會遲滯臺灣高科技升級的速度。相對於波特的觀點，作者對兩岸的交流，無寧是樂觀和期許的。因此，在討論到臺灣鋼鐵業的發展時，兩岸合作成了突破困境的主要契機之一；在討論臺灣高科技該何去何從時，兩岸分工也成為臺灣長遠發展的立基。不過，雖然在大陸投資熱和產業空洞化上的議題上，學界有不同的主張，但讀者還是可以從作者全面的分析架構裡，獲取面對不確定的未來時，許多可供反覆思索的觀點。

雖然于宗先的筆調是平淡的、觀點並不驚人、文章的鋪陳也不絢麗，但是和時下的多數經濟學者相較，他的視角是廣寬的，議題是全面的，而政策主張是和緩而平衡的。

067 蛻變中的臺灣經濟 于宗先 著

社會人文

話　說

衣若芬

　　本書書名題為「從現代到當代」，讀者可能首先會興起「何謂『現代』？何謂『當代』？」的疑問，作者鄭樹森教授在本書的〈後記〉中，作了明確的時代斷線的解釋：「『現代』在中文學界泛指新文學運動到 1949 年的三十年期；『當代』則是 1949 年後至今。」這種斷代的分別方式與西方的用法不盡相同，但是更為符合中國文學發展與政治變遷的實際情況，目前已經廣為學者採納。

　　「現代」與「當代」的區分，不僅是為了論述時的便利，也隱含了作者的某種歷史觀照，以及身處於其間的「時代感」，陸續透露於本書各篇當中。全書共分為五輯，包括作者近年來為編選小說選集所寫的序言和導論、文學評論專文、演講紀錄、世界文學、攝影藝術等等，予人學識淵博、目不暇給的閱讀「飽足感」。

　　全書分為五輯，輯一概括七、八十年來的中國小說，有如一部簡明扼要的中國小說史；輯二談張愛玲的生平與電影劇本；輯三談西西的小說藝術；輯四為西方文藝理論與中國文藝創作之映照；輯五鳥瞰世界文壇與短篇小說、極短篇小說。這些豐富的內容，篇篇精采紮實，在作者的生花妙筆之下，絲毫沒有「學院派」式的嚴肅和沉重，讀來津津有味，即使是一般以為枯燥單調的理論敘述，也能夠逸趣橫生。

　　如果以學術的眼光衡量本書，我以為絕不可錯過及低估作者談〈香港文學的界定〉，以及闡析香港作家西西的作品的幾篇力作。作者成長於香港，對於香港文學有切身的體會，1980 年代末期到 1990 年代的十多年期間，隨著香港「回歸」中國大陸，這一顆東方之珠閃耀於國際舞臺，我們從鄭教授的字裡行間讀到的，是香港超越政治的話題風潮，可長可久的藝術生命。

068 從現代到當代

鄭樹森　著

文學評論

交會時互放的光亮

吳月蕙

069
嚴肅的遊戲——當代文藝訪談錄

楊錦郁　著

傳記

　　人物專訪是訪者與受訪者間彼此合作的心靈二重奏,高手過招之際,在叩問與對答之間,展現智慧激盪的迷人火花。讀的人藉作者的筆力,能快速進入受訪對象的意念深層,讓讀者如聞其聲,如見其人,採訪的人下筆,期待的正是這種媒介心靈交流的快樂。楊錦郁本身既是編者、譯者也是創作者,筆下開闊練達,這本她在民國75年到77年間,訪談當代文藝作家的作品結集,對她自己來說,是豐碩經驗累積的結晶,於讀者而言,則是可以從容地聆聽、品味、享受的優美旋律。

　　全書二十七篇文章,別為文學心靈、文學經驗、文學夫妻、電影之美四個部分。專訪文學作家,先得進入他所建構的文字世界,探索作家的心靈脈動才能與之進行對話,訪談之後,龐雜的資料與感覺如波濤湧漫,沉思、整理、揣摩,試圖概括。於是,與白先勇對話——把心靈的痛楚變成文字,張錯呢?一隻曉夢的蝴蝶,洛夫——亙古的歷史是他的跑道。明眼的人,從標題望眼即知是否得當傳神,在這方面,她的成功是無庸置疑的。楊錦郁的文筆一如她的名字「錦心繡口,郁郁乎文哉」,當我們讀到這樣的句子「洛夫一向自比為一顆頑石,難得的是,這顆石頭在經歷多年風霜的吹襲和內部的凝焠,卻能始終煥發出一股光芒與熱度」,晶瑩剔透的語言質地,真令人愛不釋手。

　　「嚴肅的遊戲」取自專訪詩人許世旭的篇章,詩人謂其創作的原始動機只是為了排遣寂寞,就像在做一種嚴肅的遊戲,作者移借以為書名也,透露出她寫作此系列作品態度的認真與心情的享受。儘管時移事往,作者或受訪的三十一位作家,想法定然不少變化,甚至人事更迭,白雲蒼狗,但是文章定格的那個時空,絕美心動的剎那,交會時互放的光亮,都藉著文字做了最真實最深刻的存留,這是最令人感到安慰的了。

筆力自然雄渾

白　靈

詩壇老將向明寫詩數十年，出版散文集這還是頭一本，橫跨的時、空自然久遠。老一輩文人縱橫過大江南北、歷經生死關頭者不少，向明是其一。他的生平可述者極多，這本書還只是略透「口風」而已。此書命名「甜鹹酸梅」，與其母親的愛心有關——在老家醃梅時，甜的好吃，留給小孩，鹹的為止牙疼，留給己用。老輩人的愛心不在嘴上而在行動上，令人緬懷也就特別久長，以此教子，正是禮義薪傳的傳統。而書的內容從年少寫到青年、從青年寫到老壯之年，觸及的人、事、物、景、地等等，橫跨兩岸、超過半世紀，兼及與世界各地接觸所見，隨手拈來，俯拾即是，是現在青壯以下兩三代人再很難想像、或有機緣經歷的時空背景。

本來一個人的甜鹹酸苦，很難向外人詳述，除了透過簡鍊流暢的文字，還要有豐厚的生命歷練與學識，而由於作者詩筆老練，精通外文、又見聞廣博，自然筆力雄渾。比如光寫一個〈臉〉，他不直接寫人生體驗，而從里爾克寫到雪萊，再從老板寫到同事、最後從察言觀色寫回到鏡子返照自身的功能，展現的正是作者的眼界和器識。而如〈信筆寫鬼〉寫當流亡學生躺在女屍旁睡覺的經驗、〈一箱子舊信〉提到在西安撤退前因斷腿養傷接獲家書的經驗、〈尖端放電〉寫年輕時為高壓電擊傷手臂三月無法翻轉的經驗……等等，則是他人所難有、惟向明獨有的人世歷練。其餘篇章幾乎無題不可入文，〈豆與豬〉、〈鋼筆哪裡去了〉、〈峭壁上的一棵樹〉、〈同名之幸〉、〈別針〉、〈舊襪子〉……，小處著手，無所不寫，凡人海浮沉、親情友情、旅途遠行，一入筆下就自動說起回味和依戀、心得和感懷，這正是向明的能耐。

此書也反映了一個平凡人因生逢亂世，遂蛻變成為一個重要詩人的「大約」過程，至於若使讀者對詩人成長和劫難的身世有更大的好奇和期待，那也許有待他更詳盡的自傳了。

異國情調的魅力

辜振豐

　　黃國彬曾在香港任教多年，後來又移居加拿大多倫多，開設翻譯公司。其實他也是知名的翻譯家。他早年自修義大利文，累積多年的功力，獨力翻譯詩人但丁《神曲》，民國 93 年在臺灣出版，成為文化界的一大盛事。

　　在《楓香》一書中，他的妙喻連連，如把長年買書，比成養兵千日，平時搬家好幾次，雖然累垮了，但對於書還是整理得很好，看來就像國王對於下屬禮遇有加一樣。過去教書之餘，就經常從事翻譯工作，即使如紡織、航空的文章同樣來者不拒，所以也搜集了許多人文以外的參考書。多年的心得和資料的累積，一開起專業的翻譯公司，自然可以派上用場。

　　他定居加國之後，倒是能慢慢適應，而開始關心當地的風土人情。如他談起多倫多的大書店，細膩生動，不免讓許多愛書人心想，要是有機會旅遊的話，一定要光臨這家書店。其實一家書店的運作和經營最能體現一個城市的文化水平以及跟外界的互動。顯然，多倫多是夠得上水準。此外，該城的交通和治安也是有目共睹的。畢竟多城和其他大城市的空氣比較，可以得很高的分數，市民在路上行走，不必用手帕掩鼻，即使在市中心的大會堂，也可以找到一片草地，躺下來好好睡一覺，根本不必害怕附近的汽車。

　　這幾年來，臺灣興起一股移民加拿大的熱潮，因此讀一讀這本文情並茂的小品文是有助於了解加國的風土人情。縱觀此書，作者的文字樸實無華，評論事情，心平氣和，頗能展現他作為知識分子的修養。不過，他也感歎在寫作過程中，文字不容易駕馭，並指出大詩人艾略特寫了十幾年的詩，仍然不斷和文字搏鬥，就這點而言，倒是值得所有寫作者深思一番。

071 楓香

黃國彬 著

文學創作

散文‧雜文

特派員的傳神掃描

吳月蕙

要深入寫一個國家,光靠旅遊或短期的訪查是絕不可能的,除非落戶當地,走在他們的路上,吃他們的食物,說他們的話,身心整個融入他們的生活,才能感受那個社會真實的脈動,寫出不失真的報導。作者齊濤為長期住在日本的《中央日報》駐日特派員,他以小心求真的精神從事這份工作,除了例行撰寫的重要新聞稿,每週還提出一篇特寫,深入分析報導駐在國的相關消息,向讀者做更具體的介紹,《日本深層》就是這些特寫專稿的精選結集。

全書新聞性質分為政治‧外交、國防‧軍事、經濟‧貿易、社會‧人文等四個單元,可說濃縮了 1992 到 1993 年之間整個日本社會重大新聞的精華。作者心思敏銳,除了新聞眼、耳及嗅覺,抓得住日本社會最即時的脈搏,下筆之際更體察時勢,考量對日本這個與我們沒有邦交,彼此關係卻極為密切的國家,所有報導的格調與客觀的立場是偏頗不得的。因此他總是態度嚴謹,極其慎重,言不妄發,出必有據,行文流利暢達,信實而雅,卻也不失趣味,每一篇都稱得上是精心構製的佳作。

日本是個特別的國家,生活、思想、行為都有自己獨特的風格,本書從日本政策的形成過程、國會的立法行動與規範,談到對南沙群島的隔靴搔癢、泡沫經濟與大投機、發行國債的後遺症,乃至太子選妃的神祕經過、過勞死與社會問題、日本地名的中國源流,抽絲剝繭,條分縷析,深入細膩,面面俱到。譬如〈中日關係的表裡與當前課題〉文中,一針見血地點出日本的對華政策是「在兩岸找均衡點和利益點」,但是他們又畏懼海外言論「對國際輿論極其敏感,總是走幾步就回頭看看,有人說他們像『夜行客』的乍出山林」,傳神地將日本人的政治性格表露無遺,捧讀之際,就如同在上一系列如沐春風的「日本學」課程。

編輯世界的崎嶇與奧妙 白　靈

　　臺灣文學史上女性的文學雜誌編輯屬於相對少數，大家耳熟能詳的、早期應該要算是《純文學》的林海音，以及《自由中國》文藝欄的主編聶華苓，近年只有《文訊》的封德屏了。聶華苓在接編《自由中國》的文藝欄後所做的改變，著實為當時依附於政治性之下的 50 年代文學，開了一扇新窗。也許女性編輯與生俱來對於人、事、物敏銳的觀察和體會，在整體的表現上總能有更別出心裁、更貼近人性的風貌展現。於是在《美麗的負荷》一書中，我們看到了長年從事於編輯工作的封德屏感性、知性風華兼備的一面。

　　本書分成數輯，第一輯是作者的散文創作。不論是書寫童稚時期的眷村生活、母親辛勤料理家計的回憶，抑是對尋常生活點滴、大自然的招喚等靈光片羽的偶思偶得，作者均能以詩意與感性的文字譜織出一幕幕美麗的文學風景。輯二與輯三則是作家、畫家、音樂家、學者等臺灣藝文界知名人士的訪談。比如作家季季從初中便開始投稿還廣受歡迎，竟然放棄大學聯考跑去參加文藝營而決定了一生文學的志業。又如對整理收集中國文史資料有莫大貢獻的周錦，推行臺灣國語教育不遺餘力的何容，重視用心去學習的聲樂家唐鎮，文學、藝術皆擅長的席慕蓉等等，讀者都能從此書中了解到他們是如何在各自領域默默努力、爾後發光發熱的心路歷程。輯四是作者為他人所作新書的序言，或是在閱讀某些佳篇後的感懷和心得。輯五則是記錄作者作為一位編輯長年在工作上的辛苦和收穫，並說明了某些書選的由來和編成的甘苦。

　　從本書可以得知任何一部文學作品誕生背後的辛酸，而雜誌或選集更是多少人的集思廣益、艱難企劃方可出版。一般人的印象中以為編輯工作似乎只是收集稿件、校對文字、編輯排版而已，其實其中「血淚斑斑」，很難向外行人訴苦，封德屏即藉此書，以「情理兼具，清新可讀」的文字引領我們進入編輯這個陌生但實際上是充滿溫情的世界，一探其中的崎嶇和奧妙。

政論與文心

張春榮

　　《現代文明的隱者》是周陽山「依於學，游於藝」的「純真」書寫。記錄其「從大學到研究生時代的一段學思歷程」（〈序〉），湧現政治文化的清明辨析，亦湧現電影、音樂的賞味與評介。

　　在文化論述上，作者首重傳統與現代、東方與西方的豐富交融，釐清「現代化與西化乃是兩件不同的事情，不應混同」，指出「各種不同文化之間的對話，本來就應是雙向、多面相與辯證發展的。整體的反傳統與單純的全盤西化，這種單向的思維理念，非但不必要，而且是極不可能成功的。」呈現開明而理性的格局。其次，針對臺灣政治轉型，民主發展，並提出精闢建言：「所有的民主運動者與民主志士都必須了解：民主雖是一項必備的政治，但卻不應視為惟一的訴求，因為民主並不能解決當前我們面臨的所有問題。而其中主要的關鍵是：民主、自由與平等原是三件相關而殊異的價值。一個民主的社會並不一定是一個人人自由的社會，更不一定是（而且往往不是）一個平等的社會。」力斥一般民主運動者高喊「民主」的迷思，提出臺灣「民主素養」應有的格局與警惕。復次，針對標榜「自由」、「人道」的知識分子，大加撻伐，批評：「許多人將『人道襟懷』與『對人的尊重』這些觀念特質，過度的口號與工具化。」指陳許多知識分子僅是「口號」的偽善。往往手段與目的分離，言與行相背，專玩欺矇的兩面手法，表裡不一，不足為取。

　　至於在藝文抒懷上，則以〈「野草莓」的聯想〉最為傑出。全篇藉由電影《野草莓》的劇情（第二、五、六、八節），藉由當代大儒唐君毅、徐復觀的死訊（第一、四、十節），藉由與父親、軍中弟兄相處的諸多記憶，互為對照，互為共時牽引，讓「野草莓」的意象與文化接軌，形成中華傳統「其命維新」的深刻象徵，洵為學者散文的範例。

打開文學新視窗

張堂錡

白靈是位知名的詩人，詩集《後裔》、《大黃河》使他在詩壇立定了腳跟，同時，他又是位出色的詩論家，《一首詩的誕生》和《一首詩的誘惑》使人見識了他犀利的評論功力和充滿新意的見解，《煙火與噴泉》結合了他多年在詩歌領域書寫及觀察的經驗，對當代新詩的歷史回眸與發展趨向，又一次展現出他獨具慧眼的理性思維和緣於詩人氣質的感性觀照，給人耳目一新的知識洗禮，打破了詩人在象牙塔中孤芳自賞、超塵脫俗的錯誤印象，而予人強烈的入世之感，這只要讀讀他探討詩與廣告關係的〈給廣告一雙翅膀〉，和分析文學書寫與空間展演的〈媒介轉換〉二文，即可感受到詩人對文學現實冷靜的思考與隱然的焦慮。

或許和出身化工的訓練及學院任教的背景有關，白靈撰寫這些研究新詩本質、趨勢、流派、多元化、詩刊等不同議題的文章，都能條理清晰，層次分明，尤其是不時提供簡明的圖表，使繁瑣的論述變成清楚的勾勒，便於閱讀，例如新詩前三十年曾有的派別，「藍星」詩社曾發行過的各類刊物，羅青創作篇數起伏概況，或者是對詩例的引用說明等等，作者都用心製成圖表，一目瞭然。但詩人畢竟是詩人，在文字上總能自覺地保有濃密的感性，務求流暢可讀，如此結合感性與理性的文學論述，使人既有知識收穫的滿足感，又有文字審美的觸發享受，讀來很有種酣暢淋漓的痛快之感。

本書前四篇為探討詩的鑑賞和創作與生命能力的關係，頗有見地；五篇從新詩趨勢角度出發的論述，探索了多元時代下詩的各種藝術導向，以及從歷史中尋求與當代對話的可能，其他或談《藍星詩刊》，或論羅青詩作的文章，都對新詩的愛好者或創作者有一定的啟發和幫助。作者一再強調：「詩是噴泉，詩是煙火，詩是自足的，詩是非實用的。」掩卷之餘，我們不禁要說，這本書中的文章也是噴泉，也是煙火，而且是十分實用的！

075 煙火與噴泉　白靈 著

文學評論

從命運裡窺見自己的使命

宇文正

《七十浮跡》這一本書，縱括了作者從少年時期的哲學啟發，到1993年完書前六、七十年間的生命歷程；橫跨了作者從故鄉永嘉、寧波到義大利米蘭、奧地利因士布魯克、德國慕尼黑、法蘭克福而回歸東方臺灣從事文化、教學的行旅蹤跡——這道軌跡，在那樣的時代裡是極具象徵意義的：中國的知識分子，從傳統出發，徹底接受西方文化，而終於了悟東西文化的互補性、回到中國傳統的研究。

哲學是作者項退結一生醉心的使命，期間離開過這道軌跡，在西德八年，他的興趣曾轉移到民族心理學的研究，這段期間他稱之為「哲學之遺忘」；而後創辦《現代學苑》月刊，他稱之為「對文化與思想的一次冒險」，之後數十年在哲學思想與文化園地中耕耘。一生的學術經歷，寫成這一部《七十浮跡——生活體驗與思考》，我們讀到的自不僅是作者哲學之路的探索，更是一個人在大環境下與命運的融會、協調。

作者自承，「過去我把世間一切看得太理性化，似乎一切都可以用理性去解釋，一切都可以用理性去控制。我的這種態度正反映了五四運動以來當代中國人的心理。……原來人對自己的命運只握有很少的主動能力……而是一個更大的力量在措置。老子所說的『無為』與『為而不恃』大概就是這個意思。」於是他從一個片面的理性主義者而走向東西思想的會通，心胸、視野更為開闊。

從命運裡窺見自己的使命，這是作者生命體驗中的大智慧。我們未必都對哲學具有濃厚的興趣，然而閱讀一個知識分子的思想軌跡與體會，停下腳步，重新審視自己的生命，或許能夠走得更穩健、更有意義。

項退結 著

076 七十浮跡——生活體驗與思考

傳記

溫暖善良的人性美

黃雅歆

在難以總結的男女關係裡，「時間」會是最好的解答嗎？

張秀亞《那飄去的雲》裡有十六則短篇小說，主題雖可分為「愛情的故事」和「孩子的心」（見作者自序），但就篇幅而言，仍以愛情的故事為主。完成於民國58年的故事，有那個時代男女的含蓄深情。那些長存於心中的情感，幾乎都橫跨了十幾年，才真正獲得「完結篇」。所以，令人百感交集、重新點燃心火的「意外重逢」（譬如〈兩粒砂〉、〈池邊〉、〈畫媒〉、〈甬道〉），或心甘情願的漫長等待（如〈山楂花〉、〈春晚〉）經常出現。這番「拖泥帶水」的感情大概不是現今講究速戰速決的年輕男女可以理解的了，但經過十幾年後相見，那種「四隻眼睛，像是在太空猝然相遇之行星，閃出了那樣璀璨的光燄，幾乎將熄滅了的愛之灰燼，又燃燒起來了」（見〈甬道〉）的、「發乎情，止乎禮」的刻骨銘心，不知那些「愛之欲其生，惡之欲其死」的男女們嚮不嚮往呢？

或許因為生活單純平順，張秀亞的文學世界溫暖而善良。小說人物背景的同質性較高，大部分為校園師生或堂表親戚，而且都是「好人」，在愛情、或是親子與家庭的波折、煎熬、委屈裡，總是有人願意退讓、隱忍、反省認錯，不會違背社會規範，造成不可收拾的遺憾。作者這種始終頌揚「人性美」的立場，也許會被視為「溫室花朵」，但在過度「寫實」，無論愛情或親情的爭執，都在暴力、血腥、你死我活的決戰中，將「人性惡」發揮得淋漓盡致的現代社會，這種古樸而善意的人性情操，反而顯得分外可貴。慢慢品味，也許便能在作者的引導下，重拾信心，看見人性的光亮。

077 那飄去的雲

張秀亞 著

文學創作 小說

幽默與溫情

辜振豐

香港作家梁錫華早已著作等身，而文筆更是幽默過人，身處香江，舉目所見都是與中文格格不入的廣東俚語，但作者寫起文章來，竟然展現清純的中文，真是難能可貴。他苦口婆心，並以本身的文字修養，來指正海峽兩岸的中文，尤其是惡性西化的句子和冗言贅語。例如，大陸的語言文字，明明是「他經營很成功」，卻要說「他作了很成功的經營」，而臺灣很多研究理論的學者也故意寫一些令人無法讀下去的文字。所以細讀作者的文章，對於寫作助益甚大。

作者寫起香港，展現有容乃大的情操，絲毫沒有排外的偏見。他指出在鬧區中環裡，白天有人潮、金銀潮、股市潮，而一到晚上，則成為鬼墟模樣的怪異地。不過一到週末，菲律賓女傭則蜂湧而至，她們是中環最值得觀賞的普羅嬌客，她們或歡笑，或抒愁，或高談闊論，或吃，或喝，總沒有缺乏感動的時候。她們離鄉背井，為港人助家務外，也提供不少笑臉。跟以「文明人」自居的港人相比，她們臉面和手足的表情較為豐富。

值得一提的是，作者從小家道中落，甚至還擺過水果攤，後來又忙於準備博士論文，根本無法從事寫作。畢業後，湊巧到香港中文大學任教，當時該校文風鼎盛，不但得到詩人余光中的鼓勵，而且還有思果、黃維樑、黃國彬等人的影響，重新提筆，再度進入散文的世界。這也說明作者除了寫學術論文，也能夠創作。而作者也肯定文學最基本的要素是文字。文字下乘的作品，不管內容、思想奇巧或創新到哪個地步，不以言超卓，就不可能到達偉大的境界。此外，作者還指出具有古典文學的修養和了解西方文化都是創作者必備的條件。閱讀此書可以感受梁錫華幽默和抒情的一面，同時也吸收他的文學觀念，以便作為創作的養分。

餘韻無盡的文學意見

黃雅歆

　　是著名散文家、是翻譯者、是文學研究者、是中文教授，一輩子以文學為專業的人，對於閱讀與創作，以及文學的價值與社會教育會有什麼看法呢？筆名思果的蔡濯堂就是這樣具有多重「文學專業」身分的前輩作家。

　　本書所收錄的，是作者在民國 70 年至 80 年間所寫有關文學和語文研究、寫作經驗、書和讀書的文字。在文學研究的部分，作者出入古今、中外文學作品，舉例談論這看似過時與「不實用」的「產品」卻有撼動歷史與人心的力量。有了這個價值根源後，接著談寫作技巧。以身為散文大家的身分，對散文創作提出實際的建議。其中〈論散文忌押韻〉一文，對照現今某暢銷作家的「押韻癖」，令人莞爾。語文研究部分則在廓清中文的特質、中英文的不同、常見的錯誤，以及語言文字背後所暗藏的價值觀等等，不僅舉例清楚，其意見至今仍具參考意義。最後談書和讀書，他先說「讀書未必有什麼了不起」，而且如果讀了書仍然「無知」也沒什麼用，然後才一一說起什麼是讀書、「讀好書」，如何才不「無知」。

　　本書雖為作者的文學意見，但每則篇幅不長，容易翻閱；觀點明暢，既不拖泥帶水也不流於說教，讀之自然受教。至於書名為「遠山一抹」的原因，作者自序說：「無非因為我喜歡這種藝術成就，我以為談文藝，談讀書、寫作，談語言，都該有許多層次，而遠山一抹，正不可少。」這種「餘味不已」的層次，是所有創作與閱讀者希望追求的。在閱讀口味逐漸改變、書市新書多如牛毛的今日，讀者或可從《遠山一抹》中找到閱讀的準則。

文學評論

唯美與夢想

宇文正

呂大明 著

文學創作 散文‧雜文

「我也為我的寫作大計而長期不斷的閱讀，進英國、法國學院、大學進修，目的不在學位，而是寫作。走過一國又一國，一城又一城，飄遊五湖四海，效法的是徐霞客在旅遊中『求知』的精神。」這是呂大明在〈另一座阿爾卑斯山〉一文中自剖對寫作的態度，而呂大明散文內容的兩大特色，正是以上這段話的延伸：一在見聞之廣博，一在知性的發揮。

呂大明化半生漂泊行旅為文字，〈「罍」與「甕」〉一文中，她說：「『罍』與『甕』都不是永恆的，我走過巴斯城、史特拉福鎮、牛津、劍橋、華茲華斯的故鄉溫德彌小城……教堂墓園並列著一塊冰冷的墓石，墓石上精磨細琢的名字，畢竟經不起時光的蠶食與腐蝕……」令人不由跟隨神遊，同聲一歎！

作者大量涉獵歐美文學，全書裡我們看到奧林匹亞‧阿伯蒂、安‧巴龔斯等法國當代女作家的身影，嗅到莒哈斯、尤瑟娜的東方氣息，聽聞一段法國山野小屋裡的女子南妮與南非來的船長兼作家候鳥式的世紀愛情故事……，一縷縷浪漫的靈魂飄浮穿梭全書，構成此書的基調。

呂大明的文字是唯美的、隱約的，她在書中提到自己極為崇拜作家張秀亞女士，也曾多次提及英國女作家維琴尼亞‧吳爾芙，可知對她的喜愛；前者的尚美，後者的曖昧隱約似乎都深深影響呂大明的文字風格。例如〈親吻故鄉的泥土〉裡她寫蔡邕擅彈琴，當「洛陽宮中不能再聽到他的琴聲，那琴音突然像水星般碎裂了」；〈「湘」的臆想〉裡形容一位古典女性：「自一株盛開的木槿花後面，她粲然一笑，於是她的笑與滿樹的彩雲渲染成另一種古典，化成薜荔與菟絲花，石蘭與杜若，化成錦雲繽紛」；〈拾夢記〉裡寫童話家安徒生，則說「他的夢悄悄地給他故事鑲上冰晶的花邊」……，《尋找希望的星空》正是以唯美隱約的文字，鋪寫一則又一則夢想的追尋。

翻譯家的文化視野

吳月蕙

高齡已八十的著名翻譯家黃文範先生，從民國55年開始翻譯，至今已譯出八十種，總計兩千四百多萬字，驚人的天量，令人不禁對他的勤快與毅力肅然起敬。有人說，散文是作家的身分證，對譯人而言也是如此，黃文範在治譯之餘，每每跑出譯室門外創作以自遣，這些他視為「貪玩」而寫作的散文，產量比起譯作，雖然連個零頭都不夠，卻是足證自己血統的「親生骨肉」，他心疼的程度自然遠遠過之。《領養一株雲杉》就是他為數不多的散文結集之一，從這本書可以發現：翻譯家的創作也維持著他一向行文的高水準，鳳毛麟角彌足珍貴。

全書四十四篇，分為雲山蒼蒼、千古風流人物、雲物不殊鄉國異、體物寫志等四輯。其中以「雲山蒼蒼」輯中收錄的作品最自然親切：如〈初謁雪山檜〉、〈一覽群山小〉、〈常懷千歲憂〉、〈領養一株雲杉〉等篇寫森林的可愛與自然保育的重要，寄寓天人合一的理想；〈悠然見南山〉、〈書非搬過不知難〉、〈飆車百里〉等則是寫遠隔紅塵傍山居的恬適自樂與生活趣事，充滿溫馨。「千古風流人物」談的是中外文人藝術家及作品，比如托爾斯泰、美國女作家歐慈、歐豪年、劉厚醇，及墨人寫的《紅塵》、郭嗣汾寫的《百戰黃沙》，都別有見地，顯然是讀書、翻譯之餘衍生的心得。至於「雲物不殊鄉國異」輯中則是返鄉探親的心情故事、遊歷中外古蹟而引發的懷想與考證，從洞庭寫到包公祠、逍遙津，從張之洞長聯寫到杜斯妥也夫斯基、蕭邦的故居，文人行腳真是不虛此行。「體物寫志」則是較瑣碎的雜感，不管對稿紙、詹氏掛鈎、名馬，生活上的、歷史裡的，他都充滿探究的熱情，寫成一篇篇有趣的文章。

翻譯開拓了作者的文化視野，加之天生勤誠寬厚的特質，《領養一株雲杉》寫來輕鬆自然毫不做作，文字練達而飽含感情，既穩健又開朗。充分見出一個孜孜不倦的文字工作者，精神生活面的富可敵國。

溫柔的眼神包容的心

楊　明

082
浮世情懷

劉安諾　著

文學創作
散文‧雜文

　　旅美作家劉安諾以寫幽默風格的散文見長，曾經任教於愛荷華州立科技和田納西大學的她，其實也寫小說，她認為作家就像是一個裁縫，拿到不同的布料，自然會對布料的材質和特性，剪裁縫製不一樣的服裝，而《浮世情懷》中便收錄了她所寫的幽默散文、感性散文和小說，分別結集為解頤篇、近思篇和小說篇，讓讀者可以一次見識到她的三種創作風格與情思。

　　「解頤篇」中的幽默散文取材周遭生活，自我解嘲之餘，字裡行間處處蘊藏人生智慧，對於人世的包容，以欣賞的眼光看待不夠完美的生活，然而，也就因為不是十全十美，反而從中發覺了更為人性化的生活情趣，就因為擁有智慧的頭腦和包容的心情，許多日常生活中的瑣事如做夢、喝水、養傷，甚至一頓家常飯，在劉安諾的筆下，全都展露了生花之姿，讀來有滋有味。

　　「近思篇」中收錄的散文，展現作者的感性思考與人生啟發，流暢的文字和親切的風格，有如聽一曲編曲溫柔和諧，卻又蘊含張力的樂曲。「小說篇」中的六個短篇小說，小說中的人物背景大都是校園學府，依然是從作者熟悉的環境中取材，寫來自然特別生動，雖然篇幅不長，但是焦點集中，以小寓大，讓人讀完若有所思，餘味久久不散。

　　劉安諾在本書中有這樣一段文字：「我的百寶箱中沒有光華璀璨的金玉珠寶，沒有鮮豔奪目的綾羅綢緞，更沒有價值連城的古玩字畫。她面積微小，攜帶便利，數十年來與我形影不離。我的百寶箱是我的記憶。」

　　讀《浮世情懷》有如分享劉安諾的百寶箱，分享她的人生記憶，透過她的智慧與才思，讀者看見了人生的平常態度，也看見了這平常中的可貴之處，相信將從中得到平靜快樂過生活的啟示。

獨在異鄉為異客

卓清芬

以小說《賽金花》為文壇熟知的女作家趙淑俠，旅居瑞士多年，擔任歐洲華文作家協會會長、世界華文作家協會副會長。這本名為《天涯長青》的散文集是她近十年來旅居國外的作品，分為兩輯，上輯收錄了她在歐洲文壇活動的點點滴滴，譬如把對洋人拗口的名字趙淑俠改成蘇西陳，在她逐漸的適應了這個熟悉而又陌生的名字之後，又遇到護照上必須割捨中文姓名的兩難狀況，最後圓滿解決，皆大歡喜。又如參加書展、開記者招待會，本來忐忑不安，擔心門可羅雀，後來出乎意料的記者盈門，使得訪談和簽名茶會成功落幕。趙女士以小說的布局和對話，將一些平凡無奇的事件寫得高潮迭起，起伏轉折扣人心弦，中西文化習慣的比較和思索亦時而可見，名為「文化的東與西」，十分貼切。

下輯「生活繽紛談」，以小品的形式寫「打拼與罷休」、「吹牛健將」、「夜讀」、「刻薄非福」、「值得敬愛的人」，敘述自己的人生觀，展現出對人性的寬容與同情；在〈現代人的快樂〉中，體會知足乃常樂的根源；「自由」寫人終究無法脫離人的天性與情理的牽掛，因此也不能得到真正的自由；「算老帳」裡得出「得饒人處且饒人」，更無須去算老帳的結論；「中國式的無聊」裡，舉出胡亂吹捧和揭人隱私的行徑，是中國人樂此不疲而西方人卻不屑做的；「畸形的昇平景象」裡，批判臺灣浮華不實、價值扭曲的社會現象，有「旁觀者清」的冷靜和「恨鐵不成鋼」的憂心。

趙女士思路清晰，以理性見長，與一般女作家常見的浪漫感性不同。老辣的文字、犀利敏銳的觀察、充滿智慧的省思，可說是本書的特色。

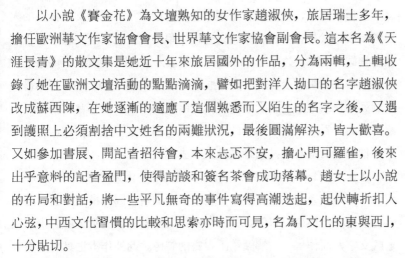

083 天涯長青

趙淑俠 著

文學創作

散文・雜文

悠遊文學的國度

辛振豐

084 文學札記

黃國彬 著

文學評論

　　上個世紀末，在電影、電視和電腦的衝擊下，閱讀文學作品的人日漸減少，於是很多論者開始宣稱：文學早晚會死亡。不過，作者卻懷抱樂觀的想法，並指出，1990 年，劍橋大學出版《英語文學指南》，收錄的作家為數不少，目前要是推出一本《華文作家指南》，相信書中所羅列的作家應該不會太遜色，因此將來的華文文學仍會展現源源不絕的活力。看來，文學未來的存活固然需要作家不斷地創作，更有賴於像他這樣的評論家持續地鼓勵大家去親近文學。

　　在書中，作者一提到中西文學，如數家珍，而讀者經由他的引導，也可以認識文學的來龍去脈。他精通多國語言，因此撰文論起大陸學者錢鍾書，自然遊刃有餘。錢氏在名作《談藝錄》、《管錐篇》中引用七國文字，而作者一一解讀這兩本書的特色。此外作者也具有洞察力發現錢氏的幽默，即使引用了很多掌故和異聞也充滿趣味，讀者閱讀之後當然面露會心的微笑。其實這也是書寫論文的訣竅，一般人以為寫論文一定要板起臉孔，但錢氏的文章則推翻了這個說法。如今海峽兩岸興起了錢鍾書熱，而作者的看法，是值得參考的。

　　值得一提的是，作者以晚輩的身分，挑戰前輩如胡適等人。過去胡適為了提倡白話文，每每忽略很多精采的古典作品。因此作者提出不同的看法，強調白話文學要作得流暢，不一定要看古書，可是要創新，要多姿，古書卻不可不看。作者在書中討論文學，處處充滿洞察力，讀者要是有興趣暢遊文學的國度，《文學札記》可以扮演很稱職的「導遊」。

感受田園也感受生命

黃雅歆

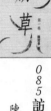

　　自陶淵明以來，「歸回田園」已變成一種難得的人生抉擇。只是，到底有多少人能真正明白歸回田園的意義呢？又，雖然在現代社會中，常常有知識分子喊著歸回田園（或隱居）的夢想，但又有幾人真的能拋下物質文明的豢養，去過著與大自然相依靠又相抗衡的躬耕生活呢？

　　知識分子歸回田園不容易，歸回田園又不做作更不容易，要在自然、真實、不造作的心志下，才能出現《訪草》這樣具有哲理、感性和知識性的作品。

　　提到陳冠學，當然就會想到《田園之秋》，而如果說《田園之秋》是陳冠學田園生活的紀錄，那麼《訪草》就是生活紀錄之外的思索與說明。內容包括了田園風貌、家居生活，以及自然生態體驗。

　　田園生活和離群索居的「隱居」不同，在〈感觸〉一文中，他如此分辨：「索居深山的修道人，如方士和尚，便是希求過沒有生活的生活」，「但這樣的人畢竟是少數，大多數的人都免不了有感觸」，「沒有感觸的生活便是一種無味的人生」。所以，我們看見在田園生活的作者是如此興致勃勃的感受著生命，洋溢著情感。《訪草》中提到的一些「好朋友」，是貓是蟲是鳥是蛇，他很少「訪人」，卻常常「訪草」；其間所遭受到的生活挫折是「一隻偷吃莊稼的巨大山豬」，生活驚喜是野兔「從空中落了下來」，跌在跟前，剛好可以加菜；所體會到的〈家居的野趣〉是不分鄉居或城居的；所提供給我們的是草木鳥獸蟲魚的科學知識與美麗生態；還有，更多的是對今昔農鄉的比較、感觸，以及對科技文明的省思。

　　也許有很多人認為，回歸自然田園生活，在某一種程度上，是具備了反文明、反智、反現代的「老子」傾向，其實這個「反」字太具攻擊性了。《訪草》中所透顯的人生思維是祥和的、知性的、充滿哲理的，既不反現代更不反智（其實是大量的閱讀求智），似乎就只是一個平凡人、平凡父親，認真經營著屬於自己的「平凡」生活。然後，便在本書之中，給予讀者超乎意外的心靈喜悅。

繁星點點的光亮

宇文正

086
藍色的斷想——
孤獨者隨想錄A、B、C全卷

陳冠學 著

文學創作
散文‧雜文

在 1994 年〈聯合副刊〉主編陳義芝發表的一篇〈誰是當代散文大國手〉中，提及由文化界包括楊澤、張大春、羅智成等三十七位「精英觀察者」票選出當代臺灣的十大散文家，陳冠學正名列其中。

這一本《藍色的斷想——孤獨者隨想錄A、B、C全卷》卻與陳冠學其他的散文著作不同，讀者從「斷想」便可顧名思義，收錄其中的都不是完整的散文，而是一段一段言簡意賅的詩化短文，例如「一片枯葉靜靜地緩緩地飄著。一片餘暉寂寂地依依地老去。」令人聯想起泰戈爾的《漂鳥集》。

《藍色的斷想》共有一千餘則，大致含括了作者藝術的、人生的、哲學的省思。對藝術，特別是對文學的看法，陳冠學一貫堅持美、善的價值，他認為「無創造美之才分，此種人不配當藝術家。」「畫垃圾，技藝越高，畫出來的也越髒。」「文學創作非不能寫人世的黑暗，但至少得抹一絲指引的光，那怕是一個五等光度的小星點也好；非不能寫人世的卑陋，但至少得留一絲向上的仰角，那怕只有一度也好……」在《藍色的斷想》中，我們讀到的正是那繁星點點的光亮，掩卷時，感悟那向上的人生仰角。

他寫人生，有一種淡遠的豁達，例如談病，他說「你病了，那是收斂你炎夏午後的冬。」談老，他沒有絲毫哀歎恐懼，反倒說「老廢是一種設計，使人容易接受死。若老天對人沒加上這份設計，要人直接接受死，那就太殘忍了。……一個老人，雖不一定要微笑臨終，卻也不該有掙扎，若還掙扎，那實在有礙觀瞻。」

全書充滿了令人會心的哲思。他說：「古董商拍賣的是時間，未必是藝術。當然，單是時間便值得收藏家去收藏了。」我們真的能收藏時間嗎？我想我們能收藏的，是一本書的智慧，是生命浮光掠影的捕捉，是令人浮想連翩的斷簡殘篇……

文學的懷鄉

吳月蕙

０８７ 追不回的永恆

彭 歌 著

　　雙棲文學、新聞界，編、譯、著、論盡皆擅長的文壇前輩彭歌，滿腹才華而又熱力四射。1977 年開始的鄉土文學論戰，他就是引發論戰的關鍵人物，往後多年始終不改其諤諤之士的本性，關懷世變，好發不平之鳴，即使已經退休移居美國，也還是寶刀未老，持續關注國內的各項事務。本書就是 1992 年到 1993 年間發表在〈聯合副刊〉上「三三草」專欄的結集，文章雖都不長，力道卻很強勁，犀利的筆鋒，直指社會病狀，痛下針砭，稱得上是「短小精悍」之作。

　　當時，從臺灣到世界都處於急遽的變化中，新秩序尚未建立，舊價值已崩潰瓦解，在此強烈激盪下，知識分子自然無法保持緘默，這一〇一篇短文，從文學、教育談到政治、經濟，重現了臺灣民主發展歷史中跟蹌的腳步與脫序的現象。舉世滔滔，志士心苦，《追不回的永恆》裡，彭歌率爾直言：〈寧靜的革命〉呼籲國人對歷史存幾分敬意，否則將成無源之水、無根之木；〈大老〉批評金牛型的政治跳樑小丑；〈急轉彎〉抨擊決策草率，朝令夕改。這些話如暮鼓晨鐘，聲聲催人覺醒，卻改變不了局勢，改變不了潮流，諄諄之言，言猶在耳，衡諸當今如麻世事，著實令人慨歎。這些警世短文適足以見證那一輩知識分子振聾發聵，對永恆信念的追求。

　　文學與人生是分不開的，彭歌文如其人，追求的是一種高尚而剛健的文學。在〈追不回的永恆〉一文中，他感歎「無價的藝術」渺然難尋，而興起一種「文學的懷鄉」，20 世紀的「難民族」到了世紀末已然滿腹鄉愁，當他走在新世紀的文化街頭，徬徨之感想必有過之而無不及。永恆到底在哪裡呢？

文學創作

散文・雜文

尋常生活的從容與自在　吳月蕙

　　小民愛紫成癖，是文壇眾所皆知的，她先後出版了《紫色的毛線衣》、《紫色的歌》、《淡紫色康乃馨》、《紫色的家》、《紫窗外》等好多本以紫為名的書，再加上這本《紫水晶戒指》，真是洋洋大觀，推派她為紫色的代言人，似乎再恰當也不過。不過她的愛紫倒也沒有標新立異，特意與眾不同的居心，基督徒的她這樣說：「倒不因《聖經》上說紫是尊貴的顏色，我偏愛紫，只因紫適合我，紫色服飾使我感覺自在而已。」甚至還打趣道：「紅橙黃綠藍靛紫，紫居眾色之末，正符合我小民身分：敬陪末座呀！」自在隨喜，這正是小民文章給人的第一印象。

　　小民開始寫作已過了「文藝少女」時期，育有三子的她，在仰事俯畜之餘，勉力提筆，記錄下柴米油鹽醬醋茶平淡生活中的一鱗半爪，從孩子小時，一直寫到他們立業成家。尋常百姓的悲喜歡憂，經過她一顆柔軟謙卑的心，領略幻化為文字，總給人無限甘美的深長滋味。本書由七十餘篇短文集成，逐篇讀來，沒有譁眾取寵的驚人高論，沒有深奧難懂的學說理論，旗袍大掛兒、雞湯配元寶、燒餅吃癮、搬家苦、白髮今日生，衣食行住椿椿件件盡皆有情，盡皆可感可悟可記取。臺北巷弄人家的日升月落，親切得就好像在自己的家，與媽媽對坐閒聊，今夕何夕，這樣的從容情調，幾乎已成絕響。

　　一個文學欣賞者，從作家的筆底行間接收他所傳遞的訊息，感受其中蘊含的情感，心靈因此得到安慰，思慮因此獲得淨化。精神生活充實的人，甜美長駐心中，尋常處得享自在，安居處別有會心，那樣的滿足是物化的社會、追逐金錢的人生觀所難以享受的。小民筆下的世界有著穩定可靠的價值信仰，家人、親情、愛，生命最原始的根本，《紫水晶戒指》從這裡出發，細水長流，卻發散出水晶般脫俗耀眼的光彩。

狗、魯迅、女人

宇文正

089
心路的嬉逐

劉延湘 著

　　你若想養隻狗，陪你散步、打發時間，發揮你的母性，不如先讀讀劉延湘的「談狗」：「飼狗以前我對狗的看法是，人是人，狗是狗，誰都不理誰。飼狗之後，還是一樣，人是人，狗是狗，不過『誰都不理誰』換成了『誰都別想了解誰』。」「狗有如無言的文學，文學有如能語的狗。它們一次又一次地總在提醒，說生命裡已知的部分何等渺小；未知的部分何等偉大⋯⋯。」

　　你若想談談魯迅，在這樣的時代裡，重新思索魯迅拯救「愚弱的國民」的意志；追溯魯迅文學、思想的淵源；甚至探討魯迅對「新女性」議題的態度⋯⋯，不如先讀讀劉延湘的「說魯迅」：「他寫的一篇叫〈肥皂〉的短篇小說，對中國男人的性心理，做了極高明的剖析⋯⋯『中國的男人，本來大半都可以做聖賢，可惜全被女人毀掉了』，⋯⋯可說把中國男人的性心理，裡裡外外，全給抖開來了。」「杜氏（杜斯妥也夫斯基）彷彿老是要在男盜女娼中找到正人君子；而我們的魯迅卻偏要在正人君子身上找到男盜女娼。」「娜拉的毅然離家出走，是代表一百多年前的女性，不願繼續再做男人傀儡的，一次偉大的『覺醒』。然而⋯⋯魯迅不免又透露出他一向對所有的人類的問題的終極關切：『人生最苦痛的是夢醒了無路可走。做夢的人是幸福的；倘沒有看出可走的路，最要緊的是不要去驚醒他。』」

　　你若也有難以「醫治」的鄉愁，你若也有種種「離譜」的奇想，你若想喝杯瘋狂的咖啡，你若也有一籮筐家庭主婦的憤慨⋯⋯，不如先讀讀劉延湘的雜文：「推石上山的薛西弗斯的懲罰其實是子虛烏有，日日烹小鮮的家庭主婦的苦刑卻是真刀實槍，一點不假的。薛西弗斯被文學大師卡繆冊封為荒謬英雄，但境遇一樣荒謬的家庭主婦則什麼東西都不是。」

　　甚至，你若想考究扇子、地瓜、海德格⋯⋯不如先讀讀劉延湘的這一本《心路的嬉逐》。

　　信不信由你！

文學創作
散文・雜文

處處留情

卓清芬

情書外

090
情書外一章

韓秀 著

文學創作
散文·雜文

作為美國外交官夫人，講得一口流利的京片子，寫得一手好文章的韓秀，在這本《情書外一章》裡，展現了熱情開朗的性格，對丈夫、兒女、朋友的關懷和體貼，以及對故鄉、故園的懷念。有小我之情，也有大我之愛。

韓秀說這本書是她「到處留情的真實紀錄」，在第一輯「親情」中，有與丈夫相識的經過、在北京生產的非人道待遇、兒子上幼稚園的噩夢，以及孩子與希臘小王子同班的經驗。常言道「為母則強」，在韓秀身上可以得到印證。為了孩子，她和冷漠無情的北京醫生據理力爭；為了孩子，她在風雪中學會開車。當醫生宣判她得了絕症時，她冷靜從容地安排一切；又在證明是誤診時，只想著可以多陪陪先生和兒子一段時間。對人世的熱情，化成一件件手織的毛衣和拼布作品，在家人和朋友之間傳遞著。

第二輯「星條旗下」，寫美國外交界的點點滴滴、社區的鄰居、橡樹、老友、詩人、跳蚤市場。雖然寫的是美國的人事物，卻感受到濃濃的中國式的人文關懷。譬如以春茶代酒，在繁忙的步調中體會悠閒的情趣；關心因為戰爭痛失丈夫、愛子的友人，而希望全世界的母親們再不必將兒女送上戰場；暗地盼望蘇富比拍賣的戰國玉龍不為財大氣粗的日本人所得，而能歸於長衫飄飄的中國老者……，在西方人高鼻深目的臉孔下，藏著的是東方女性細緻敏感的心。

第三輯「情到深處」寫故國鄉愁。對北京四合院的牽掛、在美國聽見鄉音（北京話）的驚喜、對六四天安門死難者的同情不捨，充滿中國人文情懷的關注。

韓秀不僅中文說寫流暢，她的思想和文化素養也深受中華文化的薰染。孔子說過「仁」就是「愛人」，愛自己、愛家人、愛同胞，這種推己及人的愛，正是韓秀對孔子之道的體現。

為有源頭活水來

卓清芬

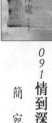

　　旅美多年的散文家簡宛，1983年翻譯的《愛‧生活與學習》廣受讀者歡迎，曾高踞暢銷書排行榜冠軍達一年半之久。主修教育的簡宛，也和《愛‧生活與學習》的作者利奧‧巴士卡力一樣，對生活充滿熱情，嚮往心靈的豐富與快樂。在《情到深處》這本文集中，我們可以體會到愛與智慧正是生命的源頭活水：以溫柔的愛處世，以清明的智慧應世，心靈之湖便能清淨澄澈，照見天光雲影。

　　作者透過書中的前兩部分（「溫柔的愛 —— 生活與人情」以及「永遠的微笑 —— 回憶與友情」）告訴我們，生命只有在愛與學習成長中才能得到真正的快樂。明白自我的需求，努力而不強求，才不會被物慾所蔽。生活是由自己安排抉擇的，忙中偷閒，付出關懷，享受溫暖的情誼，都能使緊湊的生活增添意外之喜。

　　在「鄉下人進城 —— 異鄉與旅情」中，簡宛從北卡古樸的陶園裡，領略生活簡單其實就很快樂；在深秋的楓紅裡，想著人生就像四季一樣，每個階段都有不同的境界。走在人生的秋天，欣賞吟嘯徐行的自在與自如，以及在春天不曾領略過的安詳恬適。

　　「走向成熟的途中 —— 教育與書懷」一輯，呈現簡宛對兒童心理發展的關懷，教導孩子分辨童話故事的是非善惡，自己判斷、抉擇。父母為孩子念故事書，共享閱讀的樂趣，不僅幫助孩子情緒和想像力的發展，也可以增進語文能力。

　　「金色年代 —— 社會與感懷」是關於文化社會的省思。簡宛相信，人與人之間有關懷與信念的暖流相通，若能不失赤子之心，常保清新靈活的思考，不為物質所役，享受精神的自由，那麼，人文的精神便能在相互關懷、尊重中滋生成長。

　　簡宛溫婉平實的文字提醒我們，從簡單平凡的生活中汲取樂趣，付出愛與關懷，幸福就在身邊。為現代人日益枯竭的心靈，注入了源源不絕的活水。

傾聽天籟的對話

黃雅歆

092 父女對話

陳冠學 著

文學創作

散文・雜文

書名為「對話」，書中果然出現大量對話。以對話進行文章的鋪陳其實不容易，一怕流於鬆散、二怕內容淺薄。在篇幅有限的散文形式裡更是冒險。但本書為「老父」與「稚女」的對話，由於年齡、輩分差距，唯有對話的「實錄」可以顯現自然的童趣以及兩種心靈的對比。而經過作者的細膩安排，在看似淺白簡短的對話中，皆能給予讀者會心的微笑與思索，頗為成功。

書中「老父」形象是內斂、孤獨、滄桑、慈愛而沉穩的。5 歲的「稚女」則純真、率直、好奇、溫暖而生命力旺盛。「老化的心靈」與「新生的童稚」，二者同時生活在遠離都市文明的田園裡，會產生如何的火花與對話，本來就令人期待。從稚女學習適應鄉居生活開始，引發了作者種種省思，當她說「我不喜歡老家，老家沒有浴池」，蝴蝶「飛向我的臉上，我總是害怕躲開」，是否意味著人們趨向「文明生活」的本能？但所謂的「文明生活」是否包括了學心算、英語、電腦、速讀、書法、芭蕾……呢？當她歡喜和蛇、鳥、蜘蛛做朋友時，又讓人覺得親近自然是人類的本能，只要有環境，不需去「教育」。所以，人們的「趨美惡醜」似乎自有天性，會對文明產生依賴，也會對自然生命產生善意。當「老父」從稚女身上看見這些，所謂自然教育就成為「父教育女」、「女教育父」的互動關係了。

本書的對話形式值得注意，在符號的運用上傳神而特別，譬如描寫西北雨的驚人架勢，就從女兒看見閃電的符號開始，十分生動。而充分錄下稚女不成「文章」的話語，除了呈現童趣之外，似乎也呈現了父親「聆聽」的必要，因為能耐心而用心的聆聽，才能進入稚女逍遙自在的心靈，也才能聽見天籟的聲音。

一位大明星的完成

林黛嫚

093
陳冲前傳

嚴歌苓 著

從逃學的孩子到青春玉女明星；從中國的百花獎最佳女主角到美國餐館的打工妹；從演沒有臺詞的小配角到步上奧斯卡的獎臺，陳冲的成功沒有偶然，只有能裝好幾箱的甜酸苦辣，這些甜酸苦辣都在嚴歌苓的《陳冲前傳》中娓娓道來。

寫小說的嚴歌苓自從《少女小漁》和影視界結緣後，便把寫作的觸角延伸到電影劇本，她親自改編自己的作品為電影劇本，如《天浴》和《扶桑》，也因為和影視圈有了連繫，嚴歌苓和同為華人的陳冲結為莫逆，由嚴歌苓來為這位好萊塢片酬最高的華人女星寫傳，尤其是由一位小說家來寫傳記，嚴歌苓要做的是「色彩還原」的準確工作，結果確實也推出了一位和銀幕上，和傳聞、報導不符的陳冲。

陳冲天生是演員，是明星，是那種不用演，那麼一站，一走，一動，一靜，就是戲的演員，她十四歲演出《青春》一片成名，之後並不沉迷於虛名，而靠著毅力考進外語學院，又以《小花》一片得到中國女星最高成就的百花獎，但在外語學院體會英美文學的精緻與豐富的陳冲，又決定放棄在中國的名氣、優勢和觀眾的寵愛，遠征美國留學以及朝好萊塢發展。她在好萊塢度過一段窮酸歲月，曾經在餐館端盤子，當過圖書管理員，做過電影場記，演過小角色，像一些成名前的大明星一樣，一邊幹很粗的活，一邊尋找演出的機會，若不是幸運的得到演《大班》和《末代皇帝》的機會，她可能已經放棄了。

成名後的陳冲仍然坦白而流露本色，如同她說「有時候我可飛去跟英國王子喝下午茶，和法國總理共進晚餐，但我希望我永遠不會忘記自己的使命，腳踏實地的生活」。我們在嚴歌苓小說筆法的傳記中，看到一個「在反省中找到孤獨的意義與美」的不虛榮的女明星。

傳
記

有趣的副刊史料

林黛嫚

孫如陵 著

主編〈中央副刊〉前後二十多年的老編孫如陵,在他主持下的〈中央副刊〉是報紙副刊的黃金時代,也是〈中央副刊〉的全盛時期,本書是他在民國 50 年到 58 年間在〈中央副刊〉上發表的一百二十篇專欄結集,其中少部分是以純粹作者身分所寫,絕大部分是以編者兼作者的身分所寫,因有編者身分,便有許多和副刊編務有關的話題,如今看來,正可作為理解 50 年代臺灣副刊的發展與變遷。作者自言書名取為「墨趣」,只因希望內容有「趣」,他不喜歡閱讀乏味的作品,更覺不該以乏味的作品示人,至於是否真有趣,就留待讀者品評。

從民國 10 年《晨報》開啟報紙副刊的史頁,迄今已有近百年的歲月,關於副刊的研究發展至今也已形成一門副刊學,而本書正是副刊學的重要參考書目,譬如〈稿費標準〉一文,提到當時一般的稿費標準還是民國 38、39 年間訂的,一直牢守原盤,因此說世間最不長進的東西,就是稿費。證諸今日,現今的稿費標準大約和十五年前相當,在物價和薪資都有一定幅度的調漲,只有稿費依舊不長進;又如〈副刊新風貌〉一文提到中央社刊載長篇連載小說林語堂的〈逃向自由城〉,和我們現在理解的中央通訊社的發新聞通稿功能大不相同,也讓現在的讀者了解原來 50 年代的各報副刊也曾採用中央社的文藝通稿;再如〈階梯性〉一文提到了他所主編的副刊衡文取稿的標準,他認為標準不能太高,把副刊辦成文學專刊,而「要適可而止,如能穩取生動有趣,簡勁明朗的作品,於意已足,不必篇篇求其為佳作」。

除了作為研究副刊的重要史料外,作者的幽默小品確也做到了謔而不虐的地步,留下一些足供讀者回味的佳句,如「文章可幽默,做事須認真」、「小做小對、大做大對、不做不對」、「通信是友誼的延伸,人情的表現,只要做到不間斷,就有力量」。

愛是生命不竭的能源

楊　明

喜歡詩的人，永遠有熱情，永遠有一顆不老的心。

夏鐵肩在接獲退休通知時，曾經寫下這樣一段文字：「其實，老了也沒什麼不好，所有老年人都曾經年輕過，所有年輕人卻未必有把握活到老，老也應該代表一種成就。」老和年輕是從客觀的年齡來判斷，更重要的是隨著年齡而累積的智慧，夏鐵肩擁有不老的詩心，卻也具備「一老」如「一寶」的智慧，在本書中充分展現。

本書不僅是一本詩文集，作者在書中描述對日抗戰時敵前敵後的生活，由大陸初抵臺灣時的景況，擔任副刊編輯的經驗，中國文藝協會的變遷等等，在文學的意義外，本書也具備了史料價值。除了從事創作之外，作者曾經擔任〈中央副刊〉編輯和中國文藝協會理事長，對於臺灣文藝的推動，不遺餘力，尤其願意提攜新進作家，小野、保真、朱秀娟、趙淑俠和趙淑敏等，都曾經和夏鐵肩建立了亦師亦友的交情。

本書收錄了作者的詩、散文和方塊文章，除了是夏鐵肩先生的作品集之外，也可以說是他的紀念集，民國83年，夏鐵肩因為腦溢血病逝，過世之後，經過家人和朋友的整理，將他的遺作收集，出版了《不老的詩心》，讀者在本書中可以看見作者豁達的人生態度，以及點滴累積的生活智慧。

夏鐵肩曾經說自己寫文章像是開雜貨店，什麼都寫，由此可以看出他的興趣廣泛，當然也是因為每一樣都拿得起，不論新舊文學他都有根基，文藝雜貨店才能經營下去，本書是他最後一本集子，和讀者分享的不僅是文思，也是他對文學、對生命的熱情。

095 不老的詩心　夏鐵肩　著

文學創作　散文・雜文

兩地故鄉情

黃雅歆

　　鄉愁是什麼呢？有時候來自出生地，有時候則與出生地無關。曾經在一地久居、生活、成長，一旦離開，鄉愁便油然而生。

　　林海音籍貫臺灣、出生於日本、成長於北平，最後返臺定居。對她來說，北平是她的第二故鄉，她「在那裡幾乎住了一個世紀的四分之一。因此除了語言以外」，還有「十足的北平味兒，有些地方甚至『比北平人還北平』」（見〈英子的鄉戀〉）。本書書名「兩地」就是指北平和臺灣，她把民國 39 年至民國 55 年間，所寫有關北平與臺灣的散文結集成書，清楚呈現這「兩地」在她生命裡的重要性。

　　林海音的經典之作《城南舊事》，寫的就是她在北平的成長歲月。因為讀書、就業、結婚都在北平，所以北平是林海音從小女孩成長為小婦人的舞臺，處處可寫，事事不能忘，和琦君以家庭故事為基礎的憶舊之作不同，林海音的一則則舊事，鮮明、生動、有趣，十足的北平風情畫。

　　在《兩地》中有關北平的部分仍然承繼這樣的風格，短短小文、俐落文筆，三兩下就勾勒出北平的特色。譬如「藍布褂」寫「陰丹士林」布如何受北平女學生的狂愛，成為標準制服；〈文華閣剪髮記〉寫北平如何開風氣之先，女生開始剪辮子換西化的髮型；舊人舊事、不論大小皆可下筆，足見鄉愁思戀之深。

　　後半寫臺灣風土。年近中年才回臺灣的林海音，對故鄉有一種來自血緣的熟悉，與自身經驗的陌生。當她一點一滴寫下了臺灣的風俗與特產，也就一步一步的親近了故鄉。如愛玉冰、虱目魚、珊瑚、溫泉、禡祖……等，這些「故鄉事」如同「北平故事」，都在林海音的經營下，散發著溫潤的光采。

兩地

096 兩地

林海音 著

文學創作

散文‧雜文

民眾文化的活力

辜振豐

　　作者在談起北京的風土人情和中國傳統科技，還附上許多珍貴的插圖，具體展現「一圖勝千言」的說法。其實他早年在報章雜誌撰稿時，也會順便畫插畫，一刊登，便受到讀者的喜愛。他是一位工程師，深受嚴格的理工訓練，平時感慨古代文人很少鑽研繪圖技術，因此很少留下檔案紀錄，反觀西方人一旦製造飛機，或建造摩天大樓，在施工期間會畫出很多藍圖，但要是用講的，一定需要幾千幾萬句話才能解說清楚，這也是文字和插畫可以在文字媒體表現特色的原因。

　　在書中，作者對於保存傳統的文化遺產有一份使命感，尤其談到四合院、八仙桌、獨輪車、轎子等古代的建築物和發明，他引用各種資料，加上所見所聞，詳細考據，並畫上插圖。他花了半輩子的時間來做這些事，在於過去的物質文明成就無人用「檔案文學」記錄下來，是使後代晚輩忘了本，又進一步以祖先為恥的根本原因。

　　作者談起民俗，倒能夠和現實脈動相結合，近年來，許多人士呼籲要開放賭場，但他指出，將中國民俗之賭，保留在娛樂、休閒的家庭活動之內，應該是對付賭博的好方法。他以民俗為例，中國固有文化的特色，就在幾千年帝王專制時代，只有新年來到之前的除夕，才讓百姓玩玩賭錢遊戲，其餘的日子仍要抓賭的。反之，在西方資本主義的影響下，過去的香港政府則容許老百姓賭博，一入夜，各區的公寓樓房就傳出麻將聲。而作者還追查這些道具的來龍去脈，像麻將和紙牌是中國的發明，骰子和骨牌，則是來自西域。可見作者並非是一位死守過去的老古板，而是以西方的科學思維，透過圖文並茂的表達，重新塑造出傳統的新面貌。

書寫富臺灣精神的小人物生活 林黛嫚

098
校園裡的椰子樹

鄭清文 著

文學創作
小說

　　談到鄭清文的小說作品，學者常用海明威所謂的「冰山理論」來形容，意思是十分之九在水面下，然而僅僅讓我們看得見的十分之一又是令人看不透的半透明體，因此讀他的小說常會讓人有問「為什麼」的衝動，鄭清文自己也說他喜歡寫的「沉」一點、含蓄一點，從而形成含蓄深沉、恬淡清雅的獨特小說。

　　鄭清文受過學院訓練，廣讀西方文學經典，但也喜歡閱讀通俗小說如《樊梨花》等，人性問題的探討一直是鄭清文小說的重點，他的小說經常以社會上不幸或弱勢者所特有殘缺的人生經驗及其造成的無奈、悲劇來反映人性的本質，過程面臨悲劇，但是結局鄭清文往往有意讓悲劇的小說人物有較好的歸宿，鄭清文自己對這種寫法的解釋是，「我認為人生是一場悲劇，因為人會衰老，無法避免死亡，解決的辦法就是以今天比昨天強，明天比今天強，只有超越自己的強者才能避免悲劇。」

　　和本書同名的〈校園裡的椰子樹〉正好是鄭清文這種創作理念的展現，主角是一位因手部殘缺而只能在學業上力爭上游的單身女性，她喜歡同校的老師——剛從美國留學回國、個人條件相當好的張英明，但他和一般人一樣以充滿同情的眼光看待她，正當女主角在要不要接納張英明或是張英明會不會來追求她的想念中反覆沉吟時，她在咖啡館遇見一位酷似張英明的大學生，這人是第一位能夠正視著她的缺陷的人，但女主角以不願意寂寞是兩個人結合的理由拒絕了他，在黑暗的校園中，女主角從受盡挫折、始終忍受、永不卑屈也不驕矜的椰子樹中領悟到，「只有超越自己的強者才能避免悲劇」。

　　自 1958 年發表第一本小說《寂寞的心》，四十多年來，鄭清文產量豐富，寫作始終不輟，研究臺灣文學的日本學者岡崎郁子，曾說鄭清文是「臺灣文學的異端」，這個說法雖然還有爭議，不過鄭清文能在中國文學、西洋文學和日本文學的多重薰陶下，書寫富於臺灣精神特質、呈現臺灣生活面貌的小說，確實也是一種秀異的存在。

情理並重

辛振豐

　　散文家莊因很能夠把理性跟感性調和得恰到好處。雖然在美國教書，但他關心的層面卻無所不包，如米食、日本文化、排隊、廣告、金錢、親友等。尤其是在比較各國文化時，不但氣度寬廣，而且旁徵博引各種報章雜誌來印證。他曾到北京，湊巧碰到日本人客人開口說把那批東西統統包起來，聽了之後，使他覺得這種暴發戶心理真是要不得。不過，作者也能夠正視日本政府對於文化的推廣，如 1970 年代，舊金山還蓋了一間豪華的歌舞伎院，當地的日僑工商大老還重金禮聘歌舞伎班，以便和西方的歌劇別別苗頭。針對日本的文化外交，作者不免嘖嘖稱奇。

　　作者有深刻的生命體驗，而且坦然面對死亡。在書中，他敘述頭部曾經出現症狀，接著還理了光頭，動了腦部手術，整個過程心平氣和，一點也不畏懼。他為人廣結善緣，所以住院期間自然一大群朋友寫信或打電話慰問他。當時洋醫生認為他死期不遠，但奇蹟出現，經過治療後，他簡直起死回生！當然，過了不久，作者又開始動筆寫起文章。

　　他勤於筆耕，自然會討論到寫作的問題。在他看來，現在的青年作家，最常犯的大毛病，就是薄古厚今。他們總認為古就是舊，舊就是糟粕，而糟粕就該拋棄，但要寫好散文，還是要通古文，讀讀古典詩詞，更要鍊字琢句，如此一來，才能表達情感。他也強調，作文要情理並重，適度地寓情於理，才能調和陰陽，剛柔並濟。作者並非只重古人，畢竟能夠寫出上好的白話文也大有人在。所以他也特別指出，像梁實秋和豐子愷的文章可以一讀再讀。此外，書中還有其他精采的文章，喜歡散文的讀者千萬不要錯過莊因的《詩情與俠骨》。

遊走於理性與感性之間 楊　明

文化脈動

張　錯　著

100
文化脈動

文學創作

散文‧雜文

　　本書記錄了作者對於臺灣文化的關懷的觀察與觀念，長年旅居美國加州的張錯，每日閱讀五份臺灣報紙，雖然身在異鄉，但是心裡依然充滿對臺灣人事物的掛念，從而生出對於臺灣文化現象的種種思考。

　　《文化脈動》一共分為三輯，分別是文化快餐、文苑午茶和酸辣湯，其中有書評、有述情、有敘人、也有感悟，作者兼具詩人的感性和學者的理性，為讀者論文化說生活。

　　身為一名文學創作者，張錯對文學的關懷與憂心自然是無處不在的，他認為詩之所以受到市場的冷落，是消費文化專家們的課題，但是現階段文化創作的變形，卻引發出更深一層的問題，而他在本書中所企圖探討的便是這一層問題，佔據暢銷排行榜上的不是沒有值得一讀的好書，可是當這成為評斷價值的標準時，那麼原本屬於文學欣賞層面的行為就變成了純粹的消費行為，此一現象對文化發展的影響卻是讓人憂心的。

　　張錯說：「每當我們將輸出觀念應用在文學或文化上時，便自動把自己套入一種辯證邏輯的圈套，因為輸出不僅是商品主義，同時也是資本主義運作的『需求—供給』的觀念……。」作者提出值得讀者正視的問題，並以此為中心，延伸出多角度的思考，以散文家流暢優美的文字，抒發深刻的文化評論，對關心臺灣文化的讀者提供了內蘊文學思考同時兼顧生活態度的啟發。

　　「詩的最後一句，散文的最後一行，小說最後的悲離與歡合，都有一種結局，惟有人生沒有結局。」張錯這樣說，也就因為如此，作家的思緒中便湧現了更多的關懷，對於文化，更重要的是對於人生。

世說今語

卓清芬

　　《桑樹下》是作者在桑蔭斗室之下寫的小品文，有日記、隨筆、遊記、人物逸事等，從作者所擬的原書名《人物・逸事・閑情》可略窺一斑。

　　人物逸事是書中最精采的部分。作者認同梁啟超所說的：「讀名人傳記，最能激發人志氣。」於是「追尋許多年前所耳聞眼見的名人、文人的逸事、趣談、怪癖、狂言……，選取那些感人至深的，能夠發人深省的，或者趣味濃郁的……」（《桑樹下・小引》）。讀者可以看見擅長英詩、莎士比亞的梁實秋不想再吃粉筆灰，因此不帶粉筆上課；博聞強記的錢鍾書，對古人小名瞭如指掌；魯迅不斷買書買碑帖，是為了消磨漫漫長夜；語言天才趙元任認為中國文字比語言更難；享譽文壇的白先勇曾經是個聰敏寡言，對古典文學充滿求知慾的好學少年……，這些 30 年代的文人形象，透過作者娓娓道來的記述，閃現他們性格上不為人知的幽光，傳達每個人獨特的神韻。

　　曾任師範大學教授的繆天華先生，學問淵博，治學嚴謹。幾篇文章也指出前人的錯謬之處，如張愛玲〈私語〉：「夜半聞私語，月落如金盆」並非張氏自創，而是改寫杜甫詩「夜闌接軟語，落月如金盆」，蘇軾〈赤壁賦〉並非為神宗而書，而是為友人傅堯俞（字欽之，「欽」字非指神宗皇帝）而寫。其他如〈魯迅作品虛與實〉，指出魯迅小說〈藥〉主角夏瑜影射革命烈士秋瑾、〈修改文稿〉提到魯迅、沈從文、葉聖陶、曹雪芹、王羲之如何修改文稿。書中融合古今中外的文學家掌故，除了增添閱讀上的趣味，亦能使讀者增廣見聞，豐富人生。

101桑樹下

繆天華 著

文學創作 散文・雜文

科學的心靈訪客

宇文正

牛頓來訪

102牛頓來訪

石家興　著

科學人文

　　讀一本科學家所寫的書，心靈上，似乎真的是「牛頓來訪」。在汗牛充棟的散文作品中，我們需要一點理性的、知性的思索。

　　讀完《牛頓來訪》，我很好奇，究竟動脈硬化與膽固醇的關係有沒有我們想像的那麼大？那可以提煉、製成燃料的「搖油樹」真的再沒有下文了嗎？「進化論」近年其實已開始受到科學性的質疑，生命的起源何時能找到答案？……許許多多的疑問，仍在探索之中，但21世紀的今天（此書出版於1995年，而許多篇章寫就於1980年代），確已如作者石家興在1981年所作的預言：「生物技術的發展，是即將來臨的第四次工業革命」。人們常說，學科學的人，也應該具有一定的人文素養；其實相反的，學人文的人，何嘗不該有一定的科學常識呢？

　　不僅提供科學的知識，這本書裡更描繪了科學研究者的風範。在〈談科學家的風格〉一文中，引介1984年諾貝爾生物醫學獎得主，芭芭拉・麥克琳桃女士，她四十年沒有研究助手、沒有私人祕書，家裡甚至不裝電話，在安靜的角落裡默默研究，遺世而獨立。而從作者描述的一些小故事中，我們更可以讀出作者本人的科學家精神──在某項人人洩氣的實驗中，他明知一切可能徒然，然而他說：「我是個頑固的人，如果真是一條死狗，要讓我再踢一腳才放心。」當然，在頑固精神（應說是執著的意志力）之外，作者更強調的是創意，科學與藝術都需要創意。

　　這卻不完全是一本討論科學的書，其中的「親情篇」、「遊記篇」皆是耐讀的散文。「親情篇」裡的〈合歡之外〉，從夫人簡宛女士動腦部手術、面對生死大關、娓娓道出他對妻子的深情，讀來尤其令人動容！

【深情回眸】

大都會裡的一道鄉野風光　宇文正

1
0
3
深
情
回
眸

鮑曉暉　著

　　散文小品往往最見作者的真性情。鮑曉暉的《深情回眸》正是以一篇篇小品，一筆一畫勾描出作者深情、坦率、敦厚的心靈世界。

　　第一輯「心情告白」書寫心情靈思，文字頗富詩意，也看出作者對人間世細膩的觀察。如〈陸橋下的公園〉，她觀察城市裡一座陸橋下的荒路竟被經營出一片繁華似錦，原來是附近老者以「『老來管山管水』的悠閒，用夕陽的歲月，經營出這片土地的美景……」她說：「這片鄉野風光，存在都市的車喧樓影包圍中，猶如掛在客廳裡牆壁上的風景畫。」其實細讀鮑曉暉筆下的這些心情告白，不也是大都會裡的一道鄉野風光？

　　「生活的歌」一輯輕鬆諧趣，最見作者的女性情思。從令人「洩氣」的「花災」，「在花市擺著花開似錦，買回來一朵花都不開」，而聯想到「一花一世界」的真諦；從對鞋子的癖愛，「手拎著鞋盒，走出百貨公司大門就盤算：如何把鞋盒偽裝起來帶進家門……」寫到女人都必經的「衣禍」，「曾不止一次下決心約束自己的購買欲」，可「總覺得自己身上穿的沒有櫥窗裡的模特兒穿的漂亮」！令人會心一笑，「人生美好的路走過，人生奮鬥的仗打過，有過絢爛的歲月。老去，凋謝，都無憾」一語，正是全書作者在頻頻回首中最深摯的感懷。

　　「浮世描繪」速寫紅塵浮世百態；「萍踪憶往」回憶剛來臺灣時的「那段美好歲月」，純樸之筆，寫下令人懷念的臺灣風情；「夢繫舊情」裡有大時代的無奈感歎；「旅途情懷」將視野放諸四海。

　　作者在〈童年往事——趕集〉一文裡說道：「流徙的生活，比老死株守家園的日子多彩多姿，且由於見多識廣，而能啟茅塞增智慧，更發現這個世界萬物的豐博。」正是這種樂觀的胸襟，鮑曉暉無論經歷靜好抑或動蕩的人生階段，都滿懷知足、感恩；《深情回眸》織就的是一個真摯有情的世界。

文學創作
散文‧雜文

造詩運動的可能

白　靈

　　「詩」一直是個不好親近的文類。詩語言的跳脫性、歧義性等等其實都會使有心於此的讀者或創作者卻步。但在渡也的這本《新詩補給站》中，我們發現原來詩可以這樣有趣、活潑地創作，而且日常生活中其實處處可見詩的蹤影。

　　書中篇章的第一類是詩的寫作方法論，以實際的詩句來做舉例，說明詩作中多變、歧異的形式。讀者可藉此些篇章了解原本陌生、令人難以捉摸的詩，進而產生對詩（或創作）的樂趣。且如同作者所說，「其實，寫詩並不難，詩就在你身邊，詩就在日常生活中，造詩運動大家一起來吧！」近年來，許多媒體雜誌上的廣告文案，文字有越來越「詩化」的現象。作者針對這種情形也提出他的看法，例如〈新詩在廣告上的應用〉、〈廣告、兒童與臺語〉、〈汽車廣告與新詩〉、〈非軍事化的軍事廣告〉等。把具有濃厚文學氣息的詩作應用於廣告文案上，不僅讓代言的產品增添一份高雅氣質，更可使得文學有和更多的社會大眾接觸的機會。

　　另外，渡也在詩的批評方面自有一套準則，他在大家一股腦的風靡席慕蓉的詩作《七里香》、《無怨的青春》的熱潮之中狠狠澆了一盆冷水。他認為席慕蓉的詩有主題貧乏、矯情造作、思想膚淺、淺陋鬆散、無社會性、氣格卑弱、數十年如一日等缺點。希望席慕蓉能「走出陰暗的象牙塔，走出狹窄的閨房……拿出擲地有聲的作品向歷史交代吧！」還有在分析「年度詩選」上，作者分別依不同出版社的選集作出評斷。甚至兼論及編者在選集中的詩評語，也有一套優劣標準。讀者在挑讀詩作選集時，或許可因此有較理想的選擇。

　　最後本書收錄的是渡也其他著作的序言，作為一位詩的創作者與批評者，如何衡量與調適兩者之間的差異在此可一窺究竟。

　　此集內容相當豐富，不管是對於詩創作的問題，臺灣詩壇現象的質疑，或是想更鑽研於詩的理論批評，這本書當能滿足不同讀者的需求。

今古並駕，揉融無間

白　靈

　　學者和作家一樣，似乎都是不甘寂寞的，尤其長年研究的對象是別人的作品時，那種寂寞感不知要更加深幾層。比如香港學者黃維樑是一例，在研究詩學之餘，會不忘情將自己平生得意的詩作附在印行的詩論集之後，而不以詩集另予出版，其實也是一種恭讓和正當抒發。而作為黃氏好友的大陸長沙學者李元洛是不是也有類似心境，在現代詩學領域卓然成家後，也有技癢之症，但李氏卻更謙虛，不便於相同詩領域一展才華，改跨界到散文去創作，並將己身擅長且浸淫經年的古典詩涵養順勢推入散文之中，今古並駕，揉融無間。且因生平波濤起伏，亂世苟活，於行遊神州山川古蹟之際，惶惶難安，感慨極深，遂發為文，想必是鬱積太久，不得不發，乃有此書之集成，則作者自謂「用情不專，心有旁屬，移情別戀於散文創作」，應是謙詞。

　　書分四輯，共三十四篇文章，記遊佔十七篇，除記山水，亦涉及人文和歷史，兼懷古傷今。輯一所記多與來臺會友之見聞有關，對工商業發達的喧囂社會也直言不諱、有若干批評；輯二多與湘遊有關，其對家鄉景致之盛的描繪令人目不暇給；輯三多寫親情、友情和恩情，包括誕生、下放、久居的三地的人事追述，對早年傷痛有真誠的坦言和敘述，宛如站在時代巨大的傷口邊緣做小小的哀悼；輯四借實遊或神遊，寫神農、寫屈原或寫岳飛；此輯中如〈崩霆琴〉一文，寫戊戌政變六君子之一的瀏陽人譚嗣同，李氏窮力追索其出生地、製雙琴的大樹及就死的場所，可說執著必得，所敘場景及詩文相滲互溶，令讀者批閱之中如提著一腔熱血隨他而行，讀畢仍心肺蹦跳。

　　此書作者於踏印故國山河之際，兼將一生思想、俠義情懷、博通的學問、不屈的個性和百年家國關懷、哲學懷疑的精神，融為一氣，若干篇章讀來鏗鏘有致，所引詩文均有可觀，仍不失其學者本色。準此，則本書可說既是文化之旅，也是心靈苦旅的紀錄了。

105　鳳凰遊　李元洛　著

文學創作　散文‧雜文

立意深遠的文學信念

白　靈

106文學人語

高大鵬　著

文學創作
散文・雜文

「宗教」在人類的歷史中一直是個亙古不變的命題。東方的佛教，西方的基督教、天主教背後都是一段段人類歷經苦難成長的故事。宗教反映在文學裡，作為一種書寫的題材，總會具有一種深沉的意涵。以此知名者如日本的遠藤周作，他的長篇小說《沉默》、《深河》便全然是以宗教為主題。高大鵬的《文學人語》中也以「宗教」為主題做了許多探討。包括《聖經》中如摩西過紅海、耶穌的神化等惹人爭議的問題。

此書也介紹了日本以文學作品富有宗教氣息的小說、散文家三浦綾子。三浦綾子不諱言《冰點》、《泉源》等數本著作是為了讓大家更能了解《聖經》而寫的，《尋道記》則是三浦綾子的自傳，讀者借助高大鵬之筆可以深入其內心世界以及信仰的歷程。而作者旁引西洋文學對證中國文學，更顯示出深厚的文學素養。並以自身實際寫作經驗，分享創作的心得。此外，有些篇章則是對文化傳承的省思，比如中國傳統文化是否仍適合於今日的社會，或是說應該做怎樣的改變才能保有既有美德、因時制宜呢？作者特別提到中國人喜歡一團和諧的氣氛，但終究只是表面上的和氣，私底下卻是怨聲四起，爭執根本無法解決。想說的話當面講清楚，雖然會難堪，但換來的是更透徹的了解與溝通，豈不皆大歡喜？作者也特別呼籲是該開始重視「宗教教育」的時候了，因為其「有助於人性之全面實現」，更是「一個人安身立命的精神基礎」。言語懇切，立意深遠，展現了知識分子的熱誠和使命感。

序言中作者說這本書是在病中完成的，憑藉的正是一股對文學的信念與堅持。也希望讀者能感受這分熱誠，一種對文學永不改變的信仰。

人與獸

李福鐘

喬治・歐威爾 (George Orwell) 寫《動物農莊》(*Animal Farm*)，裡頭雞鴨牛馬一應俱全。香港政論家鄭赤琰寫《養狗政治學》，也不僅僅止於談狗而已，老鼠、鴕鳥、貓頭鷹、老虎，樣樣不缺，甚至傳統中國的神獸——龍——也跟著上場，儼然是個動物園的架勢。自古文人墨客議論時事，總好以動物為譬喻，這是自古希臘伊索 (Aesop) 以下歷經二十五個世紀的傳統。原因無他，從人的角度出發，大自然形形色色的動物自有其特殊的形象與表徵，其功能一如舞臺上生旦淨丑的專屬臉譜，以之諷喻人生百態、笑罵社會眾生，無往而不貼切。也因此上帝創造萬物，不僅僅只是供給生物學家來研究而已，文學家、政治家，尤其是像鄭赤琰先生這樣的政治評論家，都有必要熟悉動物的語言、姿態。所謂眾生平等，人與禽獸之間實乃一線之隔，只不過演化過程中憑恃著發達的大腦，變化出種種文明的創制罷了。追根究底，大家的行為模式原本相去不遠，本質亦多類同。擁有大智慧者，自然能夠參悟其間共通處，為人與獸一起生養棲息的這個大同世界，增添佳話。

鄭赤琰先生《養狗政治學》一書中的政論雜文，均為他 1980 年代末、90 年代初發表於香港各報刊的作品，其中涉及中、英談判，以及香港實際政治事件之處頗多，對於臺灣讀者而言，許多內容免不了扞格難懂。尤其不少篇幅牽涉到的相關事件一時間已難於考究，若不能充分掌握那幾年間香港的政治發展，讀來確實吃力。這是《養狗政治學》一書比較讓人感到遺憾之處。幸好高明的政治寓言總是建立在令人會心一笑的幽默上，這種魅力不會因語言的隔閡而減損。讀者就算一時不懂作者具體所指為何，但看文字的生猛潑辣，也算樂事一件。

養狗政治學

107 養狗政治學

鄭赤琰 著

社會人文

難以回溯的魚

吳月蕙

　　姜穆 (1929–2004) 一生戎馬，退休之後從事筆耕，數十年的歲月，留下了不少的作品，小說、散文、詩及文史政論都有，尤其對 30 年代作家及作品的研究，更是不遺餘力，累積了相當的成果。這本《烟塵》是與他個人生命緊密聯結，自傳成分相當濃厚的散文結集。「歷史的錯誤，使我們成為難以回溯的魚」，歷史，是中國人肩上難以卸下的沉重包袱，「以雙腳丈量過近萬公里祖國土地」的姜穆深刻感受歷史錯誤帶來的錐心痛楚，他將生命中的種種際遇，化成書中這些「既是苦難的紀錄，也是抗議」的篇章。

　　本書以「烟塵」為書名，取「苦向緇塵埋鬢髮」之意，也暗寓任何苦難都灰飛煙滅，歡樂亦零落成泥碾作塵的解脫之意。書分四輯，人生如寄、竹頭木屑、小築清談、萍踪記趣，作者筆觸柔婉，感情豐沛，這些至情至性的作品「非我所見、非我所經歷者不寫」。部分篇章尤其沾滿血淚，讀來並不輕鬆，甚至讓人有掩卷同哭的衝動。例如〈我第一次殺人〉，寫他在槍林彈雨的戰場上首開殺戒的特殊經驗，「戰爭使殺人合法化」但「戰爭卻不因殺人而停止」，殺了第一個還有第二個、第三個，從有罪惡感到沒有罪惡感，才 18 歲的孩子，他內心經過多少天人交戰？在血流成河屍疊如山的現場，還有多少孩子的心在流血？這是中國人的悲哀，人類的悲哀，姜穆的經驗於我們的確是特殊的，但是當年，千百萬戰場上演的是大同小異的鏡頭，從浪頭上一點浮沫，讀者且去想像那兜頭湧來可怖的浪潮吧。

　　這類直觸歷史痛處的文章雖然沒有佔全書太大的篇幅，但見作者其他題材的篇章也不免流露的淡淡愁緒，源頭似乎就在這裡。讀《烟塵》，撥開煙塵，見到未被記載的歷史環節，我們豈能無思？豈能無感？

來自「原鄉」的記憶與養分　黃雅歆

民國 70 年代之後進入文壇的青年作家，多半是由文學獎起家的校園新秀。因為文學獎像是有名家背書的通行證，獲得了「闖蕩文壇」的資格。來自馬來西亞的鍾怡雯也是帶著眾多文學獎光環脫穎而出的，專事散文寫作的她，是繼簡媜之後，最受文壇注目的當代散文作家。

像許多作家的第一本書一樣，鍾怡雯第一本散文集《河宴》是自我成長經歷的「交待」與「總結」。藉此確立生命情感的根植點後，才能海闊天空，跨步向前走。所以，作家的第一本書，縱使青澀，卻是最純粹、最能顯示創作初心的地方。

《河宴》收錄了作者大學時期所有的得獎作品，無論質量皆可觀。內容分為四輯：我的神州、島嶼記事、山的感覺、井伯。皆以馬來西亞家鄉的人事物為主幹。縱使鍾怡雯自大學以來已離鄉背井多年（亦已在臺灣成家立業），她在《河宴》中告訴自己也昭告讀者：在馬來西亞的「神州」永遠是她生命「養分」的來源。所以，看來再怎麼「奇怪」的人物，如「靈媒」、「村長」、「井伯」等，在故鄉記憶裡都是「要角」，在她筆下顯得生趣盎然。

鍾怡雯用她精練而精緻的文筆，描摹家鄉的人情景物。寫景如：「路在奔跑，山撤退。山外有山，天光在山巔徘徊」、「山色詳靜，似老人慈顏。風和樹葉嬉戲，白雲懶臥青天」（〈迴音谷〉）。用字極為簡省，譬喻、意象卻極為豐富。這或也與中文系的出身有關，如「此刻眾生在夢中是否一晌貪歡?」、「雨聲如鐘漏，滴破夢膜，一時化為子虛」（〈夜半風聲〉）之句，明顯來自中國古典文學的影響。

讀鍾怡雯的散文，重點不在她提供了什麼精采的故事，而在於她說故事的方式。在散文的經營上，如何引人入勝，如何讓文字令人著迷，鍾怡雯總是有驚喜的表現。

109 河宴

鍾怡雯 著

文學創作
散文・雜文

永遠的反對派 —— 章瘋子傳奇　　李福鐘

19 世紀末、20 世紀初的中國，或許一方面出於時局動盪，另方面也因為西方文化帶來的強烈衝擊，知識文化界百家爭鳴，既有誓死捍衛傳統文化的國故派，也有準備打倒孔家店的全盤西化派；既有鎮日革命口號掛在嘴邊的職業革命家，亦有混水摸魚、據地稱雄的各路軍閥。在各式光怪陸離、頭角崢嶸的豪雄俊傑中，倒是不乏一些特立獨行之士，包括一生不剪辮子、拿政治賄款上八大胡同嫖妓的辜鴻銘；綽號「瘋子」，投河自盡「殉清」的梁巨川等等。

章念馳《滬上春秋》所寫的他的祖父章太炎（炳麟），則是另一位瘋子。章太炎在清末積極鼓吹革命，率先剪辮，力倡排滿；到袁世凱時代，又參加二次革命，帶頭倒袁；國民黨在廣州「聯俄容共」，準備北伐，章太炎卻大罵孫中山，與昔日革命同志決裂；蔣介石北伐成功，開啟中華民國的「黨國」時代，章太炎則批評其為「背叛民國之賊也」，主張聯省自治。章太炎心目中正牌的中華民國總統是黎元洪，國旗是五色旗，而孫中山、袁世凱、徐世昌、段祺瑞、曹錕、蔣介石等人，全被他貶斥為民國罪人。章太炎天生反骨，不管在清國、民國，他一輩子從未稱讚過當權者。說他是徹頭徹尾的反對派，完全恰如其分。

過去臺灣有關章太炎的生平研究並不多，王汎森先生在臺大歷史研究所的碩士論文《章太炎思想之研究 (1868–1919)》曾對章太炎的思想學術作過深入的分析，但對章氏的傳略則僅點到為止。就此而言，章念馳的《滬上春秋》雖然著眼於描寫章太炎於上海三十餘年的生活，卻不失為了解這位民國奇人一生政治立場與思想梗概的入門上選。

只不過讀者在閱讀《滬上春秋》時仍須相當小心，作者章念馳向來被媒體認為是中共前上海市長汪道涵的重要幕僚，在撰寫本書時套用的基本上即為中國共產黨對過去一百年中國歷史的官方解釋架構。如果不留意這一點，那麼很可能會在作者帶豐富感情的筆尖下，對近代中國史產生諸多誤解。簡言之，透過《滬上春秋》確實可以深入淺出地掌握章太炎生平，但未必是了解民國歷史的好選擇。

在亂世裡陶醉自我

宇文正

黃永武在〈紙上的漁樵〉一文裡說:「案頭放了一部《徐霞客遊記》,就足足快樂了一個上午。」案頭放一部《愛廬談心事》,卻足以感傷多時。

感傷,因為這部散文集幾可視為一個時代的縮影,作者自承:「年輕時寫作,總喜表現單打獨鬥的奇思……中年後寫作,總想成為民族時代的代言人……」——上輯中,多篇談到作者剛到臺灣,苦學奮鬥的歷程,他在車禍腿傷時,兼以當時任教小學的校長威權阻撓的情況下,排除萬難咬牙參加大學聯考的過程,意志力委實讓人感佩;下輯多篇寫戰亂裡的逃亡,寫家庭離散、留在大陸的母親、姐妹的悲慘命運,尤其令人鼻酸——那是什麼樣的時代呵!

然而《愛廬談心事》並非只有感傷的懷舊,「讀書亦是度苦厄法」,「在亂世中,就是要靠自己找到一點癡、一點癖,以陶醉自我」,無邊無際的閱讀就是作者的度苦厄法、就是作者找到的一點癡、一點癖,於是我們讀到在苦厄中,作者仍能自我陶醉,也因此他對苦難、傷痛的敘述裡,竟是帶著一種對命運豁達的口吻。

如〈天鼓鳴〉一文寫抗戰期間一家整月吃冬瓜的小事。他母親買了六個冬瓜放在床底下,他每天放學後總探頭到床下數一數,眼看冬瓜快吃完,他興致勃勃去上學,以為終於可以換別的食物吃了,哪知回家一進門,「就望見床下獸獸地排著五個新買的黃綠色的大冬瓜」,作者竟趴在門檻上放聲大哭起來。讀這樣的故事,心酸之外,又有種平和的會心——這是以孩子的眼睛看待苦難,如此單純,如此明澈!這類小故事,書裡處處可見,雖然說的是災難、苦楚,讀來卻充滿文趣,津津有味。

回首來時路

白　靈

112 吹不散的人影

高大鵬　著

文學創作

散文・雜文

　　本書扉頁有一句胡適的話：「山風吹亂了窗紙上的松痕，吹不散我心頭人影。」寫的正是這本書主要的題旨。胡適對中國的影響自然深遠，當年他認為專制獨裁的政治只是歷史上的小波流，世界上每個國家終需得邁向自由和民主的道路上。這樣的高瞻遠矚今日在海峽此岸已經實現。高大鵬書中即以數篇文字交代了胡適成長路途上母親對他的啟發，對中國新文化運動改造的努力等等。透過作者自身對胡適的研究，讀者彷彿親炙了胡適這位大師的風采。其他諸如儒學大師熊公哲、詩人徐志摩、文壇耆宿蘇雪林等，作者從史實出發並以客觀的角度為這些中國文化、文學大師寫下最中肯、詳實的紀錄。比如在「背影小輯」中〈為中國請命〉一文裡作者為錢賓四先生的過世唏噓不已，抱憾其晚年竟然不能在「素書樓」終老而寂寥地死去。

　　「書影小輯」裡是作者的文學短論，分析的對象包括了胡適、林語堂、朱光潛、楊喚、瘂弦、白先勇、王文興、七等生、黃春明等國內知名小說、詩和散文家。由於作者本身具有相當豐富的西方文學的素養，在解析作品時常能舉出可供參照的文本。例如沈從文的《邊城》和海明威的《老人與海》，王文興的《十五篇小說》關乎青少年成長的故事，其實近似西方《少年維特的煩惱》、《初戀》、《湯姆・沙耶》等「教育小說」。

　　「人影小輯」則是紀念這個世界值得我們回憶的人物。例如一代劇作家貝克特、三位為他人付出永遠比自己多的德蕾莎修女、音樂奇才莫札特、導演費里尼等等。「心影小輯」是作者感念在人生路上遇到挫折、困難時指引他走往正確方向的恩師。並懷想成長途上一路走來的點點滴滴。作者說這本書的出版，對他有相當特別的意義。的確，文中東西方近代史偉大人物的歷史事蹟在作者筆下並不枯燥乏味，反而饒富生趣。也希望讀者在閱讀本書時對自己能有所啟發，替人生寫下燦爛的一頁。

曲折的人世，豪門的興衰　　林黛嫚

　　在那個年代，鄉下人一窩蜂往城裡跑，為的是謀生，故事一開頭就說「許多鄉下女孩都在北京給人做女佣，霜降一定能在頂好的人家混上事由，就像他服務的深宅大院」，霜降也確實進了程司令這個草鞋權貴家，或許是由於她長得不醜，甚至美得讓程司令第一眼就對祕書發火，說是「我家不是戲班子，你不用盡挑些臉蛋子往這裡送」，也或許是她有一顆善良而易感的心，讓她以極其複雜、難以定義的關係，介入了這個家庭的生活，同時見識了這個權貴家族的興衰。

　　霜降的美麗與青春像每一個在程家的小保母一樣被程司令巧取豪奪了，她和坐家牢的四星，和一群小女佣口中的童話──單身又有少校軍銜的大江都有一段艱難發展的關係，當這個權貴之家走到盡頭，「看看程家的所有兒媳，你就明白草鞋權貴的日子到頭了，那時她們一個一個飛進程家，現在過足少奶奶癮，又一個一個飛出去了，比寒暑表還精確」，程司令的小兒子大江說的。霜降離開程家大院時，帶著一身創傷，卻留下一個「好女孩的心靈」給程家。

　　閱讀嚴歌苓的小說，尤其是長篇小說，會讓人產生和閱讀曹雪芹的《紅樓夢》、或是費滋傑羅《大亨小傳》一樣的感受，那就是彷彿親見一個王國、一些人在其中生生滅滅，讀者即使知道那是小說，卻無處不有真實得駭人的感覺。嚴歌苓以極具魅力的文字，讓人墮進她的小說世界和裡頭的人物一起經驗一回。她從不多費言辭，總是三語兩語就意象無限，比電影場景還更簡潔、更豐富，如同前述霜降的美，她不形容眉眼如何、唇鼻如何，而是說「霜降曉得自己長得很俏，即使世上沒鏡子，男人們的眼神也會告訴她」，用這樣隱約的句子來說明；再如結局時，走過風風雨雨，眼見樓起樓塌之後，霜降和大江又遇見了，霜降回頭看大江一眼，「眼光很曲折，是真的曲折了」，千言萬語，盡在曲折中，留給讀者無限的想像空間。

文學是理想也是生活

楊　明

張放　著

114
是我們改變了世界

文學創作

散文・雜文

　　俄國作家果戈里認為，畫家身上經常帶著紙筆，隨時看到可以入畫的景物，就先以素描的手法畫下草稿，一個畫家如果整天沒畫一張草稿，那就有不夠用心的嫌疑，作家也一樣，虛度終日，沒有一條值得記錄下來的想法，也是不夠用心。

　　作為一個作家，無疑張放是相當用功的，以蠶作比喻，他拼命吃桑葉，認真的吐蠶絲，閱讀與寫作都帶給他極大的樂趣，本書收錄了四十餘篇作品，幾乎講述的都是文人的故事，有發人深省的事蹟，也有作者經由相交而體會到的智慧，有歷史上的名家，也有同時代的文人，郭沫若、金祖同、陸小曼、齊白石、羊令野、王紹清、魯迅、陳獨秀、張資平、蒲松齡通通出現在他筆下，人物風情，有的趣味、有的雋永、有的深刻，不同的掌故軼事往往帶給作者另一番人生體會。

　　張放說：「作家的主要任務是創作，就如同農夫的主要任務是種出莊稼收成糧食一樣。」五穀雜糧菜蔬水果等農作物是填飽人的肚子，而文學作品則是豐富人的心靈，他一語道出文學路上的重要方向，作家的任務是創作，多少年來，他看著徘徊在官場與商場之間的文友，像陀螺似的在落日餘暉的沙灘上旋轉，不久就要淹沒在夜暮蒼茫中，對於熱愛文學的張放而言，是無奈也是遺憾。

　　於是他引用流行歌曲自問：「是我們改變了世界，還是世界改變了我和你？」基於對文學的熱情與執著，張放寧願相信，文學作品可以為世界開創出更美麗的天空。

愛讓一切有了顏色

楊　明

　　這是一本講述人間種種情懷的散文集，作者將自己比喻為一隻小舟，她出生在洞庭湖畔的吊腳樓裡，婚姻失敗後，隻身來到日本博多灣，第二度的婚姻又將她帶到了美國的哥倫比亞河畔，她認為自己的一生和江、湖、海有著密不可分的關係，就像是一隻小舟，走了遙遠的天涯路，夏小舟說：「載我之水溫柔寬厚，上帝賜給我仁愛的雙親，關懷的姊妹，曲折而終於坦蕩的愛情。」以有情的眼光看人世，這人世也以情以義回報了她。

　　夏小舟的文筆生動，身邊瑣事信手拈來，讀起來有滋有味，她寫日本人的吃、日本人的性格、日本的醫院，寫自己的婚姻，也寫她和她同樣性別的女人，女人看女人往往來得更細膩，焦點準和男人不同，她洋洋灑灑一口氣寫了五種女人，她的筆下沒有大題目，但是卻有著濃濃的生活興味，這就是夏小舟的魅力所在。

　　作者原是桂林人，出生在湖南，成長在北京，第一度婚姻在丈夫前往澳洲後，因為距離生變，接下來的人生裡，夏小舟去過許多地方，堅強的她用理解寬容的眼光看著人性中難免的脆弱與無理，她寫道：「我戴上博士方帽時，曾經寂寞的想哭，父母遠在大陸，前夫已經離異，幼小的孩子全然不知道他的媽媽為了這個沉甸甸的博士帽度過了多少傷心的日日夜夜。博士夫人們笑得好開心哪，那一刻，我真想我有另外一個人生；做一個乖乖的小婦人，在丈夫的博士帽下幸福地微笑。」

　　沒有人有另一個人生，但是如何看待自己的人生，卻是自己可以決定的，波折使人堅強，而堅強的人更懂得以樂觀的態度看世事，當你學會樂觀，離幸福也就更近了。

115　夢裡有隻小小船　夏小舟　著

文學創作　散文‧雜文

我們都是邊緣人

宇文正

116
狂歡與破碎——
邊陲人生與顛覆書寫

林幸謙 著

文學創作
散文‧雜文

　　《狂歡與破碎》是大馬作家林幸謙沉重的追尋，以重重的隱喻，思索「邊陲人」的處境——邊陲的華人、弱勢的生存者（癲癇、智障者）的特殊世界；筆端兼揉詩意的抒情與反覆辯證的論述，熱帶雨林的氣息與故國繁麗的夢，交織出獨特的文字氣息。

　　他在〈魔幻人生〉裡說到，「20 世紀末的散文，將會繼續發展自身的人格，而且會不斷自我超越，進一步走向史學和心理學的曖昧領域。」事實上，林幸謙本人的作品正是朝向這兩大領域展演。

　　輯一以深厚的歷史感臨摹無邊鄉愁裡的故國之夢。他寫著邊陲的黃昏，邊陲的暮夜；注視血紅的黃河之水、盤古氏的傷口；追溯「溯河魚的傳統」；悲悼大馬華人在追求華文教育的哀傷記憶……。他的文化鄉愁，在臺北得到反思與解構，「看破民族主義的虛無」，靈魂終得到釋放。

　　輯二是複雜詭譎的心靈世界。其中多篇寫他弱智的弟弟未經世俗污染的童真世界，以及患有先天性癲癇的小弟顛狂、痙攣的孤絕處境最令人動容，這是另一種邊陲人生。

　　〈癲癇〉一文裡，他模擬罹患癲癇的小弟之口說：「……一口氣有出無進，開始我漫長的、艱鉅的痙攣：黑暗的人生和空洞的宇宙就在我極度擴張的瞳孔裡激烈癲狂……」話鋒一轉，「我就是這樣四肢痙攣，睜眼怒視詭譎癲癇的人間。」究竟顛狂的是小弟？還是這個世界？

　　在〈繁華的圖騰〉裡，他追憶弱智弟弟的童年，「在一座充滿花香的果園裡，沒有學校生活，沒有任何朋友……廣闊的稻田，群山和荒蒼的原始雨林看著你成長，深知你的孤獨……」，而他在孤獨裡的反思：「你內心的庭院深處，拒絕了解生命的真相，因為你本身就是生命的一種真相。」

　　邊陲的異域、邊陲的人生，在思索、追尋中，他說「我發現人類原本就沒有家鄉，鄉園只是一種無可理喻的幻影……」，他從邊陲的人生書寫，而最終訴諸全人類原始的飄泊感。我們，都是邊緣人。

智慧的君王之道

張錫模

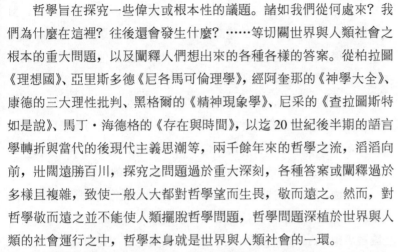

1 1 7 哲學思考漫步

劉述先 著

　　哲學旨在探究一些偉大或根本性的議題。諸如我們從何處來？我們為什麼在這裡？往後還會發生什麼？……等切關世界與人類社會之根本的重大問題，以及闡釋人們想出來的各種各樣的答案。從柏拉圖《理想國》、亞里斯多德《尼各馬可倫理學》，經阿奎那的《神學大全》、康德的三大理性批判、黑格爾的《精神現象學》、尼采的《查拉圖斯特如是說》、馬丁‧海德格的《存在與時間》，以迄20世紀後半期的語言學轉折與當代的後現代主義思潮等，兩千餘年來的哲學之流，滔滔向前，壯闊遠勝百川，探究之問題過於重大深刻，各種答案或闡釋過於多樣且複雜，致使一般人大都對哲學望而生畏，敬而遠之。然而，對哲學敬而遠之並不能使人類擺脫哲學問題，哲學問題深植於世界與人類的社會運行之中，哲學本身就是世界與人類社會的一環。

　　這就要求著專業的哲學家以通俗的筆觸來介紹與闡述哲學。《哲學思考漫步》即是這樣一本著作。本書作者為專業哲學家，既諳中國哲學且深攻《周易》，亦治西方哲學，他在本書中，以淺顯易懂的筆觸，毫不晦澀的敘述，先介紹哲學家的旅行記等極為吸引讀者興味的軼事與見聞，繼而以夾敘夾議的方式，闡述20世紀西方哲學思潮及其相關回應，續而進行反思，並從哲學家的觀點檢討現代知識與社會問題，據此對傳統智慧進行再詮釋的工作，並專文介紹作者專擅的《周易》原理，揉合專業與通論。本書的一貫思路，立基於傳統與現代的對話與反思之上，文字雋永，說理明晰，並以頗為生活化的筆，輕鬆觸探複雜深刻的哲學，雅俗共賞，值得對哲學有興趣的讀者開卷。

社會人文

理性思考感性落筆

楊 明

　　水晶是美國加州柏克萊大學的比較文學博士，旅居美國多年，對於美國的生活文化有深刻的體認，90 年代，因為教職的緣故，在臺灣住了一段時間，也曾到大陸旅行，本書收錄的就是他在美國、臺灣和中國大陸的所見、所聞、所感。

　　在文學的領域中，水晶對曹雪芹和張愛玲可說是情有獨鍾，撰寫過許多相關的評論文章，在雜文的寫作上，水晶涉獵的範疇可就廣泛得多了，從驅逐地鼠到養玫瑰花，從月餅和粽子的滋味到對母親的記憶，生活中的水晶有他細膩的一面，也有他智慧的一面。

　　水晶說：「寫小說是一件小事業、大企圖的工作，所謂小事業，是此事怎麼說也是雕蟲小技，但是經營小說的人，企圖一定要大，最好是胸羅萬象，否則是不足觀的。」這段話其實也可用在寫雜文之上，寫雜文不過是從生活瑣事中看出一番道理，本就可以說裡也可以抒情，相較於寫小說，更是雕蟲小技了，但是雖然只是小技，如果作者胸中有志，以理性思考世事，以感性落筆為文，那麼雜文也有相當程度的可讀性。

　　在本書的序中，水晶感歎在一個缺少觀眾的時代，一個作家要持之以恆的寫下去，是很困難的事，水晶在文學路上的堅持是有目共睹的，不論是創作還是研究，他都奉獻了全部的心力，文學是他人生的理想，也是他生活的興趣。

含英咀華

卓清芬

紅樓鐘聲

119 紅樓鐘聲

王熙元 著

「紅樓」是臺灣師大行政大樓的別名。王熙元教授從師大求學開始，到返校任教期間，二十多年的時間，就在紅樓鐘聲中悠然流逝。這本散文集記錄了王教授的閱歷見聞及所思所感，信手拈來，頗見佳趣。

全書分成五個部分。第一卷「人間情分」，作者寫養鳥觀魚之樂、尋春的領悟、學生的純摯熱情、遙望海峽彼岸的感懷，從日常生活中領略人情的溫暖和自然的哲理。

第二卷「世緣遊蹤」，主要記載到韓國擔任客座教授的遊歷。寫漢城飄飛的柳絮、民俗村的竹籬茅舍、漢江的壯闊，如在眼前。寫翡翠水庫、巴陵山莊、陽明山聽蟬等活動，也充分展現記敘描摹的功力。

第三卷「生活哲思」，從蓮、荷的清雅，聯想到人的純潔心性；從「利」字想到「和諧方能蒙利」的和諧哲學；從有形的「城牆」想到消弭人與人之間無形的「城牆」，充滿了人文的關懷與圓融的哲思。

第四卷「文學美境」寫月亮神話、燈謎之趣、詩詞意境、陶謝異同、田園詩與情詩的滋味，深入淺出地呈現中國文學的精華，令人玩味再三。

第五卷「歲月履痕」，回顧幼時逃難、當兵經驗、求學歷程等，王教授的認真勤奮，使他的學問淵博紮實，可作為年輕學子的借鏡。

王熙元教授悠遊於文學和經學之中，兼具文人的細膩和儒者的襟懷，文字流暢，風格樸實，可以窺見一代學人的真性情。

文學創作

散文‧雜文

寫真情說真理存真心

楊　明

保真著

文學創作
散文‧雜文

　　保真很早便開始寫作，大抵是因為家學淵源的關係吧，他的父親喜樂和母親小民都從事創作，不過保真的身分不僅是作家，念森林系的他，留學美國和瑞典，回國後執教於中興大學，因此對於環保和教育議題他也比別人多一份關心，自然寫作涉及的領域也就更為寬廣了。

　　本書主要是由保真在〈青年日報副刊〉的專欄「靜夜鐘聲」結集而成，兼收錄了同一時期寫作的散文，保真說：「寫作對我而言，過程比結果更重要。寫作的過程，促使我整理、釐清自己零亂分散的思緒和印象；這個過程，滿足了內心潛藏的空虛感。我所寫的，當然是自己在道德、情感與知識上認為『正確』的觀點。」而這些「正確」的觀點，和他的個人特質有極密切的關係，他討論的議題包括時政、歷史、信仰、環保和教育，字裡行間透露著他對家國深厚的情感，以及因著這份情感而產生的種種憂思。

　　〈青年日報副刊〉主編李宜涯，同時也是本書第一位讀者，她說：「保真顯然保有了知識分子的良知，他沒有隨世媚俗，扭曲人格，說一些自己也會汗顏的話。」我們的社會中有太多只顧著說能夠牟利的話的人，卻少有人基於良知說自己的真心話。

　　保真是基督徒，《聖經》中有這樣一段話：「我若展開清晨的翅膀，飛到海極居住，就是在那裡，你的左手必引導我，你的右手必扶持我。」面對社會上種種亂象，國家前途曖昧，人類方向未明，引導與扶持是許多人所盼望的，不論是道德、情感或知識上的，人們心中都有大大小小的空洞需要撫平，閱讀一本好書，或者也是在物慾淹流的滾滾亂世中，撫平心靈空虛的一個好方法吧。

文化人的冷眼旁觀

李福鐘

1
2
1
儒林新誌

周質平　著

　　清人吳敬梓寫《儒林外史》，以文化人的嘻笑怒罵回敬文化人。周質平教授寫《儒林新誌》，以新大陸的華裔文化人，月旦消遣美、中、臺三地的文化人。幅員範圍擴大了不少，對象也增添了許多，幸好周教授溫文敦厚，下筆留情，辛辣挖苦的氣息收斂得幾乎嗅聞不出，倒是自嘲解諷的趣味隨手可擷。周教授這本冷眼觀眾生的小品文集，繼承了明清文人賞玩談藝的本事，加上些許民國以來知識分子立言褒貶的使命感，議物論事，不僅不流於耍弄嘴皮、口水八卦，而且文筆練達、言之成理，確實稱得上是一本長見聞、養性情的好書。

　　不過既然周教授將書名喚作「儒林新誌」，自然有遙奉吳敬梓之意，也因此這本小冊子縱使不尖酸潑辣，倒也有其苦心孤詣、正風警世的用心。甚至於某些段落，周教授以其生花妙筆寫來，除了廓正視聽，還兼具幽默詼諧的趣味。這一點，忠實繼承了《儒林外史》嘻笑怒罵的傳統。例如周教授寫到某些還沒留洋之前看不起老祖宗文化的中國人，「一到太平洋彼岸，發現自己的那點洋文，還不如人家的五尺童子，要想靠英美文史混碗飯吃，那得轉世為人。形勢比人強，趁早轉入東亞系，見到了祖宗的方塊字，如見故人。……」文字容或淺白誠懇得叫人難堪，可是讀來卻沒有惡意。這是周質平教授的高明處。很難想像這段文字要是叫魯迅來寫，會成了什麼德性。

　　像這種文化人的自我解嘲，同時看盡人生百態的冷涼，民國以來表現得最淋漓盡致的，或許是錢鍾書的《圍城》。而《圍城》之後，能夠叫人拍案叫絕的筆鋒，已久不復見。周教授《儒林新誌》一書，多少可以彌補這一缺憾。

文學創作

散文・雜文

當青春不再

楊　明

在傷痕文學的年代裡，白樺以小說《苦戀》受到矚目，他的小說一向有濃厚的寫實性。隨後，中國大陸經濟政策開放，出現許多淘金客，自然也成為擅長描寫社會現狀並從中提出反思的作家們筆下的主人翁，於是在 20 世紀末，隨著中國大陸社會現狀快速且大幅度的轉變，文壇也有許多描寫經濟成長下各式人物載浮載沉的作品，白樺的《流水無歸程》就是這樣一部小說。

在二十餘萬字的長篇小說中，白樺將主力放在幾個所謂的 MI 身上，由她們交錯向讀者說出自己的身世和故事，什麼是 MI 呢？就是被男人包養的女人，她們集中在中國經濟開放地區前沿，南方濱海的繁華城市，一幢豪華的酒店，每間窗裡都有不同的故事。她們來自中國內地，也許因為家裡窮困，被生活所迫；也許因為別有企圖，暫時以此安身。原因雖然不同，但最後她們全住進了同一家酒店，將自己的青春賣給了不同的男人。

「女人對待自己的命運，應該比男人對待他們暗中的敵人還要小心。」白樺藉著一個一心想得到美國護照的 MI 說出這樣的話，被包養的日子並非高枕無憂，「當財富的華麗包裝一層一層被剝去的時候，我得到的是一顆酒心巧克力。一點點甜，一點點苦，一點點醉……除此之外就什麼都沒有了。」穿插在這些 MI 中的還有兩個男人，一個是在經濟改革中握著雄厚財富的老幹部之後，另一個是滿懷理想的年輕建築師，夢想與實際的矛盾衝突在他們身上體現，對文革的記憶，對開放的體悟，在不同性格、不同背景的人物身上，產生了不同的影響，出現了不同的人生觀，也發展出截然不同的命運。

這是一個笑貧不笑娼的年代，白樺指出，中國出現了一條新的階級路線，一種新的人際關係準則，那就是貧不僅會受人嘲笑，甚至貧字包含了所有恥辱。社會環境改變，價值標準被顛覆，以改革開放後的社會變遷為主題的小說很多，這是一個過渡階段，而作家們一再反思所期望的是，物質生活富了，精神層次可不能反而貧了。

觀看紅塵

衣若芬

筆名「二殘」的劉紹銘教授將他刊載於報端的散文收錄於《偷窺天國》一書中。《偷窺天國》分為甲乙兩輯，甲輯收錄〈偷窺天國〉等雜文二十二篇，誠如作者在本書〈自序〉中所言，甲輯中的篇章「亦莊亦諧」，信手拈來的時事、見聞，經作者的妙思巧筆，將原本登載於報紙副刊，看似遊戲文章的篇什，提煉出文化的深度。乙輯包括〈平心靜氣讀金庸〉等十篇，探討金庸、須蘭、賈平凹、朱天文等人的作品，以平易近人的文字，論述中國現代文學，沒有學術規範的包袱，但處處可見作者的專業與用心。

從「文化觀察」的角度理解劉紹銘教授撰寫《偷窺天國》，不難發現作者的冷眼熱心，不以大學教授的架子點評當世，而是帶著身為紅塵中人的悲憫情懷，有時苦笑；有時自我解嘲。閱讀本書的甲輯，讓人聯想到魯迅，〈我們現在怎樣做老師〉一文，脫胎自魯迅〈我們現在怎樣做父親〉；〈難為孝子〉一文，談論日本人口結構變化，日益長壽的「銀髮族」成為新生代的負擔，聯想到日本窮鄉僻壤棄養老年人的「風俗」（電影《楢山節考》的內容即此），魯迅在《朝花夕拾》中反對「郭巨埋兒」的宣揚孝道故事，與此可為對照。更值得細看的，是化用「等待果陀」，以先驗的「後設雜文」〈等待青蛙〉，對於作家操弄敘事理論，大玩「突破傳統」的「後設」小說，刻意作了「東施效顰」式的嘲諷。

如今，金庸的作品已經被封為「金學」，儼然一方神聖，不可置喙，讀本書〈平心靜氣讀金庸〉一文，可以得到曾經也是「金迷」的作者，持平而言之成理的論述，舉凡金庸的寫作路數、筆法技巧、經營組織，喜愛金庸作品的讀者，都能夠從本文中習得一二破解之道。

偷窺天國

1
2
3
偷窺天國

劉紹銘 著

文學創作
散文·雜文

終究是人性

郭強生

1
2
4
倒淌河

嚴歌苓 著

文學創作

小說

　　收錄作者短篇小說十篇，中篇小說一篇的這本小說集，或許在分量上不及作者其他得獎結集之作品。但也不乏珠玉，包括已被改編成電影，在金馬獎中奪得大獎的〈天浴〉原作，以及半自傳式的速寫小品〈我的美國同學與老師〉、〈書荒〉等。

　　大致而論，有三個主題一直是嚴歌苓作品中常見的基調，在本書中亦各有發揮，一是華人移民在美國面臨的困境，一是中國百姓在政治風潮擺盪中的無奈與荒謬，另有則是作者鄉愁式的詠歎，特別是四川雲貴邊界的孤絕與人性中最後的尊嚴彼此衝擊，在嚴歌苓的作品中是以另一種精神原鄉的面貌出現。

　　在本書中除〈天浴〉外，還有〈士兵與狗〉、〈倒淌河〉兩篇，雖暗批共產體制下青年人的徬徨無所依，但作者更高的藝術表現則在暗喻了人性與獸性的並存，看似散文式的舒緩，卻時有爆炸性的意象撼人肺腑。〈倒淌河〉雖說的是漢族男子與藏族少女的一段愛情悲劇，但是遊牧民族的生活與風土、方言的活力與歌謠的原始，在嚴歌苓筆下如用色大膽的印象派繪畫，似乎更是她底層創作力之泉湧所在，使得她在近幾年的華文小說文壇大放異彩，其文筆之鮮活老辣應是源自那不可磨滅的野地原鄉。

　　另外如〈大歌星〉、〈茉莉的最後一日〉、〈領袖扮演者〉諸篇，作者亦嘗試了如歐亨利短篇小說的結局逆轉與反諷效果，雖不如上述他作的餘意低迴，卻也流暢輕快，最可見作者對短篇小說形式的掌握能力。

替你找出美好的事物

謝鵬雄

陳其茂 著

「為了解決你之煩惱，請在此坐片刻吧。」這句讓人很溫馨的話，刻在蘇格蘭愛丁堡王子街公園裡的木製靠背椅的椅背上。字是由認捐椅子的人刻的。發現這行字的人就是本書《尋覓畫家步履》的作者陳其茂先生。

這些椅子，不知有多少人坐過，其中不知只有多少人注意到椅背有字，然後不知只有多少人覺得這行字值得寫出來，收入書內，讓更多的人看到？

藝術家，莫非就是能把美好的事物引出來，有心把美好的事物呈現給人看的人。

作者是傑出的版畫家，帶著藝術家的心入羅馬，和旅店老闆交朋友，到巴黎，黃昏漫遊於塞納河畔，赴英倫、走蘇格蘭、漫步愛丁堡王子大道，訪美國……，所到之處，與當地人聊天、吃飯、參觀、觀察許多美術館，為讀者寫出美術館有什麼好，梵谷好在哪裡，「藝術之都」為什麼是巴黎，而不是紐約。

這些地方，當然你也可能去過。但你若去過，看看這本書，也許發覺有太多去了卻沒有發現或想到的事物，有助於你下次去的時候，可以用心看。當然，你也許不會再去這些地方了。讓一位藝術家去替我們看，讓我們透過他的眼光去認識城市、古堡、河流、畫、乃至墳墓，不是更有收穫嗎？

作者帶著妻子一起旅行，在不經意地提到「貞婉」這名字時，讓我們感覺到這對夫婦間的感覺、意境，彷彿《浮生六記》中的沈三白與芸娘。

穿梭於遠近古今

李福鐘

　　筆者 1984 年間曾受教於杜正勝先生，對於杜先生能夠以當代的語言詮釋兩千五百年前的社會和政治狀況，深受震撼。尤其杜先生擅長以博雅的考證工夫，將遠古時候人的思考方式和物質條件作邏輯清楚的再現，更是令人折服。在他旁徵博引的說明下，先秦人物活靈活地再生於眼前，若非對於古典史料的掌握度達到滾瓜爛熟的地步，絕不可能信手拈來字字皆有所本，穿梭於遠近古今無入而不自得。

　　杜先生收在《古典與現實之間》一書中的多篇文章，便充分具備了當年在課堂上迷惑住大多數學生的這一特質。杜先生不僅講課充滿魅力，上下兩千年縱論無礙，其文字亦一如懸河，往往能夠讓讀者目瞪口呆，讚歎於典故引用之出神入化。這從本書第二部分「古典的情懷」所收的諸篇文章便可看出。杜先生在這裡不論是討論孔子的身材氣力、春秋時代的戰爭，抑或是兩千五百年前的禍水紅顏，無不絲絲入扣，足以將古人一一講活。雖然杜先生的這幾篇文章並非嚴格的學術作品，不過無疑充分展現了作者強而有力的學術研究能力；也幸好這些作品並非以學術規格所撰寫，使得讀者不致困擾於層層疊疊的註腳引證，更能直接感受文字中主人翁的人格魅力。

　　除了古人，作者也寫今人今事。書名所以叫做「古典與現實之間」，或許即寓意於此。杜先生寫他對中國古代史的研究心得，寫鑽研歷史學數十餘年的心得，寫他的師長前輩，也寫身為一個歷史學者的點點滴滴。這些，都可視為身為臺灣史學界知名學者、中央研究院士，以及後來成為教育部長的杜先生，對後生晚輩們的諄諄教誨。即使不是歷史學的學子，從這些文字當中，當亦能體會一名知識人誠懇的心路歷程。

歷史過渡期的老實話

楊　明

　　彭歌在本書的自序中說：「該講的話，總應該有人講出來。」該講的是些什麼話呢？是面對當前歷史轉型期的重要時刻，說出來可能令某些人不高興的老實話。

　　彭歌是〈聯合副刊〉「三三草」專欄的作者，本書便是結集「三三草」數十篇專欄而成，全書共分三輯，第一輯是重訪中國大陸的印象，第二輯是對臺灣的觀察，第三輯則是旅美見聞。這些年，臺灣、中國大陸、美國三地正好是臺灣讀者最熟悉，可能也最常去的地區，即便自身不常去美國和中國大陸者，身邊也總有親戚朋友剛從該處回來，或正要前往該地，彭歌以其豐富的人生閱歷和老成的智慧，結合精闢的文字，反應出這三地在民國 80 年代的變化，並且有深刻的反省。

　　讀《釣魚臺畔過客》，作者對國家社會的憂心躍然紙上，他認為臺灣政壇紛爭不已，「歸根結底，都是文化程度之不足。尤其領導階層的人物，平日雖望之儼然，但越是到了大關節之處，越是會出人意外地把不住舵。」文化不足，自然肚量不足，眼光短淺，為一己私利，棄眾生於不顧。這不是一本討論政治社會的書，而是一本談論文化的書，社會上許多讓人疑惑，甚至讓人失望的現象，其實都是因為文化不足，偏偏文化不像流行時尚，無法速成，深厚的內涵是靠長久的尊重與累積，才能養成，作者融合深厚的感情，以及多年新聞工作養成的獨到眼光，寫成耐人尋味的《釣魚臺畔過客》，讀來發人深省。

127 釣魚臺畔過客

彭歌 著

文學創作

散文・雜文

【古典到現代】

博觀約取

卓清芬

　　張健教授的《古典到現代》是他多年來從事文學批評研究的部分成果。從古典跨越到現代，包括陶淵明、李白、杜甫、唐宋八大家、孟郊、許渾的詩文介紹及析論，朱自清、徐志摩、思果的散文評析、張愛玲、白先勇的小說特色，郭沫若、羅門、蓉子的詩藝分析等等，還有若干文學批評專書的序文，涵蓋了詩、小說、散文、文學評論等各種文類範疇，可謂兼容並蓄。

　　張教授經常以分點論述的方式呈現他的觀點，頗能以簡馭繁。譬如將李白詩的內容分為抒情、言志、敘事等十類，風格分為婉約、豪放、平淡等九類，具有獨創性高、才氣閎大等十項優點，以及不夠含蓄、不合法度等八項缺失，有助於初學者迅速了解作者的特色。

　　本書有從大處著眼的，譬如〈宋詩概論及賞析〉一文就以十點析論宋詩與唐詩的差異；〈禪與文學〉中以三十點歸納「禪」的定義；在〈什麼是中篇小說?〉一文中以十三點談中篇小說的特色。有從小處著手的，例如從象徵富貴的薔薇，看出孟郊內心有一股生命的熱焰；從西溪蘆葦的變化，看出徐志摩對美好事物凋零的歎息。

　　除了分析優點，作者也直指缺失。例如朱自清的〈匆匆〉:「去的儘管去了，來的儘管來著，去來的中間，又怎樣地匆匆呢?」，這「去來的中間」究竟是指什麼呢? 難道是「日子」以外的什麼東西? 又如郭沫若政治意味十足的詩:「黨是不落的紅太陽」，評為「真是倒胃口」、「除了押韻及少數佳句，已瀕於藝術破產的境地」，頗能切中肯綮，直指要害。

　　《文心雕龍》提到:「操千曲而後曉聲，觀千劍而後識器」，博觀之後才具備品鑑的能力。從事文學批評，博觀約取的功夫不可少，從本書可以得到這方面的啟發。

128古典到現代

張健 著

文學評論

冷靜旁觀靈魂的傷痕

林黛嫚

　　虹影以長篇小說見長，早期的《饑餓的女兒》、《K》，新近的《上海王》都是譯成多國文字的暢銷作品，這本收錄十篇短篇小說的結集，卻讓我們看到另一個才氣與功力兼美的虹影。

　　在中國 60 年代出生的小說家中，虹影的小說題材寬、場面大，人物的調度、時空的騰挪，都朝大處走，事實上要論生活經驗，虹影比許多作家豐富，但她至今拒絕寫「體驗」，只有在《饑餓的女兒》中有她部分成長生活的寫照，此外的作品，連她的丈夫、評論學者趙毅衡都說「通過作品認識不了虹影」，在本書中，不同的題材，不同的筆法，更可見出虹影的寬闊與大氣。

　　得中央日報文學獎的〈六指〉寫文字獄整肅批鬥的悲劇，往事與現實交錯，駢生一指的六指以幽靈之姿一再出現，迫使女主角不斷藉著創造小說情節重回現場，前輩小說家朱西甯給此文極高的評價，說是「作者冷冷靜靜不動聲色的描述，無激情、無虛誇、無渲染，舊恨陳冤可以溫馨有情視之，情感的掌握和處理俱稱上乘」；另一篇得聯合報小說獎的〈飛翔〉同樣說的是文革傷痕，這次時空轉換到了文革三十年後的異邦法國，文中技巧地運用可以俯視新舊凱旋門的場景，和飛翔的意象結合，點出「中國人是善於遺忘的，善於飛翔的」，如同作者在小說結束時，讓敘述者感覺自己飛起來，飛到溫暖的高度，以飛翔的姿勢逃離痛苦的回憶，全文情感內斂，卻有深沉的痛楚緩緩逸出，比較文學學者劉紀蕙說這篇〈飛翔〉「筆調成熟，文字老練，是一篇難得的佳作」；另一篇，〈近年余虹研究〉乍看篇名以為是一篇論文，實際仍是小說，以史料與小說交錯的筆法，創造出一個有待證實的故事，到底余虹是真有其人，或是女編輯陳雯人的筆名，這都不重要了，那是研究余虹的學者的事，不是小說家虹影的工作。

　　虹影說：「寫小說好像進入一個不醒的記憶，作家是唯一保持清醒的人，把自己塑造的一切殘忍留下」，閱讀本書，正是閱讀虹影留下的一切殘忍。

塔裡塔外

卓清芬

人文之旅

130人文之旅

葉海煙 著

社會人文

許多人常把學術界的人比喻為「關在象牙塔內」,意味著封閉而不諳世事。但也有些學者,既有做學問的熱誠,也有淑世的襟懷;他們不肯安於學術殿堂之內,對社會公理、人文價值、文化意識具有高度的使命感,因此執筆為文,抒發知識分子的社會理想。雖然「在今天這個權力當道的年代,搖筆桿竟彷彿是與星光、螢火為伍的浪漫閒差。其實,誰又能死心?如果理想永不墜落的話。」這是葉教授《人文之旅》自序裡的一段話,恰可見到知識分子知其不可而為之的堅持與義無反顧的精神。

念哲學的葉教授經常進行三層思考:主體思考、價值思考、人文思考。將一己的反思分為《人文之旅》中的自我觀賞、社會觀察、文化觀摩三個部分,以自我為核心,向生活、文化與社會等層面延伸,思索它們的意義與價值。

第一部分「自我觀賞」,葉教授說:「自我是一種認知、一種意識,更是一種肯定、一種承諾」。以無為的寂靜解放心靈的煩擾,以獨立的思考促進人格的成長。生命的自由原在無拘無束、無所不包,相互尊重欣賞,才能創造並展現生命的格局。

第二部分「社會觀察」,對教育問題提出根本的思考,認為應建立崇高深厚的思想,解除僵化一元的限制。在社會問題方面,認為應從道德重建做起,培養同理心,實踐愛的倫理,為成就「社會共同體」而努力。

第三部分「文化觀摩」,認為臺灣文化與中國文化同是我們安身立命的資源,應去蕪存菁、吸收轉化。並期待學者及文化工作者提出針砭,矯正偏差的觀念,救贖陷溺的心靈,賦予傳統新的時代意義,庶可找出新的目標與方向。

培養獨立思考的能力,能夠判斷抉擇,不盲從,整體水準才能提升。《人文之旅》是一個知識分子對當前社會文化提出的反省,值得有心人深思。

童年往事，躍然紙上

宇文正

131 生肖與童年

小民 著／喜樂 圖

文學創作 散文・雜文

　　這是一本「好看」的書，強調「好看」，因為它不只是散文集，並且圖文輝映，以小民阿姨的說法，就是「配畫兒的小書」，因為她有個會畫畫的先生，為她配圖。

　　我中學時代就讀小民的散文，多少年了，她仍然沒有放下筆來，仍然勤於筆耕。她並且仍然持續地閱讀，有時在報上讀到我的文章還剪下給我寄來呢！認識了純樸溫厚的小民阿姨，再讀她的作品，更能咀嚼她文字裡的「京味兒」，和字裡行間的溫暖親切。

　　《生肖與童年》從小老鼠到豬，三十五篇關於生肖的文章，生動的文字帶出關於這十二種動物中西方的傳說、歷史、掌故、神話、成語、歇後語……甚至今日的電影。例如〈老鼠嫁女兒〉裡提到日本的神話、黑澤明的電影；〈迎虎年〉從命理上為屬虎的女孩平反；〈小龍迎春〉更為向來被賦予邪惡象徵的蛇說公道話；〈兔子不吃窩邊草〉提到中秋節家家要拜「兔兒爺」（大概因為月亮上有玉兔），疑惑為什麼有兔兒爺沒有兔兒奶奶呢？還有中國人到底為什麼要將男妓稱為兔子呢？很為可愛的小白兔不平。〈狗市〉寫北京城內著名的「狗市」，甚至還有「豬市大街」；〈豬年大吉諸事順利〉從「三隻小豬」的故事講到《西遊記》……，而從對各種動物的敘述中，更帶出了小民寫作一個永恆的泉源——童年，那北京城裡的美好記憶：母親帶她遊北海、逛故宮，兩座九龍壁上的「龍姿」；賣羊肉的「羊肉床子」；安東市場裡用「蟬蛻」做的小猴兒、吹糖人做的「猴兒拉稀」……，民俗、飲食、生活，作者的童年往事，躍然紙上。

　　同樣也「躍然紙上」的，是喜樂先生一幅幅細膩生動的工筆畫！

靜止的漣漪

衣若芬

林文月 著

文學創作
散文‧雜文

這絕非是一本旅遊指南，明眼人一看就知道。

但是直到今日，還有讀者捧著這本 1971 年初版的《京都一年》遊歷京都；或是在出發之前，帶著預習功課的心情閱讀《京都一年》。不是因為書名有「京都」兩個字，或者作者林文月教授在文壇的地位，而是坊間汗牛充棟的各種實用的導遊書籍，都不如《京都一年》充滿濃郁的京都風味，

這是生活在京都，體會過京都的人，才寫得出的經典之作。作者在記錄或追憶個人在京都的十個半月的見聞與生活點滴時，是以經營散文的態度謹慎從之，不至於流於走馬觀花式的雜記或閒談。儘管全書並非通盤設計過，各篇之間的連貫性也不一，然而，看似隨手拈來的文章，仍處處透露著認真與誠懇，抱持著撰寫學術論文一般的嚴謹心情，審慎落筆。於是，我們讀到散文中清晰的理路，以及要言不煩的註解。尤其是註解部分，林文月教授後來也曾經提到為自己的文字作註解之特殊情況，調侃自己太過嚴肅，換一個角度來看，《京都一年》中的註解正呈現了臺灣之「變」與京都之「不變」。

現代的臺灣讀者，不必再參看註解，得知什麼是「壽司」、「抹茶」、「味噌汁」，這些食品早已普及，流通於普羅大眾經常光顧的便利商店。春日的櫻花、夏季的祇園祭，也都在旅客遊覽京都的行程之中。千年古都的面貌容或稍有增改，屬於京都的風情卻綿延未已，喜愛林文月教授作品的讀者，漫步在京都的衢巷，回味《京都一年》書中的景物與人事，彷彿靜止的時間之河，興起了圈圈漣漪。

論文的理性與散文的感性

黃雅歆

133
山水與古典
林文月　著

　　提到六朝古典詩歌的研究，就不能不提到林文月教授，提到林文月教授，也就不能不提到她的散文創作。如果想看看林文月教授兼具學術之筆與散文之筆的展現，《山水與古典》是不能錯過的。

　　正如她在序言所說，本書十三篇論文「寫作態度雖然是認真嚴肅的，筆調卻都輕鬆無比」，在選擇文章時她甚至刻意將發表在《臺大文史哲學報》的論文剔除，原因是怕太過「枯燥」。由此可見作者欲出版一本「平易近人的論文」之心思。

　　本書內容有三：一是以六朝詩歌為主的，包括游仙、田園、山水、宮體等主題；二是以討論文人為主要對象的，如郭璞，以及她的外祖父連雅堂先生；三為論詩與文的關係，兼及中日文學的比較問題。

　　寫六朝詩歌，不論游仙、田園、山水、宮體，題目本身就充滿了生活美學的意象，拉近了古代與現代的距離。論述文人，不論古人或今人，皆鮮活有情。譬如她寫郭璞行為輕率好色，被朋友撞見後大呼：「這下糟糕了，不單是我倒了霉，連你自己也難逃禍患嘍。」口語化的寫法，十分傳神。寫連雅堂先生時，兼具學者與外孫女之孺慕之情，有連先生的傳略，也有外祖父之愛的回憶，十分動人。至於中日文學比較的部分，以及最後附錄的《源氏物語》首帖〈桐壺〉的譯作，更是林文月教授學術與創作生涯的一個轉折，因為去京都大學擔任研究學者的那一年，開啟了林教授的「散文作家」身分，也從《源氏物語》為起點，開始了一系列日本文學名著的譯著。

　　閱讀《山水與古典》，可以用讀論文的心情、讀散文的心情，也能讀出一名學者對於她的研究與生活，以及人情的溫暖體會。

古典文學評賞

生命旅程的意象　　　張春榮

134
冬天黃昏的風笛

呂大明　著

文學創作
散文‧雜文

　　將生命當成旅程，讓空間的飄泊感帶出時間的滄桑，讓繽紛的意象與意義重大的聲音結合，便成《冬天黃昏的風笛》的基調。

　　全書以英美文學為經，中國古典詞賦為緯，東西相遇，今古交會，激盪出作者錦繡文心；引導讀者擴大視野，召喚出相遇的哲思，映射出交會時的曖曖光輝。於是，中西神話、寓言、童話、小說、詩歌的文學媒介貫串全書；處處浮現書卷中的人文氣息與作者穿針引線的興會解讀，游走於學者散文的邊緣，引發開卷者的神往與共鳴。

　　然而不管是「一意多象」、「意內象外」，所有富麗紛呈、聯類無窮的意象，終將由感性收歸於知性，展現生命歷練的悟性。而全書的悟性之光，猶如冬天的壁爐、黃昏的燈火，在在散發著金黃的色澤，湧動著樂觀的信念。於是，歲月的磨石，磨碎身軀形骸，磨不去思念的情意；人生的風雨，吹得滿目瘡痍，吹不去風雨過後的陽光。世間的苦難，終成人類精神的試金石；變換的場景，適成美感經驗的催化劑。因此，不管異鄉飄泊或故國神遊，全書在感傷之餘，每每逸出新的憧憬；當命運關上大門時，永不放棄尋找新的出口。

　　從英格蘭高原至泰晤士河；從老夫老婦的相濡以沫至走在黃金階梯的少女；書中令人動容的金句，如：「建造幸福這座高塔，憑靠四種力量，就是智力、勞力、體力、毅力」、「生活就如嚼硬堅果，如不將它消化，就要被它噎死」，用語極淺，立意極明；正是在形象生動的意象中，綻放發人深省的悟性之光。

追求快樂安心的人生

楊　明

好的散文，要文字優美，要意涵深刻，要對人生有啟發，讓讀者讀完之後，有如喝了一杯好茶，清淡中猶有餘味。

戚宜君以其豐富的人生經驗，流暢優美的文筆，告訴讀者如何追求快樂的人生，戚宜君說：「就客觀而言，人生有追求快樂的權利；就主觀來說，人人都有使生活過得快樂的義務。」但是快樂究竟是什麼呢？身體健康、沒有煩心的事、過心安理得的日子，這樣就能獲得快樂嗎？

作者在書中寫道：「物質條件的充裕及滿足是為了『維生』的需要，精神層面的滋潤與怡情，則是為了『養生』的調適。」此一養生的需要，和對快樂的追求有密切的關係，而文學則在此扮演了重要的角色，文學的薰陶可以豐富心靈，可以修養性情，讓人懂得如何安然度過貧困，也讓人能夠泰然處於富貴，因為真正有智慧的人，不會為外物所影響。

本書中，作者不但談論詩文對日常生活的重要，講述從自然界中得到的啟發和領悟，並且博引人生的種種境況談心情的超脫，哲學家叔本華說：「人生的前半段是在辛勤的讀一本深奧的書，其後的時光是替這本書加上註釋。」戚宜君便是以其豐富的閱歷註釋人生，精闢的抒發所思所得與讀者反省。

個人是否快樂？固然有天命的影響，但是後天的修養卻有著加分和減分的作用，猶如俗話說：人為善，福雖未至禍已遠離；人為惡，禍雖未至福已遠離。善惡之說，是宗教信仰最簡單的教條，真實的人生在善惡之外，還需要更多智慧，懂得自愛、自重、自尊和自勉的人，人生自然能漸入佳境，而自大、自驕、自恣又自以為是的人，則難免招來禍害。

這是一本分享人生智慧的散文集，與讀者一起創造快樂心安的人生，一起泰然面對人生中的起起與落落。

135
心靈的花朵
戚宜君　著

文學創作
散文・雜文

溫暖的陽光

宇文正

「我開始嚮往太平歲月。這裡面有真正的愛情。」韓秀寫於序中的這兩句話，大抵可視為《親戚》這本小說集的基調。

集子裡六篇小說，〈陽光〉對西方社會婦權意識抬升的過程中產生的問題提出反省，父女之愛被刻意蒙上不潔的面紗，甚至造成父女生離，在女孩心中留下難癒的創痛，最後她選擇追跡父親生前行醫的小鎮，與愛情的可能擦身而過，令人低迴。這也是其中唯一一篇純粹以西方人物、文化為背景的作品。

作為書名的〈親戚〉，以書信方式探討一位臺灣女子在異國婚姻中的心理衝突；〈鴿子〉、〈戀歌〉是調性清新愛的小品，莫怪有人閱讀此書，問作者「是不是愛上什麼人了?」〈那一晚，風狂雨驟〉、〈平安夜〉的時空場景穿梭於臺灣、美國、大陸三地，最見韓秀小說的特質，戈壁灘上的傷痕記憶、六四之後的回歸尋訪，在在對比出臺、美兩地的平安歲月。而六篇情節、衝突各異的作品，結局總不放棄對真摯愛情、親情、友情的追求，作為書名的〈親戚〉這一篇，女主角擺脫所有人（應該說是所有親戚）的眼光，選擇陪伴罹患愛滋的男孩度過生命最後的時光，尤其令人動容。

這是一本好看的小說，把作者序、跋加上後記對比著看，更可清楚讀出作者寫作當時的心理脈絡。在完成此書之後，她即將啟程到希臘展開生命的另一旅程，她說到了希臘之後，「我要奔進後園，摘一把鮮花，裝進一個玻璃瓶子，嚴嚴地封上口，放進愛琴海，很快地，漂向臺灣……」於是，她真的寫出了下一本書，《風景》。四海為家的韓秀，每一本書，是一隻玻璃瓶子，旋開來，散放那一獨特時空的氣味，在《親戚》裡，我們嗅到了南臺灣高雄親切、溫暖的陽光。

探索古典之美

辜振豐

葉嘉瑩教授是研究詞曲的佼佼者,早年任教於臺灣大學,作育無數英才,後來轉往加拿大不列顛維多利亞大學執教。退休後受聘於清華、北大等名校,主講清詞。最後她的講課成果終於付印成書,對愛好古典文學的讀者真是一大福音。從書中內容可以了解葉教授口才流利,邏輯清楚,不管是聽課或閱讀,必定受益良多。首先開宗明義便點出清詞的復興,接著更就十位清詞大家的作品特色一一介紹,如李雯、吳偉業、況周頤都是她詮釋的對象。

在她看來,詞要寫得曲折深隱才是美,而曲子則要寫得淺白才是美。詞要有言外之意,而曲則是說到哪裡就是哪裡,不需要有言外之意的聯想。如關漢卿的曲子,就是讓人一說一唱,當下就覺得很好。它並非讓你去想它有何言外的意思。一唸就很痛快,曲子的好處就是明白流暢,能讓人感到痛快淋漓就是好作品。因為元、明兩朝的曲子流行,所以有些文人就用寫曲的辦法來寫詞,但如此一來也就失去詞特有的曲折深隱和言外之意。到了清朝,詞恢復了這種美學標準,所以清朝開啟了詞的復興,因為它找到了詞的美學特色。

她在解釋清詞,也引用了當代西方文學理論,證明作者頗能和時代的學術潮流有良性的互動。而她還詳細說明創作詞所應具備的學問和功力。當學生問及作詞應具備的條件,她指出至少要先背幾百首詞,還要博學多識,以及豐富的語彙。像古代的詞曲大家將經、史、子、集都讀得滾瓜爛熟。顯然葉教授講起創作和學問一點也不馬虎。本書是作者的演講稿,經過她的得意弟子姚其芳整理成書。師徒的互動過程也是一段佳話,姚女士在清大聽課,後來又移民到加拿大跟她成為鄰居,最後又到香港新亞書院研究古典文學,並請葉教授當指導老師。看來本書能夠完成並且上市,姚女士功不可沒。

137 清詞選講

葉嘉瑩 著

古典文學評賞

詞史與美文

衣若芬

138 迦陵談詞

葉嘉瑩 著

古典文學評賞

　　縱觀目前海內外的漢學學者，對於中國古典詩詞之熱稔，學養之深厚，幾乎無人可與葉嘉瑩教授並駕齊驅。葉教授不僅能以「中學為體」，體大識精，更能以「西學為用」，博覽西方文學理論著作，參酌徵引，形成獨特的學術研究風格，影響了不少後輩學者。

　　對於葉嘉瑩教授的學思歷程有興趣一探究竟的讀者，可以從葉教授豐富而嚴謹的論著、演講集中逐步求索，《迦陵談詞》便是葉教授早期的著作之一。

　　《迦陵談詞》初版於 1970 年，為葉教授在臺灣時所出版的第四本書，也是第一本談詞的書，對於建立葉教授詞學研究之典範地位，具有重要的意義。

　　本書共收六篇專論，寫作年代最早的一篇，是 1957 年的〈說靜安詞「浣溪沙」一首〉，其中「偶開天眼覷紅塵，可憐身是眼中人」，道盡王國維之孤絕與沉鬱。其次為 1958 年的〈溫庭筠詞概說〉，討論溫庭筠詞之有無寄託、分析溫詞之特色。〈大晏詞的欣賞〉，封北宋晏殊為「理性之詩人」，論述其作品之理性與情感。〈談詩歌的欣賞與「人間詞話」的三種境界〉，從王國維《人間詞話》所說的「古之成大事業大學問者」必經過的三種境界立論，這三種境界分別摘取晏殊、柳永，以及辛棄疾之詞句而來——「昨夜西風凋碧樹，獨上高樓，望盡天涯路」、「衣帶漸寬終不悔，為伊消得人憔悴」、「眾裡尋他千百度，驀然回首，那人卻在燈火闌珊處」。

　　〈拆碎七寶樓臺——談夢窗詞之現代觀〉一文，以南宋張炎《詞源》所說：「夢窗詞如七寶樓臺，眩人眼目，拆碎下來，不成片段」為發端，探討吳文英詞的評價問題。〈從「人間詞話」看溫韋馮李四家詞的風格〉，則是繼王國維之後，闡析溫庭筠、韋莊、馮延巳、李後主四家詞之力作，本文兼論晚唐五代時期詞在意境方面的拓展，有如具體而微的早期詞史。

中國式的魔幻寫實

宇文正

鄭義說，「我極怕魔幻」，它前有馬奎斯、波赫士等一大串響亮的名字，何況一個作家「一旦被歸入主義，總是一椿令人尷尬的事」。他的《神樹》看來是魔幻的，山裡一株從不開花的大樹忽然開花，被殘殺的亡靈紛紛從荒墳爬出，在村中遊走；神蹟引來了膜拜，也引來了殺伐，只留下「一個傳說」，「一個夢和一片永不受孕的洪荒」……，然而《神樹》的魔幻並非承襲拉丁美洲的浪漫風格，而是中國式的魔幻寫實，傳承的是六朝以來志怪小說乃至唐傳奇的傳統，甚至也像唐傳奇一般地兼攝了佛教文化的影響與助力。

與鄭義之前的作品如《老井》相較，《神樹》的文字風格無疑也像傳奇一般地較傾向於華美綺麗，儘管他的華麗是黑色的、殘酷的，「靜夜時分，山岩凍裂崩塌如萬千潰軍棄甲丟盔哀聲動地。大山再不是披雲裹霧的綽約村姑，枯骨嶙峋起伏有致，儼若未死而僵的老婦，在墨色的朔風中披髮長號，哭訴著往昔的繁華和死不瞑目的怨忿。」整片墨色的朔風，吹拂、籠罩終至毀滅這一個典型的中國農村。

它也像唐傳奇，在豐富的想像，如明代胡應麟所說「作意好奇」之外，「未必盡幻設語」，因為是「假小說以寄筆端」，而鄭義所寄者，是殘酷時代裡，整個中國農村的命運，極大的企圖，成就史詩般的長篇。

鄭義在小說的〈後記〉裡引述了後現代主義理論家詹明信所點出「第三世界文學都是民族寓言」的說法，他說「就算是這樣——問題是——你能逃脫嗎?」事實上鄭義完全無需逃脫，民族寓言自有磅礴的山川骨血，《神樹》是中國式的魔幻，卻又超越了魔幻，是寓言，也是預言。

思鄉下的童年光采

黃雅歆

光看《琦君說童年》的書名就令人充滿期待了，因為琦君是最會「說童年」的。除了家人之外，她長工能寫、老師能寫、童年玩伴能寫，隔壁鄉居也能寫，這彷彿永遠說不完的童年故事甚至令人懷疑：到底是童年的豐富造就了琦君，還是琦君創作出了童年的精采？

琦君有個「幸福」的童年應該毋庸置疑，但童年故事會如此吸引人，除了琦君創作的文采之外，應該還根植於她「在臺灣安定生活三十年，而此心無時不魂牽夢縈於故鄉與童年」的緣故，思鄉情切使童年時光分外閃亮，下筆更為動人。譬如〈坑姑娘〉，寫家鄉小朋友都有自製的小娃娃，就叫「坑姑娘」。其實每個人的童年不都有屬於自己的玩具嗎？故事題材並不特別，特別的是琦君藉此寫出了故鄉的童趣和風土習俗，引人入勝，這就是創作者的經營功力。像〈乞丐棋〉、〈捉驚〉、〈捺窟〉等皆屬此類，光是題目本身就令人好奇了。

「見今思昔」也是琦君常用筆法。從現代觀光飯店的魔術表演，引出家鄉那個變戲法的老人（〈變戲法的老人〉）；從臺北街頭人行道上擺攤賣玩具的市景，想起童年所玩的小娃娃（〈坑姑娘〉）；從原子筆的方便性，說起自己初中時期擁有的自來水鋼筆（〈魔筆〉）……不勝枚舉。在在驗證了「無時不魂牽夢縈於故鄉與童年」的心情。

琦君的童年故事多半都有「正面」的意義，吵架完後會反省（〈阿喜的花籃〉）、做事要有耐心，不能常抱怨（〈乞丐棋〉）、要學習堅強，不能常依賴（〈捉驚〉）。這也正是琦君散文溫柔敦厚的本質。

窺探、借鏡和省思

白　靈

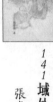

中國數千年的歷史，其中蘊藏了我們難以想像的豐富寶藏。也因此不管是臺灣或是中國，對於中國文學、歷史、語言、文化、思想等等的研究始終是兩岸的學術重點。中國人研究漢學是天經地義的事，曾經在中國這塊土地上發生過的一切畢竟是與我們息息相關。但如果是由歐洲人等西方國家的學者來做漢學研究，那將會是怎樣的情形呢？會有瞎子摸象、隔靴搔癢的困擾？抑或是能激盪出不一樣而又燦爛的火花呢？張堂錡的《域外知音》為我們解答了這個疑惑。

舉凡歐洲國家的德國、荷蘭、捷克、匈牙利，美國、俄羅斯、澳洲，亞洲國家的韓國、越南、日本等世界都有學者熱心甚至著迷於中國的文學、歷史或思想等領域的研究。其實就算是使用中文的我們做漢學研究，也常常會迷走於古典詩詞的文言文、複雜的朝代嬗遞歷史與社會文化、艱深的哲理學思的世界裡，何況是隔了語言這一層厚厚的簾幕的外國學者？但在作者所訪問的學者之中，沒有一位是因為這原因而視其為畏途。不過這也當然，若不是有極大的興趣與熱誠，又怎會走進漢學這塊深廣的領域。

於是我們在本書中看到了一副副「陌生」的臉孔，或用中文侃侃而談他們對中國擁有千年的文學、史學、哲學是怎樣的著迷，從完全不了解到熟悉、熱愛甚至當成了是一輩子志業的過程。因為關於中國的一切竟是如此迷人，不管是在歐美國家、鄰近的韓國日本，大學裡都陸續設有漢學、東亞文化或是中文等系所。且如作者所說，本書除了交代各國學人的治學、心路歷程外，更要讓大家了解漢學研究在世界各地有其怎樣殊異的發展面貌。這對本國的學者應是良好借鏡和自我省思，對讀者而言也可對自身文化和藝術的豐富性有了另一視角的窺探和理解。

永不停頓的思考

楊　明

　　「平白多出來的一大塊一大塊時間，就用來反覆盤詰自己，問自身作為一個人的價值，問生命的意義，面對這類問題的刨根究柢，總是像剝洋蔥一樣，一層一層剝下去，到頭來終要發現裡頭空無一物。」

　　上述這段文字原是鄭寶娟在書中對於失業者的描述，然而用來形容作家的生活，其實也有相通之處，也是在反覆盤詰自己、觀察別人的過程中，一點一點收集著寫作的題材，而從臺灣前往法國定居的鄭寶娟正是如此，異國文化在她心裡出現矛盾和衝擊，這些都成為她寫作的素材，因此在本書中，讀者可以看到她多方的思考面向，包括對於戰爭、種族、階級、兩性、消費文化、傳媒影響、異國婚姻等不同議題的討論。

　　存在主義作家卡謬曾經說：「要了解一個人就必須先了解他如何謀生。」在《遠方的戰爭》一書中，鄭寶娟充分體現了她的身分，作家、妻子和母親，她從她的角度看待在法國生活身邊發生的種種事件，從超市裡的採購行徑到書報雜誌上的八卦新聞，從孩子跨出第一步的感動到男性因為自身陽萎焦慮轉而閹割女性的聲伐，鄭寶娟關心的題材相當豐富，在這些篇章中，有她過去新聞工作訓練出的敏銳觀察，有她作家心靈的深刻分析，有她身而為人的反省，也有作為一位母親的憂心。

　　鄭寶娟在書中說：「哪一天傳播媒體對討論環境保護問題，比對醜聞的揭露更感興趣時，我們才可以自稱我們生活在一個文明的時代裡。」和環境保護同樣重要的問題，還有文化發展、種族平等、富國壓榨窮國等等，喜歡看鄭寶娟的小說的讀者，也該看看她另一枝筆所發表的議論。

　　在許多人憂心電子傳媒將取代傳統書籍的閱讀時，鄭寶娟對此抱持樂觀的態度，對她而言，「書」是無可替代的，生命中的許多事物也是，自然孕育所有生命，我們至少應該給予基本的尊重。

技進於藝

張春榮

143 留著記憶‧留著光　　陳其茂　著

　　《留著記憶‧留著光》是作者版畫與文字的交會。鮮明的畫作配合簡樸的敘述，視覺智能與語文智能並呈，充分展現「技進於藝」的雙絕之姿。

　　全書以版畫為主，以文字為輔；我說我畫，夫子自道，除了「留著記憶，留著光」的瑰寶下，更留下作者與作品（畫作）的對話內蘊。綜觀全書六十七篇小品，明顯可以看出作者（畫家）的藝境取徑，正在於藉旅居的換位、空間的冒險，激發靈感，豐富想像，捕捉自然之貌，創造藝術之美，造就自身源泉活水的進境。

　　至於「技進於藝」的開展，層遞而上，再加深化，則成「藝進於道」的水淨沙明，映現悟性光澤。諸如書中攸關「所有的生命活動在這一片寂靜中」的闡發：「陰影仍在移動中，陽光是活著的。魚兒在游，水波蕩漾，水池是活著的。遊客在岸上走動，岸上是活著的」，照見動靜相生的美感，照見相反相成的理蘊。反觀〈奇奇與帝帝〉一文揭示「有吵有鬧」的真諦。原來吵吵鬧鬧，也是一種幸福。原來生活的滋味，就是甜蜜的負荷、苦澀的美好。兩隻巴吉度狗，既然是「動物」，自然是「要活就要動」、「要吵才會熱鬧」。似此，實為淡而有味的透徹之語。

　　《留著記憶‧留著光》，留下作者藝文見證，也留下一盞溫和的燈，以親切的風姿，引導前來的藝術心靈。

文學創作　散文‧雜文

回顧歷史之必要

宇文正

1
4
4
滾滾遼河

紀剛 著

文學創作

小說

　　齊邦媛教授曾評論《滾滾遼河》這部小說的主角並不是任何人物，而是那個「時代」！

　　那個時代已經過去了，曾經在臺灣暢銷、長銷、大行其道的戰鬥文學（包括抗日、反共），今天似乎已成一種逝去的文學。然而世間事物的消長是循環不已的，在各種「主義」讓人目不暇給之餘，曾幾何時，我們開始聽到國內重量級的作家對當代文學的「呢呢喃喃」感到不耐，對各種「主義」、形式、技巧感到索然，開始詢問：真的沒有故事了嗎？

　　面對這樣的質疑，新世代的作家如果看到紀剛先生的說法可能要羨慕得流口水，他說：「一般作者寫小說，常常是苦於資料太少……我寫《遼河》，反倒是苦於資料太多……」那些資料——小說的血肉，是以血淚與青春換得，甚至無需虛構。對於當時的讀者而言，讀《滾滾遼河》，如作家王藍所說，「讀來太親切」；然而放在今日，面對那一個驚心動魄的時代，反而是一種新鮮的閱讀經驗。那烈火的鍛鍊、監獄的折磨，為民族、信仰獻身的熱血，也許能使人們重新想要認識其主角——那個「時代」，那段被遺忘的大時代的歷史！

　　在這個作品普遍蒼白的年代，回顧歷史，也許能使我們恢復血色；在這個認同混亂、自我漂浮的時代，回顧歷史，也許能使我們重新認真思索自己的座標。《滾滾遼河》是一部不折不扣的歷史小說，正因為它濃厚的歷史性、真實性，使它雖出身於 50 年代盛行的戰鬥文學潮流，卻能凌駕當時的意識形態，至今猶有彌新的意義。

閱讀王禎和

黃雅歆

145 王禎和的小說世界

高全之 著

文學創作

　　借用白先勇先生的話：高全之對臺灣「60 年代崛起的一批作家是相當熟悉的，因此他研究王禎和的這本專著便有了 60 年代臺灣文藝思潮作為參照」，但「並沒有依附任何特定的理論，他是秉著極為虔誠謙抑的態度，去研究王禎和的作品的。他憑著冷靜的分析頭腦，敏銳的文學感性，以及中年人對人生的深刻體驗，精心細讀王禎和的作品，多年醞釀，終於得出了一些閱讀心得及獨創見解來」。

　　由於白先勇不僅身為臺灣 60 年代以來重要作家，和王禎和又有臺大外文系與《現代文學》時期的同門之誼，對王禎和其人其文甚為熟知，因此他對大陸學者高全之《王禎和的小說世界》一書的評價極具意義。本書以〈王禎和的小說藝術〉為首，共收錄了十三篇論述，彼此自成單元，在編排上沒有先後次序的緊密關係，在閱讀上亦可不按順序。除了針對王禎和小說的討論之外，還旁及相關人事以及王禎和相關研究的介紹與觀察。譬如〈平等與同情——王禎和／黃春明小說的娼妓態度〉、〈王禎和小說大陸蒙難記——從「臺港小說鑑賞辭典」說起〉、〈張愛玲與王禎和〉等，都提供了不同的閱讀角度，讓人看見了王禎和的小說，也看見王禎和與文壇的互動。最後所附有關王禎和批評及訪問目錄索引，亦具實用性。

　　儘管王禎和小說在臺灣被視為「本土」、鄉土文學精神的代表，在高全之筆下則被封為「臺灣地區中華文化的驕傲」，但先放下「臺灣」立場或「中國」立場之爭，本書對王禎和小說藝術的論述、小說內涵的解析，都有參考的價值。而由於本書大部分單元都在臺港報章雜誌上發表，章節文字簡潔分明，不管讀者對王禎和熟悉與否，都適合閱讀。

內聖與外王

李福鐘

「內聖」與「外王」這一組概念分別代表著中國儒家由修身、齊家至治國、平天下的兩個最高境界，前者是個人的內在修為，包含著一切符合「仁」的標準的存心與操守，以及由孔子所立下的「不惑」、「知天命」、「從心所欲不踰矩」的生命開展過程；後者是儒家的政治理想。簡言之，就是由完成「內聖」考驗的人，來承擔「王」者的責任。

只不過略嫌反諷的是，「內聖外王」一詞竟然不出自任何原始的儒家經典，而是《莊子‧天下篇》。嚴格講，它是道家創造出來的境界，只不過被後來的儒家所借用。

劉述先教授是 20 世紀末葉知名的新儒家後起之秀之一。面對著傳統儒學價值體系在 20 世紀的土崩瓦解，由馬一浮、熊十力以下一脈相承的新儒家體系，致力於復興重建中國文化的根本價值，力求在面對西方文明的挑戰時，仍能保住數千年來全面的 (comprehensive) 詮釋權威。

至於新儒家近一個世紀來的努力獲致了多少成績，應該說是見仁見智的問題；倒是其自成一特殊學派，枝葉繁衍近百年而不墜，則是不爭的事實。劉述先教授《永恆與現在》一書雖然算不上學術性的專論，不過七十餘篇的報刊雜文，所關心的仍是一個「內聖外王」的問題，這一點，充分說明了劉教授的學術關懷與價值取向。所謂劉教授關懷的是「內聖與外王」問題，只看全書的結構便可了解。七十餘篇短文分為六個專輯，主題從儒學前途到中國問題與香港政教文化不一，由書齋裡的知識領域一路寫到治國平天下的層次，說劉教授念茲在茲的仍是典型儒家的道德與政治使命感，誠不妄也。

故事串起的文化探索

宇文正

剛拿到這一本《東方‧西方》時，覺得它真厚，三百多頁的分量，與臺灣大部分的散文集相比，可以出兩本集子了！坐在床上翻讀起來，竟不能釋手，讀完，覺得它太薄！

特別是「上篇，東方」，一篇篇日本女性的故事、旅日中國留學生的故事，引人入勝，儼然小說之筆！而博多拉麵、史娜古文化、日本的女權、日本女人的一生⋯⋯種種日本文化，從作者筆下娓娓道來，深刻而細膩。她以一種局外人的口吻透視日本、敘述日本，有時悲憫令人傷感，例如〈不動聲色〉、〈愛的苦旅〉等篇都讓人對日本女性又尊敬又憐惜；有時又有種隔岸觀火的嘲謔，譬如〈交流〉裡，淡筆速描日本有錢有閒、喜好「交流」的「麗婦」，令人捧腹！

「下篇，西方」是另一種風情，並且是以一個來自中國、又曾長居日本這樣複雜的眼光看待美國社會，格外有趣。譬如〈難得人間月亮圓〉，作者剛從「居大不易」的日本來到「物美價廉」的美國，不敢置信一大袋蘋果只要一兩塊美金、甜筒裡冰淇淋塞到爆；〈美國風度〉裡，她的美國友人勸她買鞋「捨美就中」，「妳自己不是名人，靠穿一雙名牌鞋管什麼用！馬路又不認識字！」美國的物產豐饒、美國人的坦率似乎諸般皆好，然而〈寂寞芳鄰〉裡，作者眼睜睜看著鄰居醫師夫婦從相愛到仳離，「如果在東方，我可以接他來我家住，外子可以勸勸醫生，我們大家一同來拯救一個破碎的家！」然而他們什麼也沒做，在美國，鄰居的事你是不能過問的──這其中卻又藏著深深的歎息。

這是一本東西文化，特別是日本、美國文化的比較之書，但是作者的比較，不是嚴肅的說理、分析，而是以一篇又一篇動人的小故事，串起她的文化探索，織就她所觀察、經歷的東西方社會；文筆溫婉中有幽默。三百多頁的文集，讀罷，卻是意猶未盡！

147 東方‧西方

夏小舟 著

文學創作

散文‧雜文

人間世的祝禱

宇文正

讀程明琤的《嗚咽海》猶如一場心靈的文化之旅，始於墨西哥東南「坎坷」地區的馬雅廢墟，終於敦煌的「經變圖」；始於對文明慘遭「清洗」的沉痛叩問，終於對點出眾生之「病」的維摩詰現身的樂觀等待。

程明琤足跡跨國橫洲，然而行遍天涯，她的視線焦點莫不離開文化的思索，也因此這場文字之旅能夠跨越時空。〈嗚咽海〉一文，質疑何謂文明？何謂野蠻？「殖民地主義興起後，人類作為變得空前野蠻。如今，另一個『清洗』異教的聲音，又在咆哮迴響……」程明琤當時寫的是波士尼亞的回教問題，放諸今日，則有更嚴重的 911 事件、美伊戰爭，人類仍未脫離野蠻的「清洗」欲望！

〈格拉泊歌斯〉一文，從大地動植物的故事而了悟「莽原中的動物行為，紅樹林的腐爛功能，似乎都帶著一種自覺性的神祕色彩──透過犧牲以延綿後代。可是，又是什麼促其如此？」大哉問！作者如此自問，而不覺心起震撼！

程明琤的中國文化涵養、她的世界閱歷、她的現代科學知識……綜而體察出宇宙、自然的內涵秩序、倫理、尊嚴──《嗚咽海》上輯「行世篇」裡處處可見這系列理念的思索，可視為這本書知性的神髓。

下輯「觀想篇」則以雅潔的文字放筆感性的抒懷。〈說山中話〉一文，淡筆素描蝴蝶、山鳥、蜘蛛、泥蛙……，而以「我那一頓飯，不知吃了多久？終於吃去了飯碟下的晴雲。」一語收筆，極富禪意。

「雨中黃葉樹，燈下白頭人。曾經，覺得這兩句詩寫盡了人間的淒涼冷寂。而那晚，傘下佇望，瀟瀟雨聲中也見黃葉飄落，窗內的相對夜讀，卻寫照出寧馨和幸福。」白頭相對夜讀，多麼平凡的願望，卻是作者對人間世衷心的祝禱！

多趣的文壇，不老的詩心　　林黛嫚

149 沙發椅的聯想

梅 新 著

　　「我非常怕看散文，尤其怕看那些『濃得化不開』的散文，它們是文字濃得化不開，而不是情感濃得化不開。年輕作家剛步上文壇，傳統的腳步還沒有走穩，便開始『現代』，難怪他們歪歪斜斜走不出自己的姿韻，走不出自己的性格，瀟灑不起來。梁實秋先生的散文短，但是瀟灑；周棄子先生的散文亦不長，但是瀟灑，我最怕作態的散文了」，這是梅新的散文意見，而他對散文的這些理念：情感濃郁、文字瀟灑、有自己獨特風格，也在這本散文集中實踐。

　　詩人的散文，通常會充滿詩句與詩意，但是本書並不，反而非常具有梅新風格，有新聞人的靈活度與報導性，加上對文壇掌故的熟悉，以及文學的內容，讓本書與其說是散文集，毋寧說是報導文學集。譬如我們在書中看到中國國寶級女作家冰心的日常生活，當時 93 歲與世紀同齡的她住在北京民族學院教職員宿舍裡，她除了行動有些緩慢外，頭腦清晰、思慮精密、辭鋒銳利，而且勤於閱讀寫作；還有能吃、好吃的梁實秋常常偷吃甜食，他曾經以「子佳」的筆名投稿被退稿，這些遺漏在文學史外的二三事在〈梁實秋的祕密〉一文中都可以看到；中國名小說家白樺為何說自己是一隻不合時宜的公雞，原來他識別的公雞五、六點才叫，他三、四點就叫了，因為總是以前瞻的眼光坦然承受知識分子與生俱來的災難；再如在每個副刊上寫連載都是預支稿費的高陽，他的書非常暢銷，又寫了一輩子文章，卻也窮了一輩子，因為他出身世家，對物質享受司空見慣，吃昂貴大餐、穿名牌衣服、住高級飯店，樣樣享受都喜歡，高陽說不完的故事在本書中細緻呈現。

　　此外，書中收錄了幾篇他對現代詩發展的反省，對年輕詩人的期許，對自己兒女的諄諄教誨，讓我們看到梅新敏銳的新聞眼之外，不老的詩心。

文學創作 散文・雜文

落塵下的驚悸

謝鵬雄

150
資訊爆炸的落塵——
今日傳播與文化問題探討

徐佳士 著

社會人文

「資訊時代所以被特別稱為一個『時代』，它的涵義是十分寬廣的。人類的一切活動幾乎全部產生了革命性的改變。」

上面的一段話，是從《資訊爆炸的落塵》引述的。這段話乍看好像沒有什麼驚人之處。自古以來，凡是理性的人寫的書，或說的話都不聳動聽聞，但讀後細思，常會怵然而驚。其所以會驚，乃因語言雖然冷靜，但提出來的事實及說出來的見解，由不得你不冒冷汗。

本書作者徐佳士先生，人如其名，佳士也。為人處世，溫潤謙恭。這樣的君子，會以「爆炸」、「落塵」等字眼寫書，可見事態是很嚴重了。怎樣嚴重呢？他從產業革命開始說。三百年前的產業革命，使地球上的財富及資源豐富了。但豐富的資源，使各國間強弱的差異，愈見懸殊。歐美各國因愈強而形成了帝國主義，亞洲各國因為愈弱而受害。

20世紀中葉以後，世界又發生了一次產業革命。這一次變得豐富的不是物資，不是機器，而是資訊。亞洲國家在這次產業革命中並沒有扳回劣勢，反而愈加相形見絀。

為什麼？該當如何自處？有什麼辦法？學者們意見如何？強國的態度怎樣？弱國的思考又怎樣？

資訊之為物甚詭異、甚有用，又甚危險。人當如何管理它？使用它？節制它？對抗它？一連串的問題都是錯綜複雜，卻又非常迫切的。

作者以其理性而綿密的思考，釐清問題、正視問題，綜合世界各國學者、專家、政府、聯合國文教組織的意見，看似好整以暇，事實上很有條理地、一步一步逼近問題本質，探討答案。

野性與野性的直面　　宇文正

　　赫塞的《荒野之狼》是一場慘烈的生命之旅，通過洪荒之境，超越一切外在的野性與混亂，追尋心靈的不朽；白樺《沙漠裡的狼》也有異曲同工之處。七個中、短篇，無不叩問人性與獸性的分際，當人性的本質迷失，獸性浮出；然而在獸行遍野時，人性的光芒卻隱隱在角落裡閃耀。

　　〈血路〉是最鮮明的注腳。以日本侵華的年代背景，敘述的卻是一名日本軍人與少女之間互助、純潔的友誼、高貴的人性。少女在心底迷惑：「他到底是咋回事呢？是狼變成的人？還是他本來就是人，讓狼群給裹走了，他又從狼群裡跑出來？……」戰爭裡，侵略者從人變成了狼，並且是狼群，從事集體的暴行。而這名日軍高橋敏夫持守著高度的意志力，在那樣的時代裡，卻付出高昂的代價，讀來令人驚心。

　　〈紅麻雀〉是一篇寓言式小說，被塗上了紅墨水的麻雀，回到麻雀之中，終被同伴啄得遍體鱗傷，奄奄死去。紅麻雀鮮明的象徵，浮出灰暗的背景，如此怵目，在那樣的時代裡，紅墨水呵，潑灑在多少人的身上？

　　同樣提及人與動物之間的關係，〈漁人、漁鷹和魚〉令人想起張愛玲《金鎖記》裡的七巧，只是男女異位，在這個故事裡，鎖住周圍所有人的幸福的是男人常老黑，直到他的死去。

　　〈沙漠裡的狼〉，當人卸下手中所有武器，與狼相對，殘酷慘烈裡卻有種不可言說的高貴，那是野性與野性的直面。

　　〈啊！古老的航道〉是較為典型的傷痕小說，輕鬆喜劇裡包藏沉重的悲觀內核；〈沉船〉卻是悲劇中的喜劇，荒涼得讓人心也跟隨形同「啞子」的主人翁沉入深深海底的安靜喜劇。〈擊筑者〉這一篇歷史小說，作者向捨身取義的高漸離致敬。

　　本書裡的幾個短篇，敘事手法有個共同點，往往藉由主角留下的文章、日記、信件，間接讓讀者從多重角度拼湊出事實的真相。人們所謂的真相，原來就是拼湊而得，不是嗎？

東方女子的蒼涼身影

宇文正

風信子女郎

虹影 著

152 風信子女郎

文學創作 小說

　　以長篇小說《K》引起極大爭議（該書一度成為中國大陸第一部由法院判決禁售的小說）的小說家虹影，稍早的作品短篇小說集《風信子女郎》卻有著迥然不同的風格。

　　強調此書風格與《K》迥異，是因為相較之下，《風信子女郎》對性愛的描寫含蓄得多。作者自道此書「寫人沉重的命運」，在這部作品裡，她主要關切的人物，一是在男權社會壓力下的女人，女性主義的旗幟已高舉，如〈翩翩〉裡蝙蝠的意象暗示男權的壓迫；〈指甲〉寫被壓抑的女性情慾；〈岔路上消失的女人〉、〈暑假〉、〈地鐵站臺〉等則反之，從男性困惑的眼光窺看前衛女性的內心；她甚至大膽的處理了大陸文學過去很少處理過的主題：女人之間的性愛（〈鴿子廣場〉）。

　　二是在英國的中國人，這也是此書最突出的主題。〈蛋黃蛋白〉即為鮮明的象徵，主角李建國是中英混血兒，當年他的父親因為一個英國老先生的說法「蛋黃和蛋白，兩種顏色相混，最後還是蛋黃的顏色，還是做中國人好……」，而激動返國參加祖國的建設，文革裡，家破人亡。這些海外的中國人，背負著文革的沉重傷痕，又處在主流社會的外緣，二等公民的恥辱與身世的夢魘交織出一曲曲基調憂傷的歌。代表作〈蛋黃蛋白〉裡對文革乃至於一切革命激情的思索與反諷，耐人尋味。

　　這部小說集裡還收錄了幾篇字數較短的極短篇小說，篇幅雖短，卻相當耐讀。如〈一錙錢的考驗〉、〈一夜〉、〈日子〉裡，分別若隱若現描繪海外東方女子的蒼涼身影；〈摘一株風信子〉、〈登樓〉淡筆寫海外中國人的無奈……，篇篇都是點到為止，餘味無窮。這些短篇作品對人心的震動，比起虹影的長篇小說毫不遜色。

卻顧所來徑

卓清芬

湖南長沙出生，在香港成長，臺大畢業後，遠赴德國深造，獲得博士學位之後返臺任教。馬遜教授的前半生，風塵僕僕，四處奔波，課餘閒暇，筆耕不輟，這本《塵沙掠影》，便是她過往歲月的心情紀錄。

輯一「飛鴻踏雪泥」，記人生旅途中值得回味的片段，有德國留學的生活點滴，日本德島、京都的參觀訪問，美西訪友的所見所聞等。從書中的描述，可以得知早期留學生如何克服經濟和語言的困窘，在異鄉獨自奮鬥求學的辛酸。尤其是單身女性，若非堅強的意志和鍥而不捨的努力，很難在以男性為主的理工科佔有一席之地。

輯二「散文隨筆」，記佛教因緣以及個人在佛法上的修持。有在德國吃素打坐的經驗談、有東坡與禪師鬥嘴的小故事、有科學時代的佛教省思等。馬教授在歐洲留學，深感西方人用的是重理智、講邏輯的科學態度，而東方人則是依賴重直覺、憑感性的宗教精神。佛學能匡正人心，提昇人類的心靈境界，培養崇高的道德倫理，最重要的是不為物役，以免迷失本性。

輯三「緬懷故人」，寫對逝世親友的懷念，有師父樂老上人、摯友李偉平修女、房東羅朵夫老太太等。無論是佛法的啟迪、友誼的溫暖，或是德國老太太的關懷，都顯示了人性的光輝和相互扶持的真情。超越年齡、種族、國籍、宗教的愛，才是人性中最寶貴的資產。

馬遜教授的宗教精神和淑世情懷，是她能從容應對多變世事的祕方。在紛亂擾攘的人世間，本書不啻是一帖沁人心脾的清涼劑，讓人保有心靈的澄靜與安定。

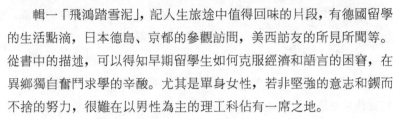

【飄泊的雲】

海外文化人情懷

謝鵬雄

看《飄泊的雲》，看著看著，不自禁地聯想到杜甫那兩句：「庾信平生最蕭瑟，暮年詩賦動江關。」杜甫寫〈詠懷古跡〉，乍看為庾信的蕭瑟傷感，其實也為自己一生的流離及思鄉哀傷。

《飄泊的雲》局面比那兩句詩大，素材多而廣。有哀傷的情懷，也有饞相可掬的喜趣。憶前人、懷舊時、說江南、惜古物、唸詩詞、吃涼拌黃瓜、孺慕藍色大褂，所說雖千頭萬緒，其心總在中國的傳統文化上面。看莊先生的書，知他是典型的中國文化人；客居異國多年，其文化思念累積到不能不說出來了。所以他的文字，不是「為賦新詞強說愁」，而是情溢於內，必洩之而後快。字字珠璣，句句動人，其所以動人，因為作者寫的是自己的感動。

今日的出版界雖然蓬勃，但現代人要選一本書看而不上當，也不是很容易的。建議你選這本又寫古董、又寫山水、又寫往事、又寫好菜，寫各種經歷——留學生、文化人、普通人，都可能有的經歷，以及這些經歷對人生的意義的書看看。它情、趣、理、識都有，不會令你失望。

一本好書，不必是讓你「獲得什麼」的書。它可以是讓你成長為更有感覺、更有見識的書。除此之外，本書有些想不到的啟示。譬如你可知沐浴是什麼意思？洗澡不只是洗清潔就好，洗澡是應該有某種「心情」的。

154 飄泊的雲

莊 因 著

文學創作

散文‧雜文

「蕩婦」的愛情自白書

衣若芬

155 和泉式部日記 林文月 譯／圖

西元 1003 年，與丈夫離異，情人亡故已經一年的和泉式部，因為情人以往的近侍小童前來問安，生命中又燃起了光熱。派遣小童的新主人，正是情人為尊親王的胞弟——敦道親王。通過小童的傳話，年約 26 歲的和泉式部和 23 歲的敦道親王展開了一段充滿甜美和心酸的戀情，從相識到最後應敦道親王之要求，移居其宅第，為期十個月的愛戀經過，告白於《和泉式部日記》中。

和泉式部是日本平安時代 (794–1192) 著名的才女作家，與《源氏物語》的作者紫式部、《枕草子》的作者清少納言齊名。和紫式部以及清少納言一樣，關於她的生平，後人所知不多，僅知道她出身於書香之家，父親為大江雅致，曾任朝官，與冷泉帝昌子皇后的關係十分親近，「和泉式部」之稱謂，源於其夫婿橘道貞曾任和泉守（見本書作者序）。

這位因丈夫之官職而得到稱謂的女作家，卻是以不守婦道而得名於當世。她先是與為尊親王相戀，導致丈夫離去、父女關係斷絕。為尊親王英年早逝，失去愛侶的和泉式部，度過了一年黯然神傷的日子，直到敦道親王重新開啟了她的心扉。她在日記中寫下了對新感情的猶豫、徬徨、猜疑和不安，雖然兩人最終是以同居收場，讓敦道親王的王妃憤而返回其祖母之宅邸，但是時人對於兩人的閒言冷語，尤其對於「蕩婦」和泉式部的譏諷是可想而知的。

即使在 21 世紀的今天，捧讀《和泉式部日記》，也不由得為其追求愛情，義無反顧的勇氣和執著留下深刻的印象，「醜聞」與「美談」，除了時空之變動之外，更可見文學藝術之驚人力量。

本書特別值得欣賞的，還有譯者林文月教授所繪的插圖，這些插圖頗有日本繪卷的風格，不只為說明日記內容，具有輔助之功，所採取的視角，更像是配合文字，與讀者一同「窺見」和泉式部的內心風景。

文學創作 小說

男人與女人的戰爭

張堂錡

156
愛的美麗與哀愁

夏小舟 著

文學創作
散文‧雜文

　　世上只有兩種人──男人和女人。雖然「只有」兩種人，但它所衍生、牽扯出的「男女關係」卻不下千千萬萬種，讓每個男人和女人都參不透、看不清，源遠流長的「關係史」，更是文學家們書寫不盡的絕佳題材。一般來說，像《浮生六記》中的恩愛生活描繪，終究比較少見，男女在和與戰之間，如果處在你情我願的幸福狀態，文學多半就被拋在一邊，一旦烽火點起，甚至燒得遍體是傷、你死我活之際，文學往往會成為療傷的工具、情緒的突破口，這也就是為什麼淒美的故事特別多，又特別容易動人的原因。夏小舟的這部以男女故事為主體的散文集，書名雖為「美麗與哀愁」，但仔細讀來仍是哀愁的多，美麗的少，因為哀愁，所以這些故事特別感人，可讀性也相對比較高。

　　正如作者自己所言：「身為女人，我最熟悉的自然是女人。」因此，「女人，是我頗有興致，永不厭倦的主題。」在她的觀察中，女人總是愛情的弱者，不是被遺忘，就是被冷落，在她筆下的故事中，最多的是女人在愛情、婚姻路上的悲劇，像〈山野之謎〉中自殺的韓碧玉，〈笨笨的女人〉中想保持自我卻失去男友的柳萌，〈陸太太的心事〉中為丈夫外遇所苦的女人，〈似被前緣誤〉中為逃避婚姻卻又陷入另一個深淵的婉冬等，在作者細膩多情的筆觸下，都能讓人一掬同情之淚。至於作者自己因丈夫移情別戀而深受打擊的〈巨獎徵文〉、〈男女關係〉、〈自己的故事〉、〈傷痛〉等，寫來更是字字淌血。也許是自己的切身之痛，她對婚姻不幸的女人特別懷有理解的同情，也都有自己從女性角度的深刻見解。不過，作者畢竟從傷痛中走出來了，而且以堅毅的韌性到日本留學、獲得博士學位，並在日本任教，目前則在美國定居，為美國華文報刊撰寫專欄。大陸、日本、美國，不同的種族、文化背景，她認識了許多不同的男人和女人，而有了書中這許多動人的故事。只要男人女人的戰爭沒有結束，夏小舟的故事也將繼續寫下去。

異國世界的中國情事

楊　明

157 黑　月

樊小玉

著

　　外交人員的生活表面上看起來風光，然而關起門來，院子裡依然尋常人家的生活，尋常的柴米油鹽，尋常的七情六慾，然而因為是從中國掐根截枝似的搬到異國，便又在尋常之中透出了一股不尋常的寂寞。

　　《黑月》描寫的是派駐阿拉伯地區的中國大使館經參處院落裡的生活，以此為主軸，牽扯出在異國各自營生的中國人面貌，本書是作者樊小玉寫作計畫中的一部，她計畫要完成的共有三部曲，她喜歡寫中國人，習慣從女人寫起，尤其是戀愛中的女人。

　　作者的文字風格典雅，卻又不時流露出辛辣筆鋒，有中國章回小說寫來絲絲入扣的動人之處，尤其是對於人物的描寫，寫活了鄉下出身上不得檯面的小媳婦杏兒，作了參贊夫人還是小家子氣的扭捏，粗裡粗氣卻活得理直氣壯的一祕夫人邊桂蘭，萬般無奈隨夫出國的高級知識分子呂伊芬，她們的身分不同，性格不同，際遇不同，卻都聚到了處在異國的這一個小院落裡。

　　樊小玉說，中國女人的性感和西方女人不一樣，不在胸脯和屁股上，而是在包容和關懷的性格中，這種東方式的性感有更深沉的魅惑力。作者在本書的序言裡恰如其分的點出，《黑月》中的女人都是樸素的女人，即使當了外交官夫人，也看著眼熟，和街上挽著菜籃的女人沒有根本上的不同，讀者將會發現，在她們疲乏的眼神裡有著生動的漣漪。

　　從顫顫危危維持平衡的老夫少妻到各懷心事的婚外情，從知識分子的責任尊嚴到經濟開放後的價值顛覆，不難看出作者企圖在《黑月》一書中寫出 20 世紀末中國人的故事，這故事有點無奈，有點蒼涼，卻因為旺盛的生命力，興味盎然的唱出了另一種情調。

文學創作

小說

現代與傳統文化的撞擊　　　方　梓

1
5
8
流香溪

季仲　著

文學創作

小說

　　80 年代，中國的水電建設工人（即臺灣的電力公司的工程人員），被稱為「沿江吉普賽人」，意指四處建設水電廠不斷遷徙、居無定所的人。本書便由一場工傷事件開啟了這部小說。背景是南方一座中日合作聯營承建的大型水電站，因為是中日合作，所以小說中呈現了中外文化差異與衝突，而新舊交替之際，現代與傳統文化的撞擊，以及城鄉生活型態的不同。

　　和臺灣的礦工一樣，60 年代中國的水電建設工人除了如吉普賽人似的生活外，日日面對著生命的危險，家屬擔心工地坍方。而不幸的事是主角程光華的父親在一次坍方事件中傷重過世，母親也因此死亡，父親臨終前遺言希望兒子繼承父業。

　　二十年過去了，這條曾傷亡多人的流香溪水電工程站重新建造，第一代領導人死的死老的老，能參與這項工程在第一線埋頭苦幹、衝鋒陷陣的是「沿江的吉普賽人」的第二代第三代。程光華已成為英俊剽悍的小伙子，正奔赴流香溪參加水電站工程建設。

　　除了中日合作所產生的文化、觀念差異外，作者也在小說中呈現傳統和現代的撞擊，貧窮和善良、邪惡的爭鬥，以及在現代化、產業化之下人與自然的搏擊，人能不能勝天的相較；作者以多線式的人物關係發展，推演出一個小型社會的變遷和所伴隨而來的各種問題，這種種問題竟和水電站的水壩似的驚濤駭浪，翻騰在一個原本淳樸的村城。

　　作者藉由一個水電站的工程，企圖鋪設大時代中新舊交替、傳統的與現代的、鄉村與都市的差異與衝突，同時是跨國的文化衝擊，工業與自然的相左與搏擊。

叱吒風雲

卓清芬

《史記》的人物刻劃向來為人稱道。透過太史公的生花妙筆，將人物的神態、舉止、口吻、性格，鉅細靡遺地呈現出來，使人如聞其聲，如見其人。但因《史記》的閱讀人口大量銳減，且多集中於學院，為使青年學子及一般讀者也能一窺堂奧，湖南常德教育學院的賴漢屏教授特別撰寫了一系列《史記》人物評賞的文章，輯成《史記評賞》一書，深入剖析《史記》欲隱還露、似抑實揚的人物美學，結合太史公忠而被謗、入獄受刑的身世際遇，鉤掘太史公隱而不顯的《春秋》筆法，闡幽發微，將太史公經營人物的苦心揣摩得極為透徹。

為了消除讀者閱讀《史記》的障礙，賴教授引用原文的部分並不多，且在文中艱澀詞語之後，以括號標明其義。作者以生動流暢的白話文敘述史實，使讀者極易進入歷史氛圍，感受那劍拔弩張、一觸即發的緊張情勢；或是體會英雄末路、進退無據的悲哀。賴教授指出司馬遷常從各種不同的角度，突顯人物性格中的複雜，譬如〈項羽本紀〉裡的項羽，既有擊秦救趙的勇猛和過人的膽識，也有鴻門宴中重情重義的不忍人之心，更有不願苟活以致烏江自刎的認命從容。他單純直率、自負急躁，造就了悲劇英雄的性格和命運。司馬遷將非帝王的項羽列入「本紀」，足見其賞愛之情。

除了正面刻劃，賴教授還指出司馬遷在謀篇章法、遣詞用字的匠心獨具。譬如在〈魏公子列傳〉中，一面寫信陵君為侯生執轡的謙恭有禮，一面寫賓客滿堂，佇候公子迎客歸來入席，兩個場景交叉映襯，彷彿電影的蒙太奇手法，極富戲劇效果。待信陵君向眾人引介這樣一個衣衫襤褸的守城門老頭，「賓客皆驚」，「驚」字一方面寫這些俗人以貌取人、有眼無珠；一方面寫信陵君的慧眼識人。賴教授認為，司馬遷特別推崇禮賢下士的信陵君，除了豪情仁義，也有自傷不遇的幽微心態在內。

本書不僅從是非功過、藝術技巧彰顯人物特色，更從司馬遷難掩的抑鬱不平之氣，窺見文字背後那傲岸不屈的靈魂。

159 史記評賞

賴漢屏 著

古典文學評賞

愛書人的愉悅冒險　　　吳月蕙

張堂錡　著

160 文學靈魂的閱讀

文學創作　散文‧雜文

　　但凡愛書、能從閱讀中得到樂趣的人都知道，讀書之樂妙處難與君說，勉強要說，孔子那句「不知老之將至」庶幾近之。樂趣難描難摹，感受卻可能澎湃洶湧，必一吐而後快，尤其訴諸文字的傾訴，最是過癮，因為，這樣一來，不只眼前，千載以下都可能找到與你的心靈強烈共鳴的知音。張堂錡這本《文學靈魂的閱讀》正是他個人透過閱讀，進行心靈思維的愉悅冒險之旅珍貴的紀錄，結集付梓顯示出他熱切想要與更多人分享的心意。由這個角度切入，我們更能感受主人擺設這場心靈盛宴的誠意，也更能品味端上來的每一道菜餚獨特的好滋味。

　　上菜了，第一道：感性閱讀，為作者書寫他閱讀《小王子》、《流浪者之歌》、《密西西比河上的生活》、《雪鄉》等小說的感動，曾發表於他在〈中副〉的個人專欄「生命之旅」，這系列文章文采翩翩深情款款，讀來令人癡醉。第二道：理性閱讀，是他研究現代文學之餘，從史料中爬梳整理出的心得，內容紮實，筆調比起嚴肅的論文自由輕鬆得多，用心咀嚼甚有趣味。第三道：學術研究，為嚴謹的論文，跨越古典詩詞、文言小說、客家文學等範疇，見其涉獵文學層面之廣，這部分以更簡練精準的文字展現研究成果，一般人可能會覺得有點枯燥，但有興趣的讀者自能看出其研究功力之深厚。他夫子自道這個層次的閱讀云：「苦澀的味道有一些，但回甘的甜美力道還是強勁的」，苦中作樂，真是令人欣羨。這三道菜反映了張堂錡文學人生的多元豐富內涵：他能編能寫能教，採訪創作研究樣樣精通，是學院裡深具潛力的後起之秀，書中展現的閱讀經驗如此迷人，絕對不是偶然得之。

　　《文學靈魂的閱讀》讓你閱讀一個文學靈魂的閱讀，也讓你閱讀了這個可愛的文學靈魂。最積極的附加價值則是：當你懂得了閱讀，箇中三昧，如人飲水冷暖自知，不管是冷是暖，誠有所感，你也可以寫出屬於你的「文學靈魂的閱讀」。

書的文明與愛的故事 黃雅歆

161 抒情時代——「他們」及三個短篇

鄭寶娟 著

文學創作 小說

　　來說說〈他們〉這一個中篇小說吧。因為這是鄭寶娟《抒情時代——「他們」及三個短篇》書裡的主要篇章，也是第九屆中央日報文學獎的得獎之作。本書寫於鄭寶娟 40 歲時，在這個剛剛進入中年期的年紀，正好可以用來「整理」屬於自己、以及那個時代的青春時光。

　　〈他們〉的故事主要是由三女一男所構成，作者用近似散文的筆調敘述著屬於「四年級」生的少年情懷：四個高中男女混雜著純粹與曖昧的情誼，一同面對著聯考與人生轉折，也分享了彼此都不盡完美的家庭關係。在那個沒有電子產品介入的生活裡，彷彿一切都單純多了。相遇的場所是在書店，友誼的建立是在書店，連犯了竊盜罪的場所也在書店。而因為當時中國人一連得了幾次諾貝爾物理獎的關係，使得物理系水漲船高，書中女生夢想的白馬王子是「物理系高材生」，這在時空背景已不同的今日是難以想像的。

　　難怪朱西甯先生會說「到得 21 世紀，若是有誰無意間看得這部小說，共鳴恐怕很難，倒是八成起疑，不信『書的文明』曾是那麼閃爍奪目？會是那樣生死與之?」時至 21 世紀，此話似已成真。但卻無妨，因為時代會過去，但好的作品與作者卻永遠不會「過去」，古往今來人生裡要面對的課題也不會消失。人們不也曾捧著 30 年代的作品，一方面運用想像，一方面傾慕著徐志摩、張愛玲的傳奇？為之落淚、為之感動。只要閱讀人口依然存在，習慣網路文化的新生代就能從《抒情時代》裡陌生的場景、「古典」的情感，看見屬於青春年少永恆不變的熱情與迷惘，因此被叩動心弦。

帶你去沒有界限的地方

謝鵬雄

162
九十九朵曇花

何修仁 著

文學創作
散文·雜文

　　看著屏東鄉下一個少年，晚上不睡覺，守在曇花旁邊，等著看曇花開放。

　　看著這個少年坐在母親身邊，唸客家話「昨本日」、「今本日」。

　　看著這個少年跟著母親蹲在黃泥地上，拿根竹枝拖曳一些稚弱的線條，算是畫畫。

　　知道這個少年，有一位父親買來三個豪華鐵櫃來將兒子的書裝箱。知道這些、看了這些，第一個感覺是這個鄉下少年，多麼幸福。

　　幸福不是任何事情造成的。幸福是那個幸福的人如何看待這些事情的結果。《九十九朵曇花》裡，作者寫出了他如何看待他的母親及母親種的曇花，如何看待他的父親及父親堅持不拆的一間搖墜的木板屋，如何看待幽深雜蕪的後花園、姑婆妯娌、養豬人家、陽春麵……等等。因為他看待這些人、事、物的心情是懷舊的、孺慕的、愛惜的、不捨的、嚮往的，所以雖然過程有些傷感、憂悒，結果是幸福的。幸福的人寫出幸福的訊息、感情，看他的書的人當然也會感到幸福。此所以暢銷書《如何贏得朋友》的作者卡內基先生 (Dale Carnegie, 1888–1955) 說 "Happy people make people happy."（幸福的人使人幸福。）

　　作者認為育嬰房、土地祠、中藥鋪和殯儀館是沒有心靈界限的地方。事實上我們看過這本書也會發現作者自己就有無界限的心靈。希望有更多的讀者來參與這種別開生面的心靈大會。

始於有趣，終於有味

張春榮

如果說「小說家」是「語言的魔術師」，「月光下的織夢者」，「社會現象的病理家」，「人生百態的捕蝶人」，「時代脈動的診斷師」，相信一般讀者都不會有太大的異議。畢竟，小說家所扮演的角色，正是「說故事的人」。

全書以「小說家是說故事的人」為基調，指出現代小說的魅力並非抽象教訓，並非直接說理；而在於生動、有意思的「故事性」。小說家的本領，就在於「把故事說得好」、「把故事說得妙」，展現豐沛的創造，散發迷人的魔力。而能散發迷人魔力的小說，在題材上，往往是充滿「戲劇性的意外事件」；在人物上，往往是「好人，不幸他們的生活被罪惡侵犯」；於是，藉由「特殊人物」，身處「特殊環境」，開展出「特殊而普遍」的精采情節。

當然小說除了「故事性」外，除了「文學性」之餘，仍宜兼及「意義性」。面對以叛離傳統為職志的小說，以血腥造成震撼的作品，彭歌頗不以為然。於此，彭歌執兩用中，指出「文學藝術需要自由，同時更需要內在的規範」，揭示「求新」、「求善」相融的創作視野，成為全書論述的主軸，亦為全書第一輯「故事與小說」重點所在。

至於攸關英文系培養作家的看法，書中援引《揭發》作者柯瑞契特意見：「對於抱負不凡的作家來說，英文系並非好地方，那兒只適合培養抱負不凡的英文系教授」，無疑如當頭棒喝，發人深省；如冷水澆背，陡然驚心。原來英文系適合培養優秀的英文系教授。尤其在標榜學術至上的英文系，並非培養優秀作家的環境；作家創作的土壤，來自「非英文系」的限制，來自豐富的生活經驗，來自對複雜人性的遠視，來自價值觀的建立。似此珠璣警句，流散全書角隅，則賴有心人前來挖掘、賞愛。

1
6
3
說故事的人

彭歌 著

文學創作

散文·雜文

桃太郎的行為模式

辜振豐

作者齊濤的隨筆，讀來十分貼近人心。此書的焦點集中在文學、出版和日本人的病態心理。在〈日本人的心〉一文講得十分有趣，如有以團體為依歸的「虛心」；有對周圍的人時時懷有「戒心」；也有格外認真的「匠心」；更有出了頭，就到處壓人的「狠心」。顯然，從這四個角度來觀察，倒是有助於進一步了解日本人。在介紹諾貝爾得獎作家大江健三郎時，除了解讀他作品的特色外，還討論他的家庭生活，因為他生了一個智障兒之後，受到的打擊很大，一度還想以自殺來了結生命，但他度過了危機，重新站了起來。對這一大段的描述，讀來倒能夠產生勵志的效果。

他也介紹「私家偵探」，並與美國的制度互相比較，讀來覺得很新奇。日本的偵探社成立的條件，沒有資格限制，不要登記許可，也沒有主管官廳。私家偵探除了調查婚姻問題，當產業間諜外，還受僱於大公司，追蹤公司內部職員有沒有挪用公款，以及私生活如何。但美國則要受制於政府的許可和監督，偵探實習三年後，要經過嚴格的考試，才能取得資格。所以很多行業每每牽涉到文化的認知，未必有放之四海而皆準的法則。

近年來，日本的出版物對於臺灣有很大的影響，而作者在書中更有詳細的介紹。像出版研究所，負責出版物的推廣普及，並從事科學的調查，並將有關資料提供給業界，這確實值得臺灣學習。不過，從90年代的泡沫經濟浮現之後，出版業也不景氣，只好推出口袋型的文庫本，畢竟這種開本好攜帶，價格又便宜，因此深受讀者的喜愛。但有些出版社開始炒作寫真集，尤其以明星為號召，因為這種書無疑可以賺進大把鈔票。目前臺灣流行哈日熱潮，讀者如果想閱讀參考書，則《日本原形》是值得一看的。

電腦專家的文學批評

辜振豐

165 從張愛玲到林懷民

高全之 著

文學評論

　　本書是《當代中國小說論評》的修訂版，出版時，還受到小說家白先勇寫序推崇一番。作者高全之經過多年後，願意重新修改舊作，表示他是一位勇於自我反省的學者。有趣的是，作者主修電腦科學，卻能寫出一流的評論文章，實在是難能可貴。本書一共收錄九篇文章，從張愛玲到司馬中原，從黃春明到林懷民，九位作家各有特色，內容也有所不同，但作者卻以客觀的角度，一一評析，清楚的邏輯加上特有的感性，使得本書有別於一般的文學批評。

　　作者在評介每一位小說家，往往一兩句話就說出他們作品的特點。如他指出，在黃春明的小說中，主題是人性的尊嚴，而克服困境是得到尊嚴的必要條件。談到哲學深度，他也替黃春明說了一些公道話，畢竟小說中未必要像卡夫卡、海明威、貝克特的哲學架式，才具有哲學深度，因為衡量一個作家是否具有成為大家的潛能，在文字以外，要看有沒有對人生、人性的全盤看法，換言之，要看他有沒有個性，而不在於他是不是一位世界公民。至少黃春明有這樣的條件。

　　論及張愛玲，他更一語道破，強調她最大的關切在於以男性為中心的中國社會裡，女性的地位和自處之道。尤其是她的故事以1950年代的上海和香港為縮影，在這種大變動中，社會經濟和家庭倫理都趨於分崩離析，而女性的表現則變成值得矚目的焦點。此外，作者也敢於挑戰權威，撰文批判當時的文學批評家顏元叔，並和他討論文學和文化的關係。雖然如此，他還是尊重長輩，因為在美國見到顏先生，仍然尊稱「顏老師」，兩人更常常相互暢談國事。這兩人倒能夠把人與事分開來看，無疑是塑造一種討論學問的模範。

看誰能推翻莎士比亞

謝鵬雄

「莎士比亞識字不多」，本書作者如是說。

當然，這句話也不是第一次出現。自威廉‧莎士比亞去世後不久，就斷斷續續有人提出、質疑、考證、蒐證。

莎士比亞若果然識字不多，那麼接著而來的問題是，那精采絕倫、涵蘊豐富的《莎士比亞全集》是誰寫的？

對於文學史上像神明一樣受到崇拜的作家，要提出翻案的議論，是需要很多證據、推論、理由和說服的努力的。

所有的議論都很有道理，莎士比亞這個真正存在過的倫敦劇場的小演員，身世低賤，似乎只上過小學，沒讀過什麼書，不識拉丁文、希臘文、法語、義大利語，英語也只馬馬虎虎而已，怎可能寫出《莎士比亞全集》？他一生所過的日子，包括 18 歲娶一個 26 歲的「老」女人，半年後就生子，以後屢充賤役，勉強混到做演員，演員在那時代只是下流社會的人物而已。若《全集》是他寫的，才識、學問、格調，及不敢自己修改、不敢在這方面出風頭都無法解釋。

這是一個歷史上的巨案，你若有一點推理的興趣、或好奇心、或喜歡莎士比亞、或純為了一探究竟，都可以好好看這本書。也許你會相信《全集》是培根寫的，也許你仍相信是莎士比亞寫的。但不論如何，你會有很大的收穫，就是知道當年英國文學、文化及歷史的很多事情。而且連帶地多清楚《莎士比亞全集》好在哪裡。

天底下什麼事情都可能發生。而莎士比亞只是一個冒名者這個假定是很震撼的。何不一探究竟？重點不在有無結論，而在追究的過程就很精采，很有學問。

心靈震顫的神祕線索

吳月蕙

「我很想和你一起感動，為那來自天空的垂詢。天已下降，輕垂它的憐愛，覆蓋住草原；柔軟，情深，繾綣，纏綿。」這樣的句子，與其說是小品文，倒不如視之為詩，《情思‧情絲》正是一本徹頭徹尾詩意十足的集子。作者龔華為詩人薛林的女公子，自幼濡染，也深愛文學，雖然途中曾棄文從商，二十餘年後，又重新尋回最初的愛戀，這是她重新歸隊後結集的第一本書。龔華的文章一逕濃濃的浪漫文學氣息，離塵世的繁華喧囂很遠，卻緊緊貼近人類的心靈，執迷不悔地描摹記錄那些細微的起伏與顫抖。她精心布置每一條神祕的線索，輕輕拉動，就能強烈感應那錐心的痛楚、狂喜與狂悲。

情思漫溢，俯拾即是，情絲縛纏，欲解還結，此是人生，你我都在其中。有快樂甜蜜，有悲傷苦惱，「偶開天眼覷紅塵，可憐身是眼中人」，作者捧著一顆柔軟無比的心，體貼的進行觀照，這可是往生命礦場最深處挖掘探勘的艱鉅工程呢！不管知音難覓而且無法速成，前路孤寂又漫長，但是她依然堅持。

龔華總歸是個詩人，語言的節奏配合思想的起伏，發展出一套鍊字造句的方法，比如「妳用微弱的光暈為我鋪床，並且讓知覺在枕畔上發酵，因而烘焙出一點我所渴望的溫度來。」這樣的東西並不那麼平易近人，你得抽絲剝繭，耐心的將那些天馬行空四處奔竄，看似無法掌控的比喻、象徵、聯想一一收服。如果用前面提供的角度，試圖理解作者的幽微用心，再以讀詩的方法，破解文字障礙，串連起跳接的意象，揣摩可能的意旨，即使找到的仍不是標準答案，想必也已經更接近了。《情思‧情絲》以小品文的面貌而有詩的質地，讀者雖然無法享受「一路通行無阻」的閱讀快感，但是一路關卡重重，如走迷宮，「山窮水盡疑無路，柳暗花明又一村」，讀這本書，收穫的將會是更多的會心，更多的驚奇。

167
情思‧情絲
龔華 著

文學創作
散文‧雜文

貼近生命現實的女性主義　　宇文正

　　林白的《說吧，房間》是一曲女性的悲歌。

　　這曲悲歌以兩位女性：敘述者老黑以及她的好友南紅兩人的故事雙線交織而成。離婚並因此遭到解雇的老黑，與在情場上一再破滅、同樣也因為被男人遺棄而失去工作的南紅，兩人在深圳一個叫「赤尾村」的破房間裡相依為命。老黑打算寫下南紅的故事，敘事中，斷續插入她自己故事的片段。大致上，南紅的角色象徵著女性浪漫、感官的一面，而老黑的遭遇則陳說著生活的現實；無論浪漫還是現實，在男權社會裡，她們的命運一樣悲慘。南紅最後子宮外孕大出血死亡；老黑在謀職落空、忽聞好友噩耗，同時接獲女兒扣扣高燒不退消息的多重打擊下，未來不可知，連生死亦不可卜──而其實在前一章裡已留下「老黑在老黑家裡上吊」的預言作為伏筆，悲慘的結局無須作者殘酷寫透。

　　這樣一部悲劇，閱讀的質感卻是柔軟的。「南非」是學藝術出身的南紅心目中永遠的夢想，即使壯志未酬，她還沒機會親身到南非一償宿願便意外死亡，那夢想卻使她的一生無論多麼潦倒都始終保留著一縷陽光。

　　女兒扣扣則是屬於老黑溫暖的陽光，全書只要是敘述扣扣的部分，文字就變得極其柔軟溫馨。這使得大膽書寫女性隱祕經驗的林白，卻不同於大陸近年大量興起、以書寫身體而受矚目的女作家們。林白以華麗的文字鏤刻女性的身體，但並不只側重情慾的身體，她對於女性墮胎、懷孕，產後的過程、心理，對於「母性」的身體也有著細膩、深情的描繪。我們可以說，林白書寫的女性身體，是完整、多面的，她擎舉的女性主義，也更貼近生命的現實。

所有中國人的事

謝鵬雄

169 自由鳥

鄭 義 著

你可能聽說過「文化大革命」、「勞改」、「紅衛兵」、「八九民運」、「六四」等名詞；你可能也讀過或聽人說過和這些名詞有關的恐怖、殘酷、血腥、無奈、死亡、離散；但你可能仍然不大清楚這些事的真正的可怕、逼人、壓力。

這些事當然也有成千上萬的人經歷過。但當經歷的人是一位知識分子，而經由他把親身的遭遇、經歷感覺寫出來，這本書作為一個歷史的見證便像滲血一樣滲出一種超越知識、經歷或憤怒的感覺，一種哀感——作為一個中國人，卻不被允許照他所理解的中國人那樣生活、思考或行為的哀感。

一個人最大的悲哀或屈辱，莫非就是不被允許做自己。五千年來，中國人的心靈很少改變。他們善良、溫和、有點鄉愿、有點自私，但不喜歡極端的事情或思想。文化大革命、紅衛兵、六四等事，對中國人而言太極端，這是中國人所未曾經歷、未曾想到的極端。極端，不論是哪一種極端，都是邪惡的。何況「極權體制」如同寫序的余英時先生所說是從西方來的。

四千年來，中國的統治者，皇帝、諸侯、官吏、朝廷，也曾極權、邪惡。但通常是皇帝、諸侯、統治者個人的荒淫暴虐而已。他們暴虐，但不承認暴虐，表面上還要粉飾太平、裝作愛民。這樣的暴虐，是行為上的暴虐。

但文化大革命以一個體制、系統、理論、政策，明目張膽，理直氣壯地殺害無辜、侵凌人性、戕害社會、摧殘文化。

中國的土地上有這種事，作者以血淚寫出其體驗，以文明標榜的人豈能不知？豈能不關心？

文學創作 散文・雜文

詩人之所以成為詩人

白　靈

　　「魚川」是人口不超過兩百戶人家的小村落，那裡有梅新的外婆家，他的出生地叫三公彥，就在魚川的隔鄉，村子更小，也同樣「背朝天、臉朝地，靠貧瘠的山坡地維生」，梅新於此兩村落成長到 12、13 歲。那兩地就成了梅新一輩子的「夢穴」，他把兒子取名叫公彥，自己另一個筆名叫魚川，成了一個無可救藥念舊的詩人。卻不知，他為數不少的詩作皆根源於斯，他的第三本詩集就命名「家鄉的女人」，而此本讀詩札記偏偏還取名「魚川讀詩」，這種致命式的執著，正是人之所以為人的可愛處，也是詩人之所以成為詩人的根由。

　　此書出版於 1988 年 1 月，梅新卻先於 1987 年 10 月 10 日去世，相差不足三個月，那時他不只主導《現代詩》復刊號（創刊於 50 年代）此一刊物的編輯、出版和發行，同時也為行之有年的「年度詩選」之出版和發展投注許多心力，而他更主要的工作則是〈中央副刊〉的主編，《魚川讀詩》即是他寫詩、選詩、出版、編輯等繁重工作之餘的詩札和導讀文章。此書總共探討了余光中、商禽、葉維廉、管管、羅任玲、蘇紹連、洛夫……等十九位詩人的二十五首詩，他對名氣不大的秀陶、文名不顯的梁正宏、大陸三位詩人（翟永明、昌耀、匡國泰三人）、跨行寫詩的隱地、楊明，以及當時剛嶄露頭角的劉季陵、零雨，都不吝大幅度的評析推介，尤其對女詩人零雨的創作本領更是大力讚賞，如今其成就果然極為突出，足以印證梅新眼光的獨到。當初《魚川讀詩》是配合「中副詩選」於〈中央副刊〉陸續刊載，好評連連，但他不認為自己是在作「導讀」的工作，「我只是寫出我自己對每一首詩的讀後感，點出這詩的全景，或者是某一部分詩的意象經營，如此而已」，然而他於「寫出」與「點出」之間，卻不斷提出他對詩的諸多看法，比如「深入淺出」、「偽詩」、「詩人的責任」、「詩目的不在技巧」……等觀點，果然，他的《魚川讀詩》不只是導讀而已，也涵蓋了他一生對詩的主張和觀照。

【好詩共欣賞】

只有香如故

衣若芬

之於我，有些前輩學者的事蹟和傳聞有如天方夜譚，葉嘉瑩教授就是其中的一位。

說起來，雖然聽過葉教授講課，我仍尊葉教授為「太老師」，不只是由於葉教授的輩分，以及我個人治學的師承關係，也因為葉教授的風範，較諸她的實際年齡更為高古，是屬於典雅的，甚至於前於五四的舊學傳統。

看到「舊學傳統」，讀者可能會以為其中帶有朽敗的陳腐氣味，在如今事事追求新變的 21 世紀，是反潮流，不合時宜的。其實不然，葉教授在學院課堂上講授詩詞逾五十年，近年來更在海峽兩岸的許多面對一般社會大眾的演講會中廣受歡迎，動輒上千的聽眾擠滿了會場，不曾身歷其境的人，很難想像聽眾的熱情如何在現場與葉教授交流互動，感受到全場濃郁的、浸潤於古典詩詞中的喜悅與心靈啟發。

如果說古人說的「詩教」並未完全被時代變遷所斷絕，從葉教授的「群眾魅力」能夠得到明顯的例證。葉教授經常戲稱自己講述時「跑野馬」，往往由一句詩詞，甚至一個字，旁徵博引，左右逢源，看似天馬行空，不著邊際，這種信手拈來的慧心實則是她自幼飽誦詩詞，畢生學術研究的菁華，讓人感佩中國古典文學與葉教授生命的緊密融合，果然是「聽君一席話，勝讀十年書」。

不曾領略「聽君一席話，勝讀十年書」的讀者，先別失望，葉教授的演講集《好詩共欣賞》可以彌補缺憾。本書為 1988 年葉教授在北京的四次演講紀錄，第一講為「概論」，介紹中國古典詩歌重視興發感動的美學特質；其後三講分別談陶淵明、杜甫和李商隱的詩。讀《好詩共欣賞》，您不自覺也會被葉教授興發感動，「零落成泥碾作塵，只有香如故」，品嗅著那如故之香，自是人生一樂。

好詩共欣賞

1 7 1 好詩共欣賞 ——陶淵明、杜甫、李商隱三家詩講錄

葉嘉瑩 著

古典文學評賞

一枝不妥協的筆

黃雅歆

本書是小說家林雙不在筆名還是碧竹時期的作品（編按：本書重排後，作者要求以「林雙不」本名出版）。無論是小說風格或是人生的轉折，「碧竹時期」都可視為林雙不的一個斷代。從成為「林雙不」之後，確立了他以能言敢言、揭發社會弊害、不憂不懼走在民主改革先端的職志，並在這個立足點上，重新檢視文學作品的價值。

碧竹的《班會之死》出版於民國 59 年，林雙不最新小說《安安靜靜台灣人》系列則於民國 89 年問世，長達三十多年的創作能量著實不容忽視。碧竹時期的作品絕大部分是林雙不在學生時代「鬻文為生」的產物，靠著創作天賦「打工」，既有收入又有作家的「光環」，作品產量甚多，但尚未真正思索作家的社會定位。儘管如此，作者用以總結自己二十歲的《班會之死》，仍然透顯了後來林雙不所關心的改革議題。他「試著去描述被聯考折磨的年輕人的無可奈何，描寫他們精神上的死亡」（見〈自序〉），並希望能「以小觀大」。這和林雙不後來針對校園問題所寫的長篇小說，在創作精神上是一致的。

雖然現代學子不再面對「一試訂終身」的大學窄門，但升學壓力有增無減；雖然現今社會自由開放，不再隱晦封閉，但精神的蒼白苦悶更甚以往。《班會之死》中所描述的青年「精神上的死亡」：譬如〈危梯〉寫為人師表的不堪，以及校園工程的草菅人命；〈班會之死〉痛心於作為「民權初步」啟蒙教育與關心公共事務第一步的班會，成為插科打諢、耍寶的場合；〈最後一夜〉、〈雨季永遠不再來〉則突顯了心智不成熟的情愛糾葛。這些來自於學校的、情場的、家庭的、社會的污染、壓迫與失意，不受時代限制，今日讀之仍充滿警示性。

清涼世界清涼風　　　　張堂錡

作為一位大學校長，作者擁有對高等教育理念實踐的豐富經驗與高度熱忱，而作為一位佛教徒，作者擁有對人世眾生的慈悲關照與智慧修持，兩者的結合，使華梵大學校長馬遜博士有著不同於一般大學校長治校的理念與作風，也對社會人心有著不同於一般知識分子的觀察與體悟，這些理念、作風、觀察與體悟，透過《晴空星月》這部散文、雜文集，有了生動、具體、深刻、系統的呈現。

馬遜校長的研究專長是科學，曾留學德國深造，但她自民國84年出任佛教辦學的華梵大學校長之後，顯現出來的卻是不忘人文精神的理性思維，這一點應與她身為虔誠的佛教徒有關。她既可以投入尖端化工的鑽研，又可以出入深奧佛典的研讀，既可以投入繁瑣世俗的行政工作，又可以提筆寫出自在超脫的散文篇章，身為現代知識女性，她的堅持與專一、細膩與用心，使她不論在辦學治校、科學研究、推廣佛教、文學創作等不同領域都有出色的表現。

《晴空星月》分為兩輯：「大崙寄語」主要是寫給年輕朋友的話，「佛教教育」是多年來赴各地演講有關佛教教育的文稿。她和年輕朋友任心閒話，談交友之道、語文的力量、禪、讀書、服務教育、人生的規劃等，除了讓人感受到她身為校長的殷切期許外，也讓人在娓娓閒談中，覺得如對老友般自在，又如智者開示般能時有所得；至於一系列關於佛教教育的演講，從佛典心得的分享、佛學教育的理念到佛教徒的社會責任，她都能以豐厚的學養、有趣的比喻，提出自己獨到的體會和前瞻性的見解。佛法行於人間，念佛不忘社會責任，以及從心靈、自發、智慧、人本、全面、終身等理想出發的「覺之教育」，不論是否為佛教徒，讀完之後都會為這一份願力感到動容，為這一份理想感到喜悅。「今天臺灣的佛教界，已經不能關起門來了。」馬遜校長這樣呼籲，也這樣在實踐。滾滾紅塵中，人性被侵蝕，心靈被污染，身與心不易安頓的情形下，《晴空星月》實是一帖清涼散，足以讓心自在，讓智慧打開，讓人進入清明的世界。

173 晴空星月

馬　遜　著

社會人文

流動的風景

宇文正

　　韓秀的《風景》裡，〈初識雅典人〉一文描述她從廚房的大窗戶望出去，清楚地看見一位雅典主婦生活的大部分內容……；而我們從《風景》這扇窗子，看見希臘的文化、生活，瀏覽布達佩斯街頭，確認多瑙河的「顏色」（原來是綠色的！），聽見尼羅河水的低吟……

　　此「風景」，不僅是地形、地貌之景，更是人文之景、握管者心情之景，從「人在希臘」——雅典的生活出發，發足飛奔埃及、匈牙利等地，以「寄語臺灣」——對臺灣殷殷的愛與期許作結；其中「這邊風景獨好」一輯，引領讀者徜徉書海，似乎為後來她開闢書評專欄的興致作了預告。

　　《風景》厚達三百餘頁，讀來卻毫不滯重，與韓秀之前的作品比較起來，這一本散文集的風格是較為輕快的。她對於雅典人細膩的觀察、描繪，讀來津津有味。例如她說雅典是男人的「天堂」、女人的「人間」（作者含蓄，倒沒說是「地獄」！），「菜是必須每天買的，先生要吃得新鮮；衣服是必須每天洗的，先生要穿得體面……陽臺是要每天刷洗的……所有的必需使得女人們手中永遠有拖把、抹布、熨斗……臉上的笑容卻完全地消失在縱橫交錯的皺紋裡。」然而風景一轉，她又說：「在開車的兇猛、慓悍、頑強方面，雅典人無分男女，都是一模一樣的。」

　　不僅這扇窺見希臘、窺見世界的窗令人驚奇，她浸淫書籍，提出的見解也別有洞天。在〈傳統與現代〉一文中談到徐志摩與三位女性之間這最為世人稱道、傳誦、爭議的多角關係，韓秀一反眾人對才女林徽音的偏愛，對林徽音的現實面提出尖銳的質疑。

　　這是一道有情的風景，也是一道知性的風景。在〈孤獨是必然的〉一文裡，她說：「作家是帶著『故土』、帶著自己的文化在世間流浪的。」作為一位外交官的妻子，韓秀帶給讀者的，是一道道流動的、瑰麗的風景！

史學家與說書人

李福鐘

　　很少聽說歷史學家也兼寫小說。黃仁宇先生是個例外，他曾以筆名李尉昂出版過《汴京殘夢》及《長沙白茉莉》，一個寫 9 世紀時的中國開封，一個寫 20 世紀上半葉的上海。歷史學家的小說寫得好不好，另有文評家來評說，但是黃仁宇最暢銷的作品仍是他的史學著作——《萬曆十五年》、《赫遜河畔談中國歷史》、《中國大歷史》、《放寬歷史的視界》等，這點大概無人否認。即使在 19 世紀以前「文史不分」的年代，歷史學家擅長的原本就不是曲折離奇的情節、周密深刻的角色刻劃，而是歷史環境的臨摹。此所以司馬遷寫《史記》沒人會當它是小說，而巴斯特納 (Boris Pasternak) 寫《齊瓦哥醫生》沒人會當它是歷史書。

　　張元教授是國內著名的史學家，只是沒想到張教授寫起小說來竟也有模有樣。人物個性、情節發展，一應俱全。張教授《談歷史話教學》一書從書名來看，自然理應是講授他身為歷史學者和教育工作者數十年的教學心得，這類的題材、這樣的書名，十之八九必定以硬底子論說文字為之。及至展卷閱讀，才發現竟然是一本小說，至少形式上真的是一本小說。裡頭有三位高中老師，以及三名高中學生，他們因緣際會湊在一起組成了讀書會，交換歷史課的教學和研習心得。整本書討論的雖然仍是中國歷史的一般知識，不過藉由活生生的人物表達出來，還是比預期中論說文字的方式來得輕鬆活潑。

　　但是小說之所以為小說，目的不在教學，而是要讓讀者感同身受，隨著情節起伏或哭或笑；張教授以小說手法寫史學知識，主旨還是歷史教育，不在於讓讀者又哭又笑，只是盡可能將教學活潑化。想看小說的讀者也許在翻看幾頁之後就興味索然，但是想獲取中國史知識的讀者，倒是可以嘗鮮，以一種截然不同的閱讀習慣，了解從遠古到西晉的中國史當前研究行情。張教授此書只寫到西晉為止，也許將來還打算再接再勵，把南北朝到 20 世紀這一千五百年，賡續補上。

溫馨地呈現極地

謝鵬雄

位夢華 著

科學人文

「當我在南極走下飛機時，立刻被那冰雪的純潔和天地的氣勢所折服，從此一發而不可收……。」作者這樣說。

作者「一去南極，五進北極，與巨浪抗爭，與風雪搏擊」，原是負載著科學研究的重任的。但是，科學家如沒有那被「冰雪的純潔」感動的纖細，看到美的土地就一發而不可收的熱情，如何能一直堅持其科學的追求與冒險？

這本書，不只記載科學的考察。作者與愛斯基摩人來往，而終悟到愛斯基摩人喜歡與人共享的特性，這是人文的考察。

研究深海魚類，知道牠們「因長期生活在高壓之下，所以行動遲緩，神情呆滯；世代居於黑暗之中，所以視力退化，目光淺短；海底沉寂無聲，無任何信息，所以聽力衰竭，反應很慢；深水之中營養物質匱乏，因而魚類的體形一般都比較瘦小，壽命也比較短促。久而久之，必然進化緩慢，樣子原始，成為一群活的化石……。」單是這樣的考察，已經是很能震撼普通人的事實了。而作者還繼續借「趙先生」之口發感慨：正因如此，深海魚類「可以無憂無慮，怡然自得，好像生活在世外桃源一般。」

從科學延伸到人文，這種寫作的能力，若非是另有懷抱的科學家，誰能具有。

令人驚歎的事還有很多。燕鷗一年一來回於北極與南極之間，你知不知道？世上蛋白質含量最高的東西，是蛆蟲及蒼蠅，你知不知道？

人是萬物之靈，征服了地球上大部分土地及事物。但極地是尚未為人類所控制的地方。你若想知道為什麼，那就翻開《兩極紀實》。這書一點也沒有極地的冰冷，卻有意外的親和。

逛進婚姻世俗的大觀園

方 梓

婚姻一直是人生中最大的課題，不管結婚與否，總是繞在情感上，男女都是如此；愛情、婚姻都是男女的共修的共業，可惜婚姻之途通常意外連連。

本書以四十幾則關於愛情、婚姻的短篇故事，闡述人世間的情愛嗔恨。

作者不以說理來道論愛情或婚姻，甚至也不刻意譴責外遇或婚變，而是以故事的呈現，讓讀者自己體會解讀。不過對於婚姻和愛情，作者也有自己極富哲思的想法；姻緣是一種最神祕的緣分，彷彿是命運的，但姻緣也是一種男人與女人尋求共識的主觀努力和創造。婚前的盲點是婚姻中必須要克服的一道障礙，超越它，後面的路就要平坦得多。

在四十多篇的故事中，觸及了很多婚姻最迫切的問題，例如〈婚姻與生育〉其中提到「有孩子的夫妻的愛的交流像土製的麵包，土法釀製的酒，裝在一個大黑粗瓷罐子裡，味道好極了，但看起來卻不起眼。」把現實生活的婚姻形容得如此貼切。

而對於婚姻和愛情，作者也認為是「是自我的選擇不是命運」；她認為這個世上沒有一個命中注定的曠男怨女，只要去尋找，總可以找到。男人和女人像泥土一樣，像空氣一樣，像芳草一樣，遍布天涯，充盈海角。

有情人終成眷屬是否都一定美滿？就像王子和公主結婚後的生活是沒有人追究的。本書中也探討了「好朋友不一定是好丈夫」，道盡了好男好女還是做朋友好的人生至理。對於再婚，作者也十分樂觀其成，她把再婚看成是一次人生的機會，是萬物之神的厚愛，更要懂得珍惜。

這是一本描寫世間男女千種情愛的故事，閱讀故事知曉人世間男女的恩怨情仇，彷彿逛進婚姻世俗的大觀園，一目瞭然婚姻的繁瑣、世俗，以及珍貴的多面。

177 遙遠的歌

夏小舟 著

文學創作 小說

因為有心，才有通道

謝鵬雄

中國有一句口號性的話：「凜天地正氣，法古今完人」。但「完人」是什麼樣的人，難免常常令人不懂。依這句口號的口氣，「完人」應該是類似聖人那種完美的、偉大的、無缺點的人。這種人豈是人人可以效法的？

看了簡宛女士寫的《時間的通道》，突然有一個靈感，覺得「完人」如果可以降低層次到較實際的意義上，解為生活面完整、心情平衡，雖非完美，卻令自己及周圍的人都尚滿意、喜歡、願意做朋友的那種人，這樣的「完人」，大約一般人還有勇氣努力去成為這樣的人吧。

看簡宛女士的書，直覺地覺得她作為女兒、妻子、母親、老師、作者、朋友似乎都很稱職；孝敬父母、貢獻家庭、誨人以愛、和朋友談「三個圈圈」理論，寫出來的散文中充滿對愛的憧憬、對人世的熱情、對過去的懷念、對工作的用心，各方面都十分「完整」。

很多人會想：一個女人，在家做主婦、出門去工作、在校為老師、和朋友交際應酬，樣樣都應付得來，這女人好能幹！能掌握狀況、分配時間，每天做很多事都能做好！錯了！一個人能把很多事做好，或把一件事做好，不是因為她能幹，能安排時間，是因為她心中有愛，決心把事做好，決心凝結成智慧，智慧能解決困難，解決了困難心理就平衡，就成為「完整」的人。

不信，你若有兩個兒子，每人畫了一架飛機，一個畫得好，一個畫得不好，都來找你評分，你如何評分？你也許能評得好，不傷兒子的心；你也許對付不下來，那麼你何妨看看這本書，看看人家如何面面俱到。面面俱到，不是八面玲瓏，而是用心思考，用愛心體會的結果。你看了書，才知道。

海外歲月中的心情故事 　　　楊　明

　　提起簡宛，讀者們比較熟悉的可能是她親切優美的散文，本書收錄的卻是她的短篇小說，尤其難得的是，這是簡宛年輕時初到美國留學那段日子完成的作品，身在景色秀麗的康乃爾大學和伊利諾大學，初嘗留學生生活的孤單寂寞，種種情緒的催化之下，創作成了她最好的抒發管道。

　　1969 年，簡宛離開臺灣到美國留學，內心充滿對於故鄉臺灣的思念，剛到美國，異國文化又在她的思想上造成衝擊，當時正處於 60 年代，校園裡一片反戰示威聲浪，大環境讓人苦苦思索，個人要面對的煩惱也不少，諸如男女之間的情感困擾，課業上的煎熬，畢業之後前途的壓力，都對當時的簡宛產生了影響，也促使她完成了這一本小說集。收錄在本書中的十八篇小說，有發生在她身邊的真實故事，也有從別人那裡聽來的故事，經由她敏銳善感的心重新體悟後，栩栩如生的呈現在讀者眼前，小說的篇幅雖然不長，讀來卻頗有餘味。

　　簡宛在本書的序言中寫道:「人生就是一連串不斷發生的問題所構成，我們的心智也在尋求問題的解答中拓展、成熟。」十八篇小說探討了許多人生的問題，青少年的寂寞、美國華裔少年成長的適應問題、渴望愛情又不相信男人的孤單芳心、母親對戀愛中兒子的佔有慾、寵物和人之間的供需關係。她細心的觀察生活，熱情的尋求解答，也許因為疑惑，也許因為不安，但是更大的力量，還是源於對生活的愛，使她寫下這些短篇小說，記錄生活裡值得紀念的故事。人生沒有標準答案，但是在不斷累積的經驗和沉澱的智慧中，我們將學習到如何在這一條路上沉靜和諧的走下去。

179 燃燒的眼睛

簡宛 著

文學創作 小說

記憶一個美好而單純的年代　　李福鐘

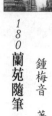

　　讀鍾梅音女士的《蘭苑隨筆》，不禁要讓人懷念起 1960 年代的單純。那種單純其實是一種特殊的心靈狀態，多少與當時的現實環境呈現著突兀的對比。當時的國際社會是個大動盪時代，全球冷戰仍持續中，幾個資本主義大國先後爆發大規模學生運動；共產國家陣營也沒閒著，中國有震驚全世界的文化大革命，而東歐則有蘇聯坦克鎮壓布拉格事件。中南半島戰火燎原，近東以阿戰爭則方興未艾。英國的披頭四合唱團為流行音樂帶來了一場搖滾革命，而 1969 年 8 月美國紐約州烏士托 (Woodstock) 小鎮的音樂狂歡節，則等於宣告青年集體造反運動的來臨。1969 年 7 月美國太空人阿姆斯壯在月球上印下了人類第一個足跡，那年中秋節艾爾西颱風來襲，全臺灣沒有月亮可看。

　　再怎麼說，1960 年代的世界舞臺，絕對談不上「無邊絲雨細如愁，寶簾閒掛小銀鉤」的情調，然而鍾梅音女士的《蘭苑隨筆》仍是一派悠閒輕盈的姿態。尤其鍾女士所代表的文風在當時臺北文化界亦非異類，而是有一定代表性的。應該說，那個年代的大部分臺灣人民，確實安逸地耽溺在一種「關起小樓成一統」的不問世事裡頭。鍾梅音女士在本書中寫她在東南亞的遊歷，寫充滿異國情調的風土人情，這些都是身處封閉環境中的臺灣讀者，欣羨嚮往的夢土，是安貧樂道的匱乏生活中，一丁點作夢的素材。讀鍾女士的散文，悠遊於一個恬靜雅緻的世界，再對照於當時整個世界的兵荒馬亂，這就是 1960 年代的臺灣，是至今仍讓許多中年以上的讀者，緬懷想念的歲月。

　　然而這種日子終究不會長久，1971 年臺灣退出聯合國，1972 年尼克森訪問北京，1975 年蔣介石病故，1979 年臺美斷交，同年 12 月高雄美麗島事件爆發，1970 年代的臺灣籠罩在山雨欲來的不祥預兆中。1980 年代臺灣開始進入政治碰撞與大解禁時代。之後，那種無憂無慮——至少是虛擬的無憂無慮——便再也一去不復返了。

　　讀鍾梅音女士的散文，彷彿產生一種錯覺，以為那些已逝的古老歲月，竟然又回到眼前。

妙手偶得

卓清芬

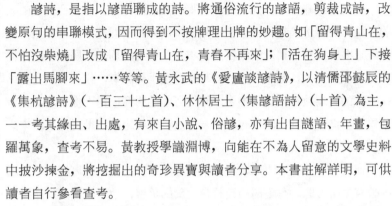

181 愛廬談諺詩

黃永武 著

諺詩，是指以諺語聯成的詩。將通俗流行的諺語，剪裁成詩，改變原句的串聯模式，因而得到不按牌理出牌的妙趣。如「留得青山在，不怕沒柴燒」改成「留得青山在，青春不再來」；「活在狗身上」下接「露出馬腳來」……等等。黃永武的《愛廬談諺詩》，以清儒邵懿辰的《集杭諺詩》（一百三十七首）、休休居士〈集諺語詩〉（十首）為主，一一考其緣由、出處，有來自小說、俗諺，亦有出自謎語、年畫，包羅萬象，查考不易。黃教授學識淵博，向能在不為人留意的文學史料中披沙揀金，將挖掘出的奇珍異寶與讀者分享。本書註解詳明，可供讀者自行參看查考。

這些諺詩中，有勸人知足惜福的：「恨小非君子，怕死不忠臣。賭錢輸急漢，酒醉罵仇人。嫁的嫁不著，說話說得真。平安就是福，有子不愁貧。」

有勸人宜審慎寬宏的：「聖人有三錯，相罵沒好言。貴人多忘事，賭錢不去翻。孤墳蔭祭主，一紙入公門。財去人安樂，倒掇聚寶盆。」

有勸人莫自尋煩惱的：「替古人擔憂，買間破屋修。生老病死苦，恩拔副歲優。合著酒瓶蓋，打斷飯碗頭。神仙老虎狗，遍地的徽州。」

民間的諺語，多一針見血的批評，諷刺人性的陰暗面，辛辣痛快；也有不計較得失的寬容，勸人忍氣退讓，溫柔敦厚。在諺語的文字遊戲中，不僅可以明瞭古人處世的智慧，亦可欣賞中國式的幽默，具有寓教於樂的效果。

古典文學評賞

是傳記也是文學

楊　明

劉真傳

182
劉真傳

黃守誠　著

傳
記

　　傳記是最難寫的，難在既要具備閱讀的趣味，又要符合真實的人物性格，記錄下值得留傳的生平故事，而寫作者並非立傳者本人，即使經過多方資料收集，詳細採訪當事人，要寫得周全仍屬不易，更何況還要生動感人，凝聚一生的精華呢？這不像報導，作者可以完全站在旁觀的立場敘述知道的事實，歸納可能的影響；更不像小說，作者天馬行空盡情發揮，即使有些離奇之處，說不定讀者還覺得是神來之筆。

　　傳記不可能一字不假，但是精神必須符合真實，劉真對中華民國的教育多所貢獻，有臺灣師範教育之父的美譽，他早年畢業於安徽大學哲學系，先後在日本東京高等師範和美國賓州大學研究，曾經擔任總統府資政、中華民國中山學術文化基金會董事長等職，現在的孔子誕辰紀念日和教師節訂在 9 月 28 日，就是由他所作的建議。

　　黃守誠為寫作《劉真傳》耗時十餘年，他本身是資深作家，主人翁跨越數十年的生平故事，他娓娓以三十萬言道來，描寫細膩，不但對事情的發展有陳述，對於歷程中的用心也有所交代，《劉真傳》從劉真在安徽省鳳臺縣的童年寫起，歷經抗戰、遷臺，詳細陳述了遷臺後臺灣教育界草創時期的艱困，來臺的學者們如何在簡陋的環境中安身立命、作育英才。

　　劉真在對國校教師研習會的演講中說：「負有創造人類心靈的神聖任務的教師們，能樹立新的觀念，表現新的精神，抱起衰振弊的宏願，作盡其在我的努力，不憂不懼，立己立人，起碼要先作一個負責盡職的教書匠，更進而作一個為人師表的教育家。」這是劉真先生對自我的要求，對全國老師們的期許，也是對臺灣教育的希望。教育是百年大計，黃守誠所寫作的《劉真傳》，不僅是一本傳記，也是臺灣教育的發展簡史，蘊藏了許多珍貴的史料。

極地新思維

張春榮

「天涯縱橫」這樣的書名，很容易讓人望文生義，以為是旅遊行腳之作，充滿異國情調的描述。然風簷展讀，縱貫全書，則是極地新思維。藉由南極、北極的探勘，藉由天涯冰原荒地，藉由更寬廣更終極的視野，提出更冷峻更務實的觀照。

全書用科學說話，用數據說話，用事實說話；客觀敘述，冷靜剖析，不尚懸虛。通過極地探勘的實際經驗，通過地球地質研究的根源掌握，書中掀開兩極的真正面紗，剝除吾輩一廂情願、自以為是的迷思，確實足以端正視聽，增長見聞。

全書論述的主軸有二：第一，揭示「相反相成」、「對立而統一」的理蘊。由此觀之，殺機與生機同在，強權與正義並存，邪惡與美好對峙，黑暗與光明相伴。經由其中動態的消長、轉化，才是生物鏈「平衡、和諧」的演示，也才是大自然長青、久安之道。第二，揭示「我們只有一個地球」、「宇宙中最寶貴的立足之地」的憂患意識與珍惜心理。立足於「大自然的變化規律」之高度思維，不宜坐視人口膨脹、資源短缺、環境污染於不顧。如何珍之惜之，如何採取有效措施，如何進而要求「心靈環保」：去除人類「膾不厭細、食不厭精、住不厭寬綽、穿不厭華麗」的通病，真正洗心革面，反璞歸真；才能讓地球回春，避免枯竭惡化，陷於萬劫不復之地。

《天涯縱橫》是科學與文學的對話，理性與感性的激盪。似此放眼於「公領域」的科普散文，猶如咀嚼橄欖，深加捧讀，皮澀回甘，引人悵然深思。

天涯縱橫

183 天涯縱橫

位夢華 著

科學人文

唐人之臉，漢字之書

衣若芬

　　如果你沒聽過「許世旭」先生的大名，沒翻開本書的摺頁，瀏覽一下「作者介紹」，僅閱讀書裡的篇章內容，你絕對沒想到，本書是由一位「外國人」撰寫的。

　　所以一定要先讀一讀作者的自序——〈中國文學是叔伯的臉孔〉，聽一聽作者的家學，數一數作者的幾段中國文學因緣，才能恍然大悟，作者對於中國文學的親切感，原來源於同樣來自雅爾泰山的叔伯關係。不過，話又說回來，即使如此，當代韓國作者的中文書寫和創作水準，還是無人可以企及許教授的。

　　流暢的文筆，生動的描述，清晰的闡釋，這其實是一本探討中國現代詩，極富學術意義的論著，但是身兼學者與詩人雙重角色的作者，卻將「議論性」與「趣味性」拿捏得恰到好處。於是我們知道，學習一種外國語言文字，除了反覆練習，以臻運用自如，爐火純青之地，更需要與生俱來的才情與識見，這一點，清代的詩人早就有所發現，而在許教授的著作裡，再次得到驗證。

　　本書分為兩個部分：「專論中國新詩」與「比較研究」，前者從詩史的角度，談論中國歷代白話詩與新詩的縱承關係、1950 年代以來的臺灣現代詩及重要詩刊（例如《創世紀》），一方面整理中國新舊文化傳統；另一方面也關心華文寫作在世界東西交融與衝突中的地位。後者包括海峽兩岸現代詩與詩人的共時性比較，探討徐志摩、聞一多、紀弦的專文。尤其是作者以不偏不倚的態度，對於臺灣和中國大陸自 1949 年以來的現代詩的分析，既是海峽兩岸之外的「第三者」，又是以中文創作的詩人，許教授的見解非常值得敬佩與關注。

反抗傳統的本土詩人　　林黛嫚

　　白萩，本名何錦榮，從事現代詩創作四十多年，曾獲第一屆全國青年詩人獎、吳三連文學獎等，有天才詩人的稱譽。他曾參與《現代詩》、《藍星》、《創世紀》等詩刊，為臺灣本土現代詩刊《笠》的創刊者之一，亦曾主編《笠》詩刊。已出版現代詩集十多種，現代詩評論集多種。其詩作翻譯為英、法、德、日、韓等外文，德文詩集有《臺灣之火》、英文詩集有《香頌》。本詩選是其最早的三本詩集《蛾之死》、《風的薔薇》及《天空象徵》的合集，收錄白萩從 1953 至 1968 年間的詩作，可說白萩詩早期、中期的代表作都在本詩選中，是白萩詩研究者最重要的參考作品。

　　白萩是一個具有實驗精神的詩人，他勇於突破別人的窠臼，也勇於超越自己的成就，白萩的詩具有多變性，他以對人性尊嚴的關切，從不同的角度，不同的素材，企圖維繫人文精神。因此出現在他詩中的人物、意象，就顯得十分卑微、渺小，然而卻充滿著永不停歇的搏鬥與奮戰的決心和毅力。本詩選所收錄詩作，呈現白萩在自我覺醒的一貫精神上，追求幻化無窮的現實世界的本象，以及內在精神的變貌。他是吸納傳統而又反抗傳統的詩人，詩評家葉笛分析他的詩作的特色為：一、獨特的觀照和結晶的意象外爍為新奇的形象；二、在強烈的自我個性的表現中潛流著纖細的抒情韻味；三、敏銳犀利的現代意識與有彈力的感性。

　　以他入選高中國文課本的一首作於民國 55 年的詩作〈雁〉為例，這首詩作者藉由雁的不斷飛翔，暗喻人生應該為理想、目標，排除萬難，無悔地追求。詩人創作，往往藉彼景以寓此情，引他物以明己志，白萩這首〈雁〉就是藉著雁的合群、飛行，來歌頌人類永不屈服的意志。以「地平線」象徵似近實遠、可見不可即的理想；以廣大虛無的「天空」說明處境的艱難，冷冷的「雲翼」則暗喻不可知的凶險。此詩意旨明確，意義深遠，具有一股冷靜的鼓舞力量，是白萩的代表作之一。

185
白萩詩選

白萩　著

文學創作　新詩

經濟思想家之孤獨與困頓　　鄭政秉

綠野仙蹤與中國

186
綠野仙蹤與中國

賴建誠　著

社會人文

　　本書是賴建誠在「三民叢刊」所出版的第二本書，但是相較於前一本《重商主義的窘境》，無論就內容及筆韻來看，本書都呈現了截然不同的特色。就內容而言，本書較少涉及臺灣普遍的人文議題，而較接近一位經濟學者專業之著。就筆韻而言，作者不再是軒昂和亮麗的，代之而起的是若隱若現，又隨處可遇的沉重和無奈。

　　本書分成相互獨立的二大部分，第一部分是「論說」，包含了十篇關連性不大，但較接近學術特色的文章。從這些文章中，我們可以領略到作者長期關心的一些研究課題：《國富論》原始中譯本的特色及影響、「年鑑學派」的學說及風格、臺灣經濟發展的相關課題、中國經濟史名著之探索等。對一般讀者而言，某些文章可能稍顯艱澀，但透過作者嚴謹之論述，不難從中獲取一些獨特的觀點。本書第二部分是「隨筆」，包含十三篇散文。這些文章有些在針砭時勢、剖析社會現象，有些是心靈小品。不過，從這些散文的字裡行間，我們可以輕易地感受到作者撰寫本書時的心境。我們除了在〈第二個童年〉一文可以感受到作者對生命的喜悅之外，其他的作品多是縈繞在困挫、沮喪和孤寂的情境當中。事實上，最能夠突顯這種困頓心境的文章正是作者最鍾愛的「人生三願」——吃得下飯、睡得著覺和笑得出來。

　　在臺灣這種短視、功利又速食的學術文化中，賴建誠選擇了一條廣博卻又孤寂之路。雖然我們不得不感佩作者勤奮不懈的治學態度和逆勢而為的學術理想，但卻又不得不對他在本書字裡行間流露出的迷惘和困頓，掩卷長歎！

風格的形成

白　靈

　　白萩是早慧的天才型詩人，寫詩起步才一兩年，年方十八時就榮獲文藝協會新詩獎，他的詩壇經歷迥然不同於其他同時期出發的詩人，他最早曾是現代詩社的成員，其後又輾轉出入藍星、創世紀等詩社。至 1964 年則「回歸」精神上的「鄉土」，加入本土意識強烈之笠詩社，成為發起人之一，如今四十年過去，該詩社早已茁壯，成員龐大，幾近百人，且以笠集團自稱，儼然成為臺灣最大的詩社，而白萩就是其中元老級的大詩人。白萩早、中期複雜的詩風顯然與其尋求立足點的經歷有關，他早年的流浪歷程透露出其名詩〈雁〉之「無止盡地追尋」的精神，過程即目的，每段旅程都必留下堅毅的腳印。他的詩社會批判意識強烈，對卑下、生活於惡劣環境又無力反抗命運的小人物有極深的同情心，並於眾多詩中為之吶喊、請命。他對詩的基本觀念和重要主張都可見於此本《現代詩散論》中，當初新詩的論爭和現代主義對詩壇的影響，於此書中亦可尋得蛛絲馬跡。

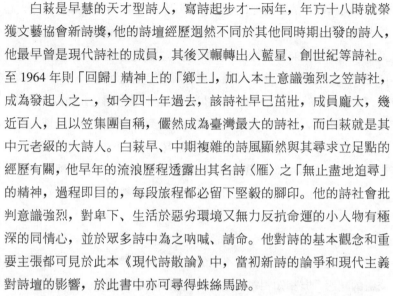

　　此書收散論十八篇，涉及討論的主題包含詩的繪畫性、音樂性、想像空間、語言及其斷與連、詩集評論、結集後記、論戰文字等等。他在詩語言的表達藝術上，特別強調「詩不在連，而在斷；但斷後不能連即無法達成任務」，並主張吸取現代派的長處，將語言「扭曲、錘打、拉長、壓擠、碾碎」，通過重新鑄造和組合，使「每一個形象都能負載我們的思想」。但又不是為了玩弄文字遊戲，「在純感動與純理知之間，我們寧願選擇以感動寫詩」，因此他在評林泠詩作的書簡中，呼籲應以「心」寫詩，不要純以「知識」寫詩。他在評析黃荷生及夏菁的詩作時均能直言不諱，不迴避談論作者的缺失和不足。所謂文如其人，由白萩這本《散論》我們看到了一位真誠面對藝術、不懦弱、不膽怯，勇於面對自己和歷史的一顆赤子之心，並由此追索出其一生詩風形成的緣由。

人生自是有情癡

卓清芬

188 詩與情

黃永武 著

古典文學評賞

「問世間，情是何物？直教生死相許。」正因為愛情具有震撼人心的力量，所以古往今來無數癡兒怨女都在情網中糾結纏繞，無法自拔。黃永武教授的《詩與情》，以明清情詩為主，在詮解意涵的同時，也寫自己對情感的體會，字字珠璣，靈心與智慧處處可見。

「明代情詩欣賞」一輯中，認為情詩是性靈所鍾，非色欲的描摹；是真情的流露，非虛偽作態。所選的明清樂府與一般坊間所選的情詩不同，令人耳目一新，例如：「涉江采蓮花，花落不自守，空餘蓮子心，辛苦為君剖。」和六朝民歌一樣，明清樂府也喜歡用諧音雙關來表達愛情。「蓮」即是「憐」，女子如花般美貌，易謝難久，一片苦心，只為君剖。

「明清情詩零拾」選了一百六十六首詩，篇幅簡短，意味雋永。有美人如仙的企慕、有長夜不眠的等待、有衣帶漸寬的憔悴、有愛恨交織的幽怨、有相知相守的甜蜜、有離別懷思的煎熬。相思，竟是無處不在：在眉睫低垂之際，在衣袖飄飛之時，在枕上，在燈前，在皓月當空，在雪夜花朝，相思就悄然襲上心頭，化成詩句，點點行行，都是真摯的情思。

「沖邈上人翠微山居詩欣賞」收錄北宋詩僧沖邈的二十五首詩，這些山居詩不只刻劃山容水態，更有超脫物外的人生哲理，如：「茅簷靜對千山月，竹戶閒棲一片雲。莫送往來名利客，階前踏破綠苔紋。」不受名利拘執，靜觀山月閒雲，心靈虛靜，便能安心自在。

「詩歌對仗的美」列舉出各種對仗的方法，有詩例說明。讀者可以知道古人常用的對偶方式及技巧，對古典文學的欣賞頗有助益。附錄兩篇，是黃教授《愛廬小品》、《生活美學》書中所引用詩句的出處，可省去讀者翻檢之苦。

情詩，是詩人愛與美的結晶。透過這些精緻玲瓏的詩句，重溫與古人相同的心情，也是很美的一件事。

輕靈的夢

謝鵬雄

189 鹿夢

康正果 著

《列子·周穆王》篇中也有一個夢鹿的故事。這個故事和康正果著的《鹿夢》不同的地方是，列子以夢與非夢的混淆不清來諷刺人生的不確定性。而本書則以夢象徵夢想，而以醒來所見代表另一個世界——現實。而作者面對夢境中「神差來的」鹿與醒來後所見的聒噪的城市，心中有些許感慨。

當然，作者寫了幾十篇文字，讀者也不必遽認為那是東西方相異的生活、觀念、文化的比較。鹿來「拜訪」未必是北美洲的普遍的現象，聒噪的城市也不是中國的專利，紐約、芝加哥有些地區不也很聒噪嗎？

但作者寫一件事，每一個故事，都是深深感動或搖撼他的心靈的經驗。譬如在賓州阿美什之鄉，作者看到了一群信仰和習俗與美國人並不一樣的阿美什人，以「落伍」的方式農耕，過樸素的生活，反對打仗、拒服兵役。而美國這個國家，允許這群早年移民的子孫，過這種另類生活。

作者談耶魯大學、談獨處家中沒有遊戲的小孩、談籠中之鳥、談愛海及愛山、談無夢的睡眠、談把花壓在書中做成乾花的意義……，這裡面有做一個文化人對東西文化的反省及一絲針砭，有對自己或朋友的生活的反省。每一篇都能談到事情或問題的核心，加上相當自然的靈思，使得看每篇文字都是享受。

作者在〈後記〉中說他在國內很少寫此類短文。整個人連根紮在那裡，很難把自己拔出來，心平氣和地去看周圍發生的事情……。我們迄此恍然，原來作者能將大小輕重的事情都寫得那麼輕靈是因為住在清靜的地方，心情安靜，所以能虛心地寫。這對同是寫作的人，也算是一個警語吧。

走不出的迷津

楊　明

「我在詞語與詞語之間一直堅持不懈的解決生活問題，語言除了是一種符號之外，在更為廣泛的意義上語言是在解決生活的問題，語言解決我們說話的問題，語言解決死亡之前一個充滿謊言的世界……」海男在《蝴蝶涅槃》中這樣說。

愛情的迷惘，是男人和女人都走不出的迷津，作者以迷離的文字敘述普桑子和四個男人間的愛情故事，研究蝴蝶的初戀男友耿木秋，讓她生下一名女兒的醫生郝仁，捉摸不定的作家王品，少了一條腿卻擁有一座礦山的陶章，這四個男人都愛著普桑子，也許是因為普桑子的美貌，也許是因為她超脫現實的疏離氣質，但是儘管愛是真心的，他們卻都只在普桑子的生命中作了短暫的停留。

普桑子因為男人而出走，又因為對於生命的信念、對於家庭的渴望而回來，她不知道人想逃離世界時，事實上卻是在闖入更複雜的陰影中。因此，作者認為當一個女人以為男人可以將她從眼前的迷惑中拉出，而走向那個男人時，其實只是讓自己陷入更深的迷津之中。

女人天性中有一種期待，那就是從一扇向自己打開的窗中走進去。普桑子身邊的男人來了又去，衍生為普桑子出走的動機，普桑子的母親雖然一輩子沒有勇氣從家鄉出走，卻也同樣承受著男人的到來和離去，承受著等待的困惑，在尋找和等待的過程中，最重要的其實不是男人的去留，而是普桑子的母親生下她，她生下女兒小阿樂，她們見證了生命的延續。

作者以充滿魔幻氣息的筆調，述說著男人和女人間因為情慾而不斷氾濫橫張的故事，她的述說無關乎道德，而是行走於世間的夢遊者陳述的人生風景，用平淡的思緒看曲折的情節，一如她所說的，只不過是用語言解決死亡之前一個充滿謊言的世界。

一個中國人的美國話

謝鵬雄

本書的作者林培瑞先生是「美國人」。所以用引號括起來是因為作者本人並不樂於承認也不情願做美國人。書名「半洋隨筆」，意思是他只勉強承認他是半個洋人。

這位半洋人曾經認真研究過中國人通常不屑於研究的「鴛鴦蝴蝶派小說」。「駕馭中國語文的能力已超過許多土生土長的中國人」（余英時序），說中國話的能力已到了可以表演相聲的程度。

雖然扣掉了一半洋人的部分，他只剩下一半可以做中國人。但這半個中國人從年輕時就對中國發生極大的興趣，「一步一步進入了中國文化博大精深的大殿堂，拜訪了先人古跡，走過了魯迅刻劃的農村」，對沈從文、老舍、張恨水等人的作品由衷愛好。認同中國的美學價值、道德價值，乃至民族概念。累積下來，可以說，其為中國人的「精神量」，遠遠超過多數中國人的「平均量」。

通常，一個人如果對一個國家、民族或文化愛之太深，談這個國家、民族、文化時就會有所偏愛。而偏愛當然也是一種偏見。但出於作者不管願不願意，都在少年時先做了美國人之後才「迷」入中國。因此，他在愛中國之餘，幸運地仍保留了一個美國人的理性，客觀與冷靜，於是卜意識地比較美國人的意識型態與中國人的意識型態。當他面對一個中國人，或一群中國人，或一個中國政權，發現這些人的言論、理論、作為、價值和他所喜愛的中國人寬容、仁恕、溫和的價值不一樣時，他的美國意識便會甦醒過來，以幽默、犀利、邏輯、文學的語言，評述這些價值。對於一個也同樣熱愛中國的中國人而言，這些評述是可貴的，因為這畢竟是第三者的公道話。而公道，在今天海峽兩岸的中國人社會裡都是很稀有的價值。

191半洋隨筆

林培瑞 著

社會人文

解讀「鄉下人」的靈魂

黃雅歆

沈從文的文學世界

192

王繼志、陳龍 著

文學評論

　　喜歡散文的人如果不讀沈從文，是一件可惜的事。

　　沈從文的特別在於他的「出身」，以及作品中無可取代的「鄉土」風情與溫潤筆鋒。身處五四新文學狂潮之後的沈從文，無論成長背景、生活歷練、求學過程，都和魯迅、周作人、郁達夫、徐志摩等有著海外留學背景、身為高級知識分子，活躍於學院或文化圈中心的文人前輩不同。

　　自稱「鄉下人」的沈從文來自偏遠窮苦的湘西地區，那是一個處於川、鄂、湘、黔四省相交的邊境地區，世代居住著苗、瑤、峒、土家等少數民族。他從過軍、受過苦，深知此處特出的山水與民風，以及為生活努力打拼的人們。這些經驗是沈從文生命裡最重要的部分，也成為作品的重要養分。所以，他所寫的那些有關湘西的故事，在讀者與研究者眼中是最具魅力與吸引力的。也因此，沈從文曾經是諾貝爾文學獎呼聲最高的中國作家。

　　王繼志與陳龍合著的《沈從文的文學世界》先以早期、成熟期、後期等三個分期將沈從文的創作歷程做一總論，接著分論小說、詩、散文之作品內涵與精神，以及藝術技巧，讀者可以依照書中編排次序一一閱讀。但對於初次接觸沈從文的讀者，不妨先從〈鄉下人寫「鄉下人」的靈魂〉、〈論沈從文的「湘行散記」和「湘西」〉看起。因為這「鄉下人的靈魂」就是沈從文作品的起點，而《湘行散記》是寫湘西風情的代表作。他讓我們看見的不是對故鄉溢情式的讚美，他寫醜惡也寫墮落，但也通過對當地人物「正直與熱情」的頌讚，重燃青年人的自信與尊嚴。十分值得一讀。

香水理論

張春榮

　　《送一朵花給您》是本「香水理論」的書。當向別人灑的香水愈多，自己沾得的芬芳愈多。全書以「用心生活」為總綱，開出「內」、「外」兩個進路。對內，主張「多留一點時間給自己」，力求源泉活水；對外，主張「多留一點空間給別人」，力求多元並呈。

　　在「多留一點時間給自己」上，作者一再強調生命的美感，來自活力，來自動力。因此，真正的「青春」除了身體的健康外，更「包括了心靈的活潑與樂觀」。所以，作者對「滾石不生苔」、「活得老」的諺語，提出新解：「如果那苔是使人僵硬老化，不長苔，也就有活力，我一向是不可救藥的樂觀者，活動就是證明生命的跳躍，不長苔何妨？」「當歲月流轉，當年華老去，渺小的個人能做的就是讓自己好好地活著。」在在展現旺盛豐沛的生命力。而由此出發，作者力避生活的慣性、惰性，強調「終身學習」，強調「學習」的積極意義，在於拓展自己，開發自己；處處皆學問，時時當學習。讓生命的每一分鐘，均綻放活力之美，綻放充實成長的光輝。

　　在「多留一點空間給別人」上，作者強調多元社會，多元文化，多元智能。凡事自當尊其所異，敬其所同。書中援引名家金句，諸如：「不同的觀點與信仰，不同的文化與民族，共同創造了奧匈帝國。」（米蘭昆德拉）「即使是一朵卑微的小花，它也有它的尊嚴。」（華滋華斯）「即使是一株微弱的小草，也能使露珠晶瑩。」（華滋華斯）無不從尊重中共同成長，從關懷中激發潛能，從微笑中化解冷漠，從樂觀中開創「雙贏」、「多贏」的理想境界。

　　《送一朵花給您》全書充滿陽光，充滿溫馨能量，洋溢「自尊尊人」的清明與理想，洵為「開卷有益」的精神食糧。

小說之外

郭強生

波西米亞樓

*1
9
4*

波希米亞樓

嚴歌苓 著

　　來自中國的旅美華文小說家嚴歌苓在 1990 年代連續拿下臺灣重要小說獎多項，立刻為多方所矚目，其得獎作品之一《扶桑》並有英譯本問世，其創作力之豐富與文字之流利耐嚼早已有目共睹，但她的散文作品正如她自己所言，「有時實在想對一些事物發表看法，又一時不能在小說中找到合適的人物，藉他（她）的口來表白，便只好白話直說了」。但令人欣喜的是，她的這種「白話直說」絲毫不減其說故事的魅力，幾篇收錄的作品，如〈波西米亞樓〉、〈FBI 監視下的婚姻〉、〈未老莫還鄉〉道出美國華人移民面臨的文化與價值觀衝突，延續了她許多得獎小說的一貫主題，卻在自嘲與批判之下多了一份小說中所不常見的犀利明快，饒有餘味。

　　以〈FBI 監視下的婚姻〉為例，嚴歌苓快人快語地藉由她與一美國外交人員辛苦結縭的經過，質疑美國在主張人權與自由之同時採的雙重標準，對不諳美國社會文化的讀者來說，它揭開了迷思的面紗，正中一般移民或崇洋者的盲點，以第一手資料寫來格外深刻。而另外如〈丹尼斯醫生〉交待了她長篇小說《人寰》的場景出處，〈弱者的宣言〉對其短篇作品〈少女小漁〉作了補白性的主題再探，皆可作為有興趣研究嚴歌苓小說者的重要參考資料。

　　另外書中還收錄了作者一些讀書隨筆與訪談紀錄，以及多篇小說得獎感言。小說家成長的軌跡與心靈世界在本書中得到充分的抒發。

文學創作

散文·雜文

躲藏醜陋的技巧

方　梓

195 化妝時代 陳家橋 著

　　內心的探索對任何人來說可能是極為簡單，卻也十分困難的事；探索自己內心的種種不難，但去剖析並客觀的理解就顯得不容易，於是，我們有了面具，或者化了妝，妝扮成一個大家能接受，以及去接受大家的軀體。

　　本書大體上是以對個人內心的剖析以及社會規範的種種衝突為線軸的探索。故事是以一個和「我」一模一樣的人殺了「我」的女友小禹，為了破這件殺人事件，「我」開始尋訪前任女友潔，再透過潔知道了化妝師霜……。小說看起來像一則殺人的刑事案件，卻是作者藉由探索案情的過程，解構了整個社會、體制、道德、精神、情愛等等問題。

　　本書採用虛擬和現實交替形式進行小說的情節，通過對一個現代案件的全程探索，像剝洋蔥般，作者一層一層企圖解析現代人從精神領域到人格層面上的變異。小說中的「我」就是現代社會中最基本的被控制的生命原型，在小說中他因殺人嫌疑所遭受的審判、試驗與思想的囚禁，揭示了世紀末人類在信仰危機的深層因之外，還有一種更強橫的外在壓制手段，那就是建立在反人格上，對整個人類的基本權利的挑戰。

　　作者在作品中強調在虛擬和真實中，尋找一條真正良心的出路，但顯然我們無法阻止悲劇的發生，而這樣悲劇並非是我們個人可選擇的，是基於對自身權利的反對，於是我們形成一種反抗自身的力量。人類是一個複雜的系統，也因此構成每個人都以某種隱暗的方式，或者化妝的形式，制約著自己的命運。

　　作者以化妝的必要來闡述人心的躲藏，即每個人都有兩面的自我，哪一面才是真實？哪一面是虛假？作者藉由本文試圖要找到擊敗躲藏醜陋的技巧與內在謊言的方式。

文學創作 小說

盡付笑談中

宇文正

　　人到了某個年齡就會開始懷舊，因此懷舊的作品永遠能找到它的讀者群，永遠受到青睞，假如這懷舊文章又寫得幽默有情，讀來令人噴飯，那就把不同世代的讀者也都一網打盡了！

　　李靜平的《寶島曼波》以臺灣戰後嬰兒潮的童年及少年時代——大約民國40、50年代——為背景，鋪陳當時臺灣民間的種種生活細節，對照於今日，那真是純樸、充滿生命力、一切都在向上滋長的美好歲月。

　　她快樂地懷舊，連生命中的恐懼也化為苦後的回甘。譬如說她的人生有「三怕」：數學、體育和教官，數學的酷刑延伸到考大學為高潮——考了三分！「這還是補了三年的結果，結果一年一分。」而完全沒有體育細胞的她，上體育課要爬竿，在家玩要爬樹，「人家是燈下課子，而我的老爸是在烈日下教笨女兒爬竹竿。」然而扶不起的阿斗「因為不能『爬』，補償心理之下，開始專攻另一爬，爬格。」這一點，大約是許許多多寫作者共有過的成長歷程吧！

　　在那個年代，她的「白色恐怖」經驗卻是「看見穿白制服的人就很怕」，怕醫生、怕護士，「連帶地去理髮也像是去屠宰場」；還有，怕「督學」，「督學來學校，好像全校都在演戲⋯⋯這簡直把我們給累死。因為一下子唱歌，一下子課間操，一下子又班級躲避球友誼賽，因為不常打，打起來很遲鈍⋯⋯接著又是美術課寫生畫蘋果⋯⋯」如何？勾起你心靈角落的某種記憶了嗎？當年的恐懼是否也隨著化為淡淡的微笑？

　　還有寫著某某某「外找」、隨時可能「黃河之水（寶寶的尿）天上來」的戲院春秋；健步如飛的木屐童年；夏日傍晚的三輪車；「仙桃牌通乳丸」的廣告時代；「丫鬟訓練班」值日生；鬼哭神號的「遊覽車小姐」⋯⋯，當年多少事，多少糗事、煩事、細瑣事，在李靜平的筆下，盡付笑談中！

剪不斷，情還亂

張堂錡

旅美作家夏小舟，曾獲日本文學博士學位，喜愛閱讀的她，擁有豐厚的學識和人生閱歷，加上長期以來對男女愛情、婚姻種種現象與問題多所關心，使她筆下的題材多為現代男女各種光怪陸離的故事，她善用溫婉細膩的女性特質和幽默生動的敘述手法，使這些故事有時讓人捧腹不已，有時低迴再三，每個故事的背後，都有一段真實而曲折的情節，以及作者著意呈現的主題，情節使故事可讀性高，主題使這些故事不只是故事，而是對現代男女具有當頭棒喝的啟示錄。她說，世間很多情緣都沒有結果，這就使得男女間有說不盡的故事，「人生千千面，愛情、婚姻更是千千面，永遠道不盡的話題是男人和女人共同寫下的故事，這故事不一定美麗，甚至十分醜惡，可它是天地間不可缺少的人生場面。」在這些別人的故事中，我們同時看到了自己。

這本書是作者在美國《星島日報》甚受歡迎的專欄結集，主要探討情愛人生中的第三者問題。由於專欄性質，作者必須在不長的篇幅中抓住故事的精采點或人物的閃光點，使讀者在短時間中能讀完一個故事，並得到人生的啟示，這不是容易的事，但夏小舟寫來駕輕就熟，一個個故事娓娓道來，使人愛不釋卷。書分三卷：卷一「因愛而傷」多敘寫婚姻的不幸；卷二「愛情路上三人行」探討第三者介入的種種危機與悲劇；卷三「男女世界萬花筒」則刻劃了許多悲歡交集的故事，有電話情人，也有電腦情人；有女大不嫁，也有可憐天下父母心；有的只能作情人，有的成了天涯歌女；林林總總，盡是男人的無情，女人的無奈。作者不是女權運動者，沒有強烈的批判意識，也無意將男女二元對立，說成水火不容，她只是將這些故事真實呈現出來，至於如何解讀已是讀者的事了。此書雖說是散文、雜文集，但其實完全可以視為一篇篇極短篇小說，精采且精練。當然，它也是一本現代婚戀指導大全，人生必修的愛情學分盡在其中矣。

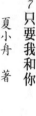

197 只要我和你

夏小舟 著

文學類 小說

死亡與愛情的相似相異　　　方　梓

　　這是一本關於生病與死亡的小說；一位女性醫師，心靈身體周旋在理性、感性，健康、疾病，陰鬱、陽光，青春與衰老的氛圍中。

　　年輕貌美的女醫師林玉媚，因為行醫的關係先後醫治了幾名不同行業、不同性別的患者，藉由這些患者的背景、個性，及其愛情故事交織出複雜的人生問題。

　　人的疾病多半是符合時代和生命的發展規律，同時它也是違背生命這樣豐富的泉源，每個人都懼怕疾病，患病時不僅帶來了身體的痛苦，同時夾雜著恐怖。作者刻意藉著一位會吹薩克斯風的病患與醫師林玉媚的一段殘愛，來尋索死亡與愛情的相似相異。

　　醫師在醫治她的絕症病人時卻不知不覺的愛上他，同時又參與了數位病患的情愛慾望世界；面對死亡的絕望，面臨愛情的來臨，而那份愛情竟是築在墳前，開出的不是紅色的玫瑰，是死亡的白色花朵。可貴的是，絕望之中有愛情的慰藉；愛情除了相互糾纏之外，無疑的它也是我們生命中的一種洗禮和震撼。

　　作者書寫的原則是「虛構的另一個詞叫死亡，虛構疾病就是虛構事件與人的基本東西：絕望。」女醫師林玉媚帶著她的病人從四月進入了深秋，她的病人也許會死亡，但她卻竭盡全力引領著她的病人飛翔在那座神祕的花園裡，那座神祕的花園便是：愛情。

　　在這個生老病死的日常生活中的故事，這群逼近死亡的人以及可能延緩他們死亡的醫師，他們彼此抓住對方的手，在與死神搏鬥時，尋找著愛的確據和愛的力量。

　　作者藉由女醫師和情人、病人間的情慾和情愛，纏繞著救贖與被救贖的心。從四月的花開到秋季的蕭瑟，也正印證了愛情和死亡的一體兩面。

悅讀日常生活史

辜振豐

一般歷史都圍繞在改朝換代的題材，強調成者為王，敗者為寇，讀起來不但枯燥，而且充滿血腥味，但一進入日常生活的小歷史，則讓人覺得很溫馨，畢竟其內容跟人的生命變化息息相關。在書中作者以深入淺出的文筆，帶領讀者認識一些有趣的議題，如占夢、客家義民廟、中原普渡、婦女節、廁所文化等。例如，占夢由來已久，從殷商以後到清代，在約三千年之中，占夢之書不斷地問世。可見中國占夢的傳統源遠流長。作者引經據典，指出「熱氣」、「風氣」太多而引起的夢，其實都屬於「身中不適」所引起的病夢。古人甚至認為夢中的「預兆」，其實是鬼神在傳達某種訊息，而有些惡夢則是鬼神作祟所引起的。顯然中國對於夢的看法跟西方的精神分析理論截然不同。

例如婦女節源於江南婦女丁姑，因婆媳和勞動問題而在陰曆9月9日自殺身亡，後來顯靈展現懲惡賞善的神力，江南人便對她產生敬畏，不但到處為她立廟，而且讓婦女在9月9日這一天「不用作事，以為息日」。在作者看來，這天定為「中國婦女節」比較恰當。

小歷史往往牽涉到不同的認知，而作者也將這些差異加以解說，如論及頭髮，過去宋金對立期間，女真族一攻城掠地後，便下令宋人按照女真的習俗「剃髮」，不從者立即處斬。又如清人於1644年攻入北京，就下令剃髮。顯然這牽涉到征服者有意消除對被征服者的文化認同。後來太平天國成立後，其徒眾又刻意蓄髮，以表示漢人的民族特色。就傳統而言，束髮戴冠就是一種「文明」的象徵，所以企圖超越禮教的束縛，或自文明放蕩不羈的人，大都會以「披髮」展現他的價值觀念。因此，從小歷史的點線面來觀察日常生活的變化，倒可以增加閱讀的樂趣。

小歷史——歷史的邊陲

林富士 著

199 小歷史——歷史的邊陲

社會人文

細數年華

衣若芬

善於說故事的鄭寶娟，以十三篇短篇小說，再次展現了她寓抒情於敘事的功力。

鄭寶娟是資深的寫手，似乎平淡無味的人生百態，在她的筆下，可以渲染揮灑成滿天彩霞，令人稱奇而不炫目，任讀者徜徉於陽光的餘溫中。

誠如南方朔先生在序文〈小說從說故事開始〉中所說的，鄭寶娟的小說有如不與人爭奇鬥豔的小花，在紛紛擾擾著各種敘事策略的潮流中，鄭寶娟並沒有隨波逐流，跟著推陳出新的各種論述「主義」魔棒起舞，可以說，這種「以不變應萬變」的態度，反而呈現其可長可久，源源不絕的寫作動力。

學術界或許將鄭寶娟歸類為通俗小說作家，從 17 歲寫下第一篇短篇小說，20 歲以一部長達二十萬字的長篇小說獲得聯合報文學獎，近三十年來，一直創作不輟。相較於其他亦屬「早慧」的作家，鄭寶娟之勤懇與執著是應該令人刮目相看的，經營一個好故事固然是寫作的基本要求，持續經營，並且交出好的成績，讓寫作變成個人人生的一部分，讓讀者隨著作者的成長而成長，未嘗不是一種文學的滲透力量，這時，無論是以「嚴肅」或「通俗」定義鄭寶娟的創作，都不足以一言來概括了。

本書的十三篇小說，不能說篇篇擲地有聲，但是篇篇流露作者的人間關懷。作為一個能夠自如運用文字傳達意念的作家，我們看到的是流暢而不油滑的敘事方式，也可以說，作者適可而止，看似有所保留的言說，不以「駕馭」文字、「征服」文字為終極目標的表現，潛藏了對於人生「哀矜勿喜」的誠意。

鄭寶娟 著

200
再回首

文學創作 小說

新釀的青春

張春榮

一條叫「青春」的河，蜿蜒成形，迤邐向前。流經童稚，流經志學、而立之年，淙淙水響，幽幽河彎，映射年少作家成長的身影，形塑來日學者散文的能量。

《舊時月色》全書散發一抹滄桑的色澤，在時間推移的怔忡裡，在臺東、中壢、師大、金山、金門、深圳的空間跳點裡，簡筆勾勒「青春」文學經驗的軌跡，跳棋般的呈現各階段心情的點點滴滴，舊醅新釀，兜出其「重點突顯」、「知感寫意」的過程意義。

披閱全書，沒有雕繪藻飾的繁縟，卻有看似平常卻內蘊豐富的精采之語。諸如「寫作是修行，人有多高，寫出來的作品就有多高」，點出修辭與修行接軌的正途，直指人格與風格相契的寫作真諦。另如「人無我有，人有我新，人新我深。不論寫作或讀書都應如是」，金光熠熠，正道出「創意」、「別具隻眼」的精神所在。從「人無我有」的自拈地步，至「人有我新」的另闢蹊徑，再至「人新我深」的優質精進，洵為寫作或讀書的三境界，亦為突破創作瓶頸、閱讀困境的不二法門。至如「需要光合作用的，不是植物，而是人」、「人算不如天算，天算不如不算」，則為針砭人性的醒世警句，當屬作者敏銳感悟之見。

最後值得一提的是，〈自序：告別〉一篇為全書總綱。建議讀者「入乎其內」，先細品書中五卷內容；而後「出乎其外」，再回過頭來，尋繹〈自序：告別〉的編排用心及今日心情；今昔交會，新舊對話，必有更多的觸動與共鳴。

舊時月色

201

張堂錡 著

文學創作 散文·雜文

戳破進化論的神話

張堂錡

202
進化神話（第一部）——駁：達爾文《物種起源》

陳冠學 著

社會人文

　　熟悉陳冠學散文《田園之秋》、《訪草》的讀者，應該會在腦海中浮現一位避居山林、超塵脫俗的隱士形象，像個哲學家般對人世紛擾已然看破，不忮不求，可以全部放下。然而，翻讀《莎士比亞識字不多?》、《進化神話第一部——駁：達爾文「物種起源」》，對陳冠學的印象會全然改觀，他成了孜孜矻矻、窮追猛打的學者，對一些既定的說法、定論，他不惜翻遍典籍，多方考證，進而以犀利的推論打破許多學界長久以來的定論，且不論是否能成一家之言，也不管能否從此改寫文化史、科學史上看似「顛撲不破」的巨大「真理」，至少，他所表現出來「為求真理，不惜一戰」的執著、魄力與勇氣，就已經讓我們刮目相看，深歎不如了。

　　其實達爾文的書寫得一塌糊塗，你相信嗎? 他的《物種起源》一書有太多論斷禁不起分析，你相信嗎? 如果說進化論是欠缺立論基礎的無理主張，「有如瘟疫，非加以撲滅不可」，你相信嗎? 如果你不相信，那麼這本讓陳冠學「以駝背為代價」所寫成的書，將會讓你大開眼界。作者指出，達爾文不是古生物學家，也不是地質學家，他只是一個「著者」而已，所以他的《物種起源》缺乏真正古生物學家那樣堅實的立論。事實上，《物種起源》甫一問世，即有不少當代一流學者曾為文質疑責難，但達爾文卻不肯認錯，只在其後各種版本中陸續提出敷衍了事的辯解，對此，陳冠學憤怒地說:「全書到處是昧沒良知說話」，那不是「學說」，而是「兒戲」。

　　陳冠學此書列舉了近百條達爾文的「高見」，然後一一舉例推論加以駁斥，例如《物種起源》說:「鯨魚的胎兒有牙齒，而長成後一個牙齒也沒有了。」作者卻舉出三十種有牙齒的成鯨; 達爾文說:「我研究過全世界的家犬。」作者只好幽默地說:「筆者相信達爾文絕對不曾見過臺灣的土狗，遑論研究!」類此精采的論證在書中比比皆是。火力全開的陳冠學，早已不是「不食人間煙火」的隱士，而是實事求是、戳破達爾文神話的科學家了。

通情達理

辜振豐

細讀莊因的文章，可以發現他幽默之餘，不但見識廣博，而且通情達理。研究中國文學的學者，總會讓人以為是個老學究，但作者雖然在美國講授漢學，但本身興趣廣泛，寫起文章，既可以談中國大陸、日本、美國、歐洲，也可以談日常生活的點線面，如禁菸、服飾、飲酒、美食、愛情等話題。在書中，對日本一向以「小日本」稱之，但對這個戰敗國的優點也不會忽略。日本雖然是由四個小島拼湊而成的一條小蠶，卻有十足的本錢，並展現「小中見大」的實力。當今除了美國以外日本已經沒有經濟的假想敵。很多商品，如照相機、汽車、鋼鐵、收音機、錄影機、電視、手錶，目前已穩佔世界的市場。反觀中國是戰勝國，但幾十年來動亂頻仍，他認為日本的經濟運作是有值得學習的地方。

此外他談起仿冒品，也能以各國文化為例子，以便比較一番。如海峽兩岸都在製造假貨，不但危害大家，而且在國際上蒙羞。對此他大加批判，並感慨中國人的毛病喜歡把事情淡化，化大為小，化小為無。針對這個問題，他又以日本為例子。日本從不製造假酒，反而自創三得利威士忌酒，醇美芳香，色佳質優，包裝高雅精緻，早已在國際上露出鋒芒。加上他們也不賣假錶，自己研發精工錶，高貴大方，風行世界。以總體經濟而言，日本投大資、合大股、設大計，從而大賺洋人的大把銀子。

顯然，對於中國人一向以「大」自居，但表裡不一，作者提出針砭，其目的當然不是助長他人威風，而是希望中國能夠玩起名正言順的遊戲，好讓老外刮目相看。畢竟要在國際上站穩腳步，不應該做一些損人不利己的行為。本書雖然以散文書寫，但可以視為精采的文化研究。

203 大話小說

莊因 著

文學創作

散文・雜文

太平演義之一

李福鐘

彭道誠 著

文學創作 小說

太平天國事件是 19 世紀中國史的頭等大事之一，從 1850 年於廣西金田起事，到 1864 年天京（南京）城破，十五年間戰火遍及長江流域各省，傷亡人數以千萬計。事件不僅證明立國逾二百餘年的大清帝國早已組織壞死，迅速傾頹崩潰，而且還造成整個中國社會組成結構與內在秩序的重大衝擊。如果說 1840 年以來的近代中國所受到的外來影響以西方資本主義國家在政治、經濟、文化上的全面入侵為最重要，那麼說太平天國事件是中國國內因素中起最大作用者，殆不為過。

然而太平天國事件最讓世人津津樂道的，遠非其對現實世界的具體影響——那樣子來理解太平天國，太理性，也太乏味了；太平天國終於成為巷議街談世界中一個永不乏膩的題材，成為口耳相傳的民間歷史記憶裡頭一頁永難忘懷的傳奇，其真正原因反而是怪力亂神的部分，幾位知名領袖人物匪夷所思的人生際遇及宿命，造就了太平天國的神話。道光、咸豐、同治這些清帝國的統治者隨著身亡病故，很快便遭到世人的遺忘，然而亦正亦邪的「長毛」故事卻流傳了下來，洪秀全、楊秀清、石達開、韋昌輝、秦日綱、陳玉成、李秀成，這些詭奇卓絕的梟雄豪傑，一個個在民間傳說裡獲得永生。甚至其死對頭曾國藩、左宗棠、李鴻章、胡林翼，其手下敗將向榮、僧格林沁、和春、張國樑等，也全因太平天國故事而雞犬升天。

中國的民間傳說是一個朝廷衙門抓不住、管不到的獨立體系，士大夫的統治階級亦拿它莫可奈何，它有自己的價值判準，無關乎忠孝仁義，而往往與暴力、血腥、兒女情長、江湖恩怨等情節牽扯不清。《水滸傳》、《三國演義》之所以取代官方正史，成為民間說書人的普遍歷史記憶，正在於它們更符合於這樣一種「化外之民」的品味。太平天國故事由歷史走進民間傳說，再由民間傳說走回歷史，遵循的仍然是千年以來中國民間文化的慣例。《人禍》不從金田起事寫起，反而以太平天國內部洪、楊、韋、石四人間的權力鬥爭為背景，著眼點正在於這起事件註定成為太平天國成敗的轉捩點。

傾情於筆端

楊 明

205 殘 片

董懿娜 著

文學創作 小說

寫小說對董懿娜而言，像是隔著一層紗對人傾訴情感，而這傾訴又因為寫作過程，多了些對人世的洞悉和審視。她尤其喜歡描寫女性，將自己的感情傾注在小說人物身上，由於自身也是女性，因此她所傾注的感情是很複雜的，有憂慮、有憐惜，也有期望，這複雜的心情成就了她小說的人物，種種糾結與矛盾的性格，因為愛而勇敢，也因為愛而退縮。

本書收錄了作者五篇短篇小說，〈斯人已去〉和〈折翼而飛〉描寫的都是外遇的故事，前者的主人翁是發生婚外情的妻子，她為了追求愛情義無反顧，卻又在丈夫過世後心懷愧疚；後者的主人翁則是內心充滿糾結和矛盾的第三者，顯然作者有從不同角度探討外遇的企圖。〈殘片〉藉著年輕女孩自殺身亡後留下的一封信，展現一段不為知之的戀情。〈米琪〉透過松鼠的眼光，看到充滿爾虞我詐的人類社會。〈弦月〉敘述一段被現實磨掉了激情的婚姻，不負責任的丈夫和心寒的妻子，終於走上離異。

白樺為本書所作的序中寫道：「董懿娜的小說可以說沒有傳奇故事，也很少描寫所謂的時代背景，只有人物命運。」白樺認為像她這樣寫小說的女作家，在中國很少見，白樺並且舉張愛玲和董懿娜作比較，他指出「張愛玲是一個沉溺在夢中還要清醒地把冷酷的真實挖掘出來，一針見血，冷峻，甚至於尖刻。」至於董懿娜呢？則是「總想留住夢的真實，即使知道夢的最終破滅也不迴避，癡迷地欣賞著夢幻從有到無的全過程的美麗。」

作者以她敏銳的心思觀察人物心理的變化，加上細膩的文筆和想像，將原本司空見慣的故事，描寫出另一番無奈的韻味，而這就是真實的人生。

政治寓言下的人性切片

張堂錡

白樺 著

文學創作 小說

以《遠方有個女兒國》馳名大陸當代文壇的小說家白樺，以《陽雀王國》再次展現了他善於說故事的高超本領，以及一貫在故事寓言背後嘲弄人性與政治的冷峻風格。

書中共收十個短篇和一個中篇，具體而微地刻劃出共產主義底下人民可喜、可憎、可悲的眾生相，藉此為時代變遷留下了生動的見證。作者黑色幽默的文筆，令人讀來時有忍俊不住的趣味，但笑容背後卻又有著深沉的傷痛。仔細體會，這些小說其實都是白樺的現代寓言，從中可以看到整個民族的苦難，還有人性被扭曲的荒謬歷程，現實諷刺性十分強烈。

白樺筆下的人物多為現實中的弱勢者，或者是被命運捉弄的失敗者，例如〈接近天堂〉中從大學畢業生淪為無業游民的「我」；〈緊急迫降〉中昔日戲劇學院的美女，才華被埋沒，丈夫精神異常，身心均遭受極大折磨；〈在火車上〉的老教授，年輕時只顧埋頭研究，後遭批鬥冷落，如今恢復級別和職務，但在出差途中和一群年輕女孩相處後，他也只能喃喃自語地說：「青春年少就是美」；還有〈捉放蟋蟀王〉中的情婦、〈吸煙可以致癌〉中的老 T 等，都有令人同情的境遇。

不過，白樺的目的顯然不是在寫出這些令人同情的角色，而是借這些人物道出自己的感受和見解，如〈吸煙可以致癌〉中老 T 認真寫的作品被批判檢討，反而是宣揚政治八股使他得到「活學活用毛主席著作積極分子」的頭銜；〈接近天堂〉中瘸腿小偷對「我」的開導：「天堂就是地獄，地獄就是天堂，本來就是一個地方。」等等，其實都是針對現實一針見血的諷刺。尤其是中篇〈陽雀王國〉，有提倡「自由」的國王、愚昧終身的奴隸，從虛構的王國寫到共產黨，當小說中的大夫說：「可憐！他們要麼當奴隸，要麼當主子，壓根就不知道人世間有自由這種東西。」或者受壓迫最深的家奴說「托共產黨的福，我從來都不抱怨」時，小說的政治寓意已經清晰呈現。白樺這部小說的意義與價值正在於此。

與你促膝而談

謝鵬雄

據作者說，「靈台書簡」就是 "mental notes" 的意思。作者認為：「書信體的文章，只有我這種喜歡給朋友寫信的人才配寫……不愛朋友的，或平時視自己書信如墨寶，見到你時假親熱一番，『哎呀，我們常常談起你』的作家朋友是不配寫書信體文章的。為什麼？缺乏真誠也。寫起來必扭扭捏捏，作狀一番……。」這番話說得很好、也很幽默。作者的「書簡」的確不是應酬信函，字字皆率性之言，句句都看出其人意氣之風發。

以書簡體寫作，實是好主意。因為以第一人稱寫，讀者就成為第二人稱，說話直接，如促膝而談，加上作者的幽默與時而蓄意的奚落，很快就能使對方放鬆、投入。一本書，不知不覺之間就看完了。

說得雖然簡單，但一本書要使人不覺費力地看完，是很不容易的神妙事。這，要常常看書，甚至以看書為業的人才能體會。

書簡體的文字，也是容納性最好的一種體裁。私人的事、瑣碎的事、親密的事、不登大雅之堂的事，固然可以寫進去；重要的事、嚴重的事、學術性的事，也能容納。作者從私人交情談到對作品的見解，如瑪拉末的贖罪觀念，「卑微小角色」中的「死皮賴臉」掙扎過活的獨見，專有名詞後面附加英文原文的缺點……等等，說的都是一本正經的事，卻出以不正經的語氣。使嚴肅的內容，在嬉笑的氣氛中傳達出去，是深得寫作三昧者的安排吧。

207 靈台書簡

劉紹銘 著

文學創作
散文・雜文

寫作人的告解

衣若芬

神交者說

208 神交者說

虹 影 著

文學創作

小說

80 年代開始寫作，90 年代開始為臺灣讀者所知，虹影對華文讀者群而言並不陌生。

她一直保有獨特而鮮明的風格。這一本收錄有十一篇中短篇小說的《神交者說》也不例外。這十一篇小說的寫作時間有所間隔，我們不難見到作者的寫作功力益加老練醇厚，彷彿不是由筆尖流出文字，而是如神魔驅使，文字自動衍生排列，帶著不可一世的傲岸，睥睨這個以倫常規範為是的世界。這便是作者所暗指的「神交」，或者說「神造」，在看似錯亂無序的小說洪荒裡開天闢地。

虹影的小說，很容易被解讀成女性對於父權社會價值觀的叛逆與反抗，這固然在字裡行間毫無保留地傾瀉吐露，但我以為，虹影行文的噴薄暴戾，不只是對於「父權」，或者基於女性自主意識而強調與男性的不輕易妥協，在《神交者說》一書中，「母」（長輩女性）「女」（同輩女性）之間的緊張關係和壓力也是值得關注的面向。敘述者「我」，游移穿梭於上一輩的「父」（生父、養父）與「母」（生母、父親的情婦）的情仇愛恨，對於自我的定位與認同，只有從寫作中得到抒發與救贖。

因此，與其說這是一本故事精采，情節複雜，內容感人的小說，不如說這是一個寫作人的告解。其中〈吸鴉片的女人〉中的「大師」，中國現代小說史上的青年導師魯迅形象呼之欲出，追隨「大師」的女作家以生命寫作，再對照〈後記：我的朋友是紅狐〉，讀者當可會心了然。

虹影出生於重慶，看虹影的《神交者說》，也有吃麻辣火鍋的快感，在看似自虐的燙口嗆舌中，一股氣吞食人生萬般滋味，然後，有的人流汗；有的人流淚，總之，夠過癮！

文化的差異

辜振豐

209 海天漫筆

莊 因 著

　　散文家莊因在臺灣受教育，後來前往美國，在史丹佛大學中文系任教，平時自詡能夠向洋人傳播中華文化。在此書中，他時時道出中華文化的優點，如書法，強調「吃虧是福」的人生觀，以及忍讓的美德。但他並非食古不化，而是能以傳統為出發點，吸納西方文化的精髓。例如，他點出五千年的文化固然值得珍惜，但美國人的作為和成就也是不可忽視的，他們的自足自富的笑臉，在於腦海中總是展望未來，而且把科技賦予他們的可能性一一實現了。他們向太空探索，把希望訂在未來，而未來就是靈，就是魂，就是成功的指航。他呼籲不要只看過去的歷史，而是要架起望遠鏡，向無際的未來探望，如此一來文化才可以展現再生的能力。

　　作者的散文兼具知性和感性，從不讓自己流於風花雪月，加上內容上至天文，下至地理，所以讀起來，不但趣味橫生，同時也可以了解各國文化的特色。如洋人有蠻勁，他們比誰癡肥，誰的毛髮多，誰的生產紀錄高，誰可以在一分鐘吃下最多蛤蜊，而中國人對於這種比賽，覺得很無聊，但作者認為這種「渾氣」卻搞出名堂來，像哥倫布發現新大陸、阿姆斯壯登陸月球等創舉。

　　不過，他在書中對於美國的個人主義也有所批判，可見作者並未對西方文化照單全收。多數美國人之為個人利益著想，完全不顧別人。在學校內，年輕孩子如果被同學譏為「唯父母之命是從」的好學生，則是奇恥大辱。因此，在家中得不到關愛的孩子，有的失控誤入歧途，有的為個人尊嚴鋌而走險。另一方面，社會通俗文化又吸引這些孩子，如毒品、性開放、持械鬥狠，結果是開始墮落沉淪。綜觀此書，作者以客觀的立場來剖析中西文化的優劣，是值得讀者一讀再讀。

文學創作 散文·雜文

雄辯滔滔的女作家

宇文正

210
情悟，天地寬

張純瑛　著

文學創作
散文・雜文

　　張純瑛的散文與大多數女作家的風格不同，可以說，她的作品理路清晰、雄辯滔滔，頗有陽剛之氣。

　　這本《情悟，天地寬》分四輯，從兩性問題、人際相處、親子教育到自然環保，整體呈現作者的人生觀、教育觀、世界觀，是一本以說理為主的散文集，也充分表現作者豐厚的學養。

　　然而在知性的論述、邏輯的推演之餘，卻又經常峰迴路轉，表現一種爽朗的幽默。例如她在〈長恨此身非我有〉文中如此形容醫生：「行醫這行，終年閱人無數，聽盡牢騷抱怨，除非碰上有生命之虞的頑疾，總不免把病人的訴苦視為無病呻吟。」沒有尖銳的諷刺，卻令人會心一笑。

　　令人會心的體悟，全書俯拾皆是。她談張愛玲的孤芳自賞，友人批評張晚年自我封閉，以致作繭自縛，孤獨以終，她卻說，「以其作品在兩岸三地，甚至海外華人圈的長年炙手可熱，張愛玲大可現身江湖，必有掌聲讚美一路尾隨。然而……冰雪聰明的才女，太了解謗隨譽生的殘酷……離群索居或許是降低傷害的最後一策。」

　　她談女性問題，大膽點破：「狀似愚訥的男士們，平日對於婦運分子的頻頻出招，看似被動又不甘心地接招拆招，卻在無形中練成『大內』身手，做起內務的井然有序還真不讓婦人專美……新女性主義數十年奮鬥下來，真正改造成功，可以沒有另一半仍然存活下去，竟是男性！」深思玩味，怎不令現代女性忐忑！

　　種種犀利透達的觀點，貫穿全書，無論主題談的是人際、環保還是教育，觀照的是北美、臺灣還是大陸問題，文筆利爽的張純瑛，總有一份讓讀者醍醐灌頂的豪氣！

「黃土地」上說不完的故事　　黃雅歆

中國人寫中國人的感情是天經地義的。所以我們看見不論場景在哪裡，嚴歌苓筆下搬演的都是「非常中國」的故事。所謂「非常中國」，是指辨識率很高的傳統中國符號，譬如京戲，譬如黃土地上尚未被「現代性」侵入的農村，以及生活的困境。

本書有三個中篇小說：〈庬旦〉、〈誰家有女初養成〉、〈也是亞當，也是夏娃〉。其中〈誰〉篇分為上下二卷，不僅篇幅最長，也是唯一以中國為背景的故事。用此篇為書名，若與商業出版的考量無關，倒是最合乎「根植中國」的感覺。我們看見即使已進入 90 年代，農村女子仍在任人擺布下，充滿韌性的、不得不反抗的，經營著自己的人生，讀來令人惻然、恍然，卻又動容。嚴歌苓身為旅美作家，早已浸身「資本主義」生活，卻仍深深執著屬於廣大黃土地上的質樸情感，是作品裡無法忽視的力量。

〈庬旦〉寫的是早年移民美國的秀美小乾旦阿玖，一邊用優秀的天賦唱戲，一邊夾雜在男／女性別錯亂之間，衍生一段哀傷而瑰麗的愛情故事；〈也〉篇則是離婚的中國女子和同性戀美國男人契約「代理孕母」的過程。二者基調不同，卻同樣觸及了「性別」議題。特別是〈也〉篇，中國女子為經濟因素當代理孕母的情節似乎老套，但因為作者的幾個安排，讓「老套」顯出不俗的光采。她沒有讓代理孕母在懷孕生產過程中因而「母性大發」，然後上演一場孩子爭奪戰；也沒有讓男同志與孕母假戲真做，販賣浪漫。所以，當孩子出現重大惡疾，那早已與孩子不相干的女子，一面抗拒一面心軟，一面理性一面不捨，終究接受所託照顧孩子的母愛天性與心路歷程，寫來絲絲入扣，真正動人心弦。不愧出自當代著名小說家之手，值得推薦。

良知就是一張紙

林黛嫚

什麼是紙銬？一張紙，撕兩個圓洞便是紙銬，自己把手伸進去，這人就失去了自由；紙做的手銬銬得住人嗎？不就是一掙就斷；要人戴紙銬，算不算犯罪，算不算迫害？那些甘願戴上紙銬的人並非凡夫俗子，紙銬是用來對付頭面人物的，論地位，都是權傾一方的地方首長，論學識，不乏戴過方方正正的學士帽甚至碩士、博士；有的人認為戴紙銬就像玩一場撲克，輸了，臉上鼻上貼幾張紙條，誰當真來著；也有人把那紙銬銬在心上，一輩子也拿不下來。

這本書說的正是這麼一個既荒誕又寫實的故事，如今的副市長丁南北被付予一個任務，為他的同學許屏平反，通過包括許屏妻子朱競芳在內的幾個人物多角度的側面回憶，剝出了文革中一位藝術青年苦難遭遇的真相，由這真相又牽引出一個文革事件，就是當年不少人都戴過紙銬，當事過境遷，戴紙銬這件事變得諱莫如深，紙銬發明人的兒子伍玉華，折磨人的靈魂不留一點痕跡，也不需負法律責任，而拿斧頭對付伍玉華的藝術家許屏，卻換來十五年牢獄之災。丁南北在追查往事的過程中面臨兩難，一個是高幹之子，一個是靈魂高潔的藝術家，這個兩難也是一副紙銬，紙的手銬。最後，事件的主角許屏死在服刑中，他的遺願是原諒了一切，紙銬也罷，鐵銬也罷，有違法也罷，無違法也罷，他要把心上的紙銬卸下。

中國文壇在文革結束後，各省作家又很快集結為陣容，紛紛提筆寫作，而有「湘軍」、「陝軍」、「皖軍」之說，皖軍指的就是安徽，而蕭馬正是安徽三位代表作家之一，當年在文壇也引領過風騷，本書為他停筆十多年後又重新出發的新作，寫於 1999 年，小說本身內容並不複雜，人物相當集中，也沒有跌宕起伏的情節，但卻發人深省，因為良知就是一張紙，而那場政治運動正是折磨著知識分子的良知。

王孫歸不歸

卓清芬

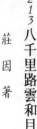

213 八千里路雲和月

莊因 著

4歲離開北京，莊因在臺灣、澳洲、美國四海為家。在近50歲時，到大陸作了三星期的旅遊。重返故鄉的悸動，人事變化的震撼，使他感觸良多。他以眼睛攝影，以手記錄，完成了《八千里路雲和月》。十八年後，為追思父親，莊因兄弟又重訪神州，寫成「追雲隨月」系列六篇文章，一併付梓。兩系列雖相隔十八年，但因每篇文章的題目都取自七言詩，內容也都是大陸旅遊見聞，仍有其一貫性。

第一部分「八千里路雲和月」是首次返鄉之作。雖然對故鄉已無印象，但血脈裡流動的鄉愁，天涯為家的寂寞，不免使再度踏上斯土的莊因五內翻湧，激盪不已。懷著歷史文化和家族個人的鄉愁，他在旅途中一一尋訪印證。有「少小離家老大回，鄉音無改鬢毛衰」的辛酸，也有「錦江春色來天地，玉壘浮雲變古今」的興亡之感。

年輕一輩的服務員不知道他說的「白米斜街」、「簾子庫胡同」是什麼地方，官僚的顢頇、拖沓敷衍的態度，每每使他無言以對。那時是1981年，毛澤東已經去世，四人幫剛剛垮臺，彼岸的秩序、人民的習性，和印象中相去甚遠。這些失望不滿，並未澆熄莊因對家園故土的熱情，他對未來仍然深具信心，抱持著美好的願景。

第二部分「追雲隨月」是十八年後遊歷江南之作。品嘗兒時吃過的水果「花紅」，豈料半世紀的疏離，竟使舌尖留下酸澀的滋味。聽不見駄煤馬隊的得得蹄聲和叮叮鈴響，找不到縈繞著童稚歌聲的小學校舍，文革毀損的豈止是古蹟寶塔，親切溫暖的人情也於十年浩劫間蕩然無存。那時是2000年，改革開放後，一切向「錢」看，旅途所見驕傲自負的侍者、粗魯無禮的遊客、打劫拋錨汽車的路匪，這些情形使莊因不禁感歎，他所期盼的強大現代中國，仍只是個虛無縹緲的夢。

經過八千里路的追尋，鄉愁雖解，幻滅之感卻油然而生。「春草明年綠，王孫歸不歸？」芳草年年長青，而滯留異鄉的遊子，怕是得背負著永遠的離愁吧！？

文學創作

散文·雜文

血性漢子的奇文

白　靈

「新詩八十年，三大板塊，三次崛起，都是以精神拓殖為主導的……啟蒙思潮之於『五‧四』白話詩；文化放逐所致的文化鄉愁之於臺灣現代詩；人的復歸與生命意識之於大陸新詩潮……可以說，我們經歷了一個極言精神而疏於藝術收攝的過渡時代。」說這話的人是人稱熱血漢子的大陸著名詩人、詩評家沈奇。犀利、一針見血、不拖泥帶水，論述條理分明，卻冷中滿懷熱情，文字乾淨俐落又讀來叫人過癮，這種論述方式非高人難為，沈奇是那高人中的高人。他大概是大陸詩評家中眼界最寬的一個了，不護短、直言不諱，921 在臺灣被震嚇得著短褲奪門而出，卻絕對坦言，說起自己的窘門仍談笑風生。這樣的漢子，人間不多，在海峽兩岸都少有。

本書是他繼爾雅版《臺灣詩人散論》之後，在臺灣出版的第二部現代詩評論集。此書收二十七篇文章，為其近年對兩岸詩學研究和評析的結果。內容可概分詩評、詩學與詩潮三部分，詩評部分多為有關臺灣詩人作品的析論，評論對象包括洛夫、張默、向明、夏菁、詹澈等人，或是綜論作品風格或是針對單部詩集。詩學部分則是細密思索詩之本體的意義和體驗所衍生的批判或斷想，比如〈詩美三層次〉、〈詩性與詩形〉、〈詩與歌〉、〈小眾與大眾〉等近十篇。詩潮部分是此書重心，乃針對近二十年大陸現代主義詩潮引發的詩壇風貌及現象做切身的觀察和批評，如〈站在新的地平線上〉是對大陸現代主義詩歌運動前十年（80 年代）的概述，〈過渡還是抵達〉是關於後現代詩的思考，〈誤接之誤〉是談海峽兩岸詩壇的交流與對接，〈間歇與重涉〉是對九十年文學流向的體認和批判……。而沈奇對文化上演變成「理想與想」被「虛無」所代替一直憂心如焚。「一次性消費」的走向、「一種準備不足的現代主義衝動」等語說的不只是彼岸，也是此岸。而他對大陸詩壇「故意忽略」臺灣詩人在新詩史上的重要性，而大聲疾呼「是歷史性的誤失」。凡此種種可聞出此書中「血性漢子」的味道，其可讀性不言可喻。

深與奧之參悟

白　靈

　　素以詩名、文學理論、美學、比較詩學等見稱於兩岸詩壇的詩人葉維廉，1979 年曾被列為十大傑出詩人之一，著作等身，迄今已有各類文集數十種。其早期詩作意象繁複氣勢磅礡，作跨天橫空之勢，宏偉的交響詩構築以層疊複沓的旨義和音節推進，令人震動而著迷。中期後對中西詩學研究既精，遂由道家「無」的美學出發，領悟「空白」之妙，乃能布置語言空間的謙沖策略，而得自由出入虛實之際。晚近的詩，綿密深邃，將抒情的、音樂性的語句隱約推拿，出手時微顫婉轉，演化成不同姿態的景致，而自然流溢出哲思和禪境。他大概也是詩人之中少數遊歷極廣，對山山水水的深和奧之參悟最能與自身詩學造詣相呼應，而不光是自知識和伏案領略而得的學者。

　　此詩集收詩作三十一首，分八輯，大多為記遊詩，如〈冰河興〉長詩寫阿拉斯加冰河所見；「櫻花季節」一輯二首寫日本京都、大阪；「再見故國」一輯四首寫三峽、黃鶴樓、北京、牛渚；「龐德追跡」一輯二首寫與龐德有關的義大利兩個城市；而〈麻勒格〉、〈沙落布蘭那山城〉等七首則寫安達魯西亞的生活所見；「紀元末重訪巴黎」一輯收詩七首，其中〈紀元末重見塞納河〉長達二百零三行，與河長十百餘公里的豐富文化互相對話。此集中極短與極長並列、繁複與簡單同陳，形式由極簡至極迴，並無一致，全由題材而定。然而由短句的緩慢流溢，可看出葉氏對語詞與語詞之間「空白」的注重，比如〈側影〉一詩二十行卻只有四十三字：「中心／邊緣／你／沉默／單／身／牽著／一頭／沒精打采的／驢子／在／十字路口／靜靜地／看／汽車／逡巡著／靜靜地／聽／汽車／咆哮著」，平均一行只比二個字多一點點，甚且一個字的竟有六行之多，且均與「你」的孤單有關；兩個字與三個字均寫「你」與「物」的對抗；四個字與五個字則寫「你」處境和心境的等待和無奈。這些安排表露了葉氏對中文語詞的特殊領悟，也逼使讀者對詩的語言有更新的體認。其餘妙處則待細心者再去挖掘。

宜古宜今

卓清芬

2
1
6
庚辰雕龍

簡宗梧 著

文學創作

散文·雜文

看學者們求學歷程的敘述，總能在漂浮不定的生命裡，找到貞定的方向，勇往直前，一以貫之，數十年如一日，終能成就學術志業。文集中其他篇章，則能見其性情嗜好，於學問之外，展現人格特質。簡宗梧教授的《庚辰雕龍》因為生於庚辰年，屬龍，又雅好雕龍之術，故有此名。集內篇章的寫作時間橫跨四十年，有大學時期的小說、散文，也有近年的作品。

全書分成四部分。卷一「驀然回首」是近二十年來的散文作品，寫教書、旅行的經驗、人生的體悟等。論世事，犀利中帶溫厚；懷親人，細微處見深情。例如寫父親徒手捉蛇，面對蛇的勇敢無懼、談笑自若，其實都是為了保護幼小的兒女，怕他們受到傷害。含蓄的父愛在捕蛇、煮蛇湯的過程中表露無遺。

卷二「幼學擷談」，為《幼學瓊林》故事作現代的詮釋。以說故事的方式說明成語「舉案齊眉」、「牝雞司晨」、「河東獅吼」的由來，加上作者旁徵博引、闡發聯想，讀者可以鑑古知今，在老故事中得到新的啟發。

卷三「蘭竹文話」，深入剖析單篇散文。如徐志摩〈翡冷翠山居閒話〉、朱自清〈荷塘月色〉、陳之藩〈寂寞的畫廊〉等。不同於一般評論文章的泛泛之語，簡教授從謀篇布局、修辭剪裁、遣詞用字、思想意涵等多方面鉤掘文章的特色，闡幽發微，指陳缺失，使讀者知所取捨，於寫作或欣賞均有助益。

卷四「犢耕拾穗」，是大學時期的散文、小說，多以校園為題材，寫情竇初開的煩惱、師生之間的情誼，字裡行間流露青年特有的樸拙真誠。

簡教授以研究漢賦著稱，學養深厚，態度嚴謹。其學問積累的功夫以及勤懇篤實的溫暖人格，均可作為學習的楷模和典範。

豐子愷之後

衣若芬

　　乍讀《莊因詩畫》，首先想到的是與豐子愷《護生畫集》風格之相近。果不其然，在本書的作者自序中，作者提到在父親莊嚴先生的舊藏中，發現豐子愷漫畫，「一經翻閱，喜不自勝」。作者所喜者，在於從豐子愷的漫畫裡體會到以傳統的筆墨工具、構圖、技法，乃至於意境，表達現代人的生活、精神和情思，於是「勤奮地臨摹起來」，《莊因詩畫》與豐子愷作品之因緣，其來有自。

　　莊因受到豐子愷的影響不僅在形式方面，還包括創作的胸懷與態度。作者在本書自序中也表示：豐子愷「他以閒適遊戲之筆勾繪世間眾生諸相，自然而充滿人情味。他的畫，對世間生命萬物有一種寬厚博大的關注與愛心，⋯⋯他的畫瀰漫著『情』與『趣』。」尊豐子愷為啟蒙老師，莊因的作品中也承襲了豐子愷詩畫藝術的這種特質，本書詩畫相益，意趣橫生。

　　本書分為「臺灣采風」、「域外采風」兩輯，前者部分原為刊登於《聯合報》之「臺灣竹枝詞」，描繪個人在臺灣所見所感；部分為刊登於《中國時報》，原題「采風錄」，因臺灣之時事而作，作者自稱旨在「諷世刺俗」。「域外采風」捕捉美國華人社會之現象，有如移民文化之剪影。

　　粉筆、鋼筆、毛筆，三筆運用自如的莊因，在《莊因詩畫》中展現了中國文人詩畫兼濟的才華，寓「言志」於「抒情」，流暢淺白的詩句有時甚至夾雜英語，使得看似因循傳統的古典詩篇顯得平易而生活化，讀來有時令人莞爾，有時五味雜陳，即使書中所譏評的時事已經事過境遷，仍然留有無盡的餘韻。

217 莊因詩畫

莊 因 著

文學創作 散文·雜文

寫實與傳奇

張春榮

張德寧小說是「有大樹、有豔花、有小草的世界」(〈自序〉)。全書八篇小說,可分寫實與傳奇兩大類。寫實一類,以心理繁複真實為核心;傳奇一類,自鄉野街談發展而出;兩者互為映襯、編織,建構出其「不講規律」、饒富興味的小說藝術,指涉「雖小道,必有可觀者焉」的小說家之敘述傳統。

寫實一類,包括〈換了頭抑或換了身體〉、〈難覓并刀剪離愁〉、〈夢寐舊情〉、〈孤夢驚殘〉四篇。就命名而言,以第一篇〈換了頭抑或換了身體〉最具現代感,亦最具歧義,最能吸引讀者目光。全篇自「頭」(自己的)與「身體」(植物人的)的重新組合上出發,走向「思維是自己」、「行動卻是別人」的分裂衝突。文中藉由與妻子(手術參與者)、植物人妻子(同意捐出先生身體)的重新接觸,展開「兩難」的心理糾葛,形成「形」、「神」對峙、互為主宰的焦慮意識,並形成意外命題合理發展的深刻張力。難怪後來本篇參賽,即為評審青睞,榮獲小說獎。

傳奇一類,包括〈老古〉、〈媚術〉、〈奕軼〉、〈刺馬〉四篇。其中以〈老古〉最為離奇,最為特殊。全篇以流暢筆調、輕鬆說故事的口吻,娓娓道來;道出看相先生老古的「苟全性命於亂世」、「陰差陽錯過日子」,寫活老古「沒學得十分油滑奸詐,仍留有幾分耿直在胸間」的駁雜性格。於是可以「壞心做好事」(對素雲一事),也可以「好心做好事」(收養男棄嬰);依違於小奸小善間,老古自圓其說,自得其樂,形塑自身的生命活力,並兜出樂觀的阿 Q 心態。結尾「老古抱了崽在風中站著想:不記得也是我的崽。有意思就是沒意思,沒意思就是有意思,哪個講得清!」總括老古一生處世灼見,也點出小說家看家本領,正是在「沒意思」處,寫出「有意思」的故事來。

人性的幽光

卓清芬

　　黥首是漢代的刑罰，在罪人額上刺字，塗上黑墨，作為懲戒。1951年生於北京的朱暉，就因為父親是被判刑入獄的國民黨高級將領，使他背負著罪人之後的烙印，在天翻地覆的政治動盪中度過了驚心動魄的前半生。這本集子裡的文章，記敘他的家人和生平經歷，不僅是一個平凡家庭血淚交織的災難，也是大時代中無數苦難的縮影。

　　朱暉印象中的父親，僅在他幼年前去探監時，一邊惴惴不安的瞄著身後的獄官，一邊怯怯地伸手摸了摸他的頭，其餘的部分，只能從戎裝筆挺的照片和軍法處的判決書去拼湊了。本為中學英語教師的母親，在文革中被打成「歷史反革命」的家屬，下鄉掏糞挑水，寫信要兒女和她「劃清界線」，忍受諸多苦難，不敢尋死，是為了保全兒女的前途，避免他們有個「畏罪自殺」的母親。他的外公，原是鄉里敬重的長輩，在紅衛兵抄家後，被迫近觀黑五類受刑的慘狀，導致精神失常，不久辭世。裹著小腳操持家務的外婆，則在抄家後，有了自盡的念頭。但為了代替下鄉勞改的女兒負起養育子女的重責大任，她忍辱偷生，捏著幾張糧票、肉票，艱辛地將孫輩撫養成人。

　　朱暉以大篇幅詳盡勾勒生命裡的重要人物，用參差互見的筆法，突顯主從。譬如寫母親那篇僅簡單地敘述外公發瘋而死，外婆哭瞎了眼；在分寫兩位老人家的文章中，才著重他們的精神風貌。透過人物的描寫，呈現了文革時期的種種苦難，人性的醜陋也纖毫畢現。但最可貴，也最令人動容的是，即使是百般刁難的書記長官、陰狠兇殘的民警，朱暉都能從政治加諸人心的箝制，寬諒地看待人性裡的陰暗，並沒有因此憤世嫉俗、自怨自憐：「在內心深處的某個地界，還有某種讓你寧肯咬緊牙關繼續撐、等、盼、尋的東西，在若隱若現著」，就是這股力量，支撐他度過海南島的颱風驚雷、工廠的沖床歲月，終於考上大學，進入報刊媒體工作。當他回顧那場改變一生的文革浩劫時，下筆冷靜而客觀，時而加入理性的思辨，不用煽情血腥的控訴，在平淡的文字下，讀者自能感受那濃烈的情感，以及整個時代、社會價值的扭曲與失落。

2 1 9 黥首之後

朱暉 著

文學創作 散文・雜文

典型在前

張春榮

生命風景

220
生命風景

張堂錡 著

傳記

《生命風景》高懸三十七幅當代優秀人傑的特殊景觀，提供精要深入的導覽步道，直探卓越典型的心路歷程，呼喚「有為者亦若是」的正格迴響。

綜觀全書六卷，殊途同歸，各顯精采。面對堅持「與自己的夢賽跑」的藝文高手，全心「走過書堆的歲月」的傑出學者，發願「替人間點一盞燈」的實務專家，放眼「貼緊中國的胸膛」的文化鬥士；目納「攀登生命最高峰」的青春火花，「傾聽他們的聲音」的獨到見解；確實打開一己知識的門窗，跳出自家「極大化」的山頭主義，大興「見賢思齊」，共襄盛舉的欽仰之情。

至於細繹書中各個「特殊」的生命歷程，去異求同，交集歸納，可以爬梳出「普遍」的共同特質，照見其中精神的會通：第一，格局決定結局。揚棄規規小儒的偏執狹隘，綻放「有容乃大」的寬闊視野，充滿勇猛精進的學習興趣。書中所謂「臺灣經驗不該被簡單化、概念化，它有正負兩面，正面的當然要肯定，但負面的也不要避諱」、「把『天線』放長些，多方瀏覽，不只是瀏覽本身學科狹窄範圍的文獻，更要隨時留意其他的學科，透過廣泛接觸，才能找出這門領域的大方向」，均展現「博大能高」的宏觀心量。第二，韌性強化心性，秉持信念，堅持理想，視苦難為難得的歷練，讓阻力成為下次躍進的助力，讓危機成為日後修正的轉機。書中所謂「生活的信條是，一切都應當美好，一切都必然美好，只要自己的心底是美好的」、「立命之道有四：立定人生目標、守法積德、耐苦磨鍊、寬厚開朗」，無不「開大門，走大路」，由長度邁向寬度，由任性邁向韌性，愈用愈出，展現「堅定而柔軟」的優質修養。凡此，當是閱讀《生命風景》此書心靈的大收穫。

在風景與思想之間

張堂錡

鄭寶娟 著

　　以小說見稱的鄭寶娟，提筆寫起散文來也已卓然成家，別具一格，這本《在綠茵與鳥鳴之間》，就是她才思洋溢、文采煥發之作。曾經擔任藝文記者的經驗，使她取材精準，文字流暢，並且多有自己獨特的思考，見人所未見；長期定居法國巴黎及經常旅行歐洲的經驗，使她的散文多為旅行書寫，並在東西方文化的陶冶、衝擊下，這些旅行書寫又帶有文化反思的警世意味，美麗的風景背後有更多的風景，讓人省思，讓人玩味。

　　這本書的遊蹤主要是在歐洲。作者的旅行書寫結合了歷史、地理、人文，交融著自己的真實經歷與深摯的抒情感懷，讀來既可滿足知識上的好奇，又能提升到心靈觸發的意境，在風景與思想之間，讓人身歷其境地進行一次次思想的深度之旅。在她的導覽下，諾曼第戰場、滑鐵盧古戰場、荷蘭的阿姆斯特丹、德國的美因茲等，都有著動人的故事，令人嚮往。當然，寫得最多的是巴黎，「它是一場每日循環一次的聲色的大追逐，光影的大廝殺。是一座背景繁複的時裝展示臺。一個充滿鮮花、噴泉與俊男美女的大市集。它是一首詩、一齣不落幕的戲劇、一個永不醒來的長夢。」對這座「夢想中的城市」，鄭寶娟冷眼的旁觀中早已有著更多熱烈的傾慕與喜愛，即使巴黎並不是屬於她的家。

　　也許是文學家的天性使然，她對具有文學氣息的地點特別感興趣，寫來也特別有「感覺」，例如在希特勒的故鄉羅瑪小鎮，她想起的是奧地利作家褚威格的回憶錄《昔日的世界》，並從而思索種族、征戰、集中營、審判等人類浩劫的議題；她在《安妮的日記》中安妮躲了兩年的「安妮之家」時，被深深撼動而落淚；還有〈跟著「基督山伯爵」的足跡〉到了法國的伊夫堡，她以小說情節來對照這個華麗傳奇的棲身地，歷史與小說有了虛實相生的對話。大抵而言，書中美麗的風景書寫，往往對照著歷史的沉重與人性的苦難，一如書名「在綠茵與鳥鳴之間」，其實豎立的是諾曼第戰役中死亡軍士的十字架碑基。

葉上花如錦

張堂錡

董懿娜是大陸當代年輕女作家，散文、小說均有作品問世，這是她的第四本書，共收四十五篇散文和雜感，多為自生活中取材、與心靈對話的抒情之作，透過「寫作」的方式，不斷追逐、反省、思考生活中的點滴，從中呈顯出一位年輕女子敏銳的感情、細膩的感受和具個人特質的思索，就像名作家白樺的序言中所說：「她的傾訴像長長的流水那樣，總是或徐、或疾地流淌著，永遠在攝取歲月中多彩多姿的風景。」

作者筆下繁麗的風景分成三輯：輯一「紫」為抒情散文，談家人、愛情、生活、朋友、寫作，交織著悲歡離合的世間情緣；輯二「橙」多為作者身邊人物的故事，透過題材的適當剪裁，一個個生動的人物形象躍然紙上，有小說的生動趣味，也有散文的真情體悟；輯三「黑」處處可見思想的火花，她以理性的態度來討論責任、時尚、女人的位置、「人」的意義等，藉著許多真實的案例和故事來分析事理，使人在輕鬆中得到許多嚴肅的啟示。作者文筆清柔婉約，不溫不火，很有種沖淡平和的意味，彷彿已是歷盡人世滄桑的老者，但其實她才三十出頭，還正當年輕，文字卻如此老練，或許就如她自己所說：「我的本性中有著這個年齡裡不該有的孤寂。」清新中帶著幾分老成，正是她的散文迷人之處。

書名「葉上花」，取自書中同名的一篇愛情散文，在該文末尾，作者寫道：「有一種花，它的名字叫葉上花，遠看其實都是葉子，那花就和葉子的顏色是一樣的，只是，它比葉子的顏色淡一些，只有非常仔細地看，你才會發現它的美是那樣迂迴，那樣含蓄和雅致，倘若你忽略了就不能分清何為花，何為葉了。」董懿娜的這本散文集就像葉上花，只有仔細品味，才能找出那葉中之花，並進而欣賞那花含蓄、優雅、動人的情致與芬芳。

【與自己共舞】

給自己空間才有轉機　　　　方梓

223 與自己共舞

簡宛 著

文學創作

散文・雜文

「與自己共舞的第一個意義是先接納自己，做自己喜歡的事，好或不好是別人的評價。越接近自己越快樂；另一個意義是，不能改變的事，不如與之共舞，去接受事實，也許反而有了轉機。」

這是作者開宗明義的表述了本書的主旨，即是快樂的愉悅的面對自己，也勇敢的迎接面前的考驗和挫折。

作者長年專研教育、家庭、兩性關係，並有實際的輔導實例經驗，對於這些方面的領域十分精熟。本書是作者生活上的領悟，書寫的年代為 90 年代，正值新舊觀念交戰，百家爭鳴的時期；婚姻與同居的問題、婦女與家庭的關係、新女性與傳統家庭的調整，以及新人際關係與教養的問題等等繽紛。

本書在書寫上有兩層的文化意義；一是異國文化的不同，作者旅居美國數十年，面對生活習慣、語言、思想、價值觀的差異有深刻的感受，尤其在融入生活上的體驗更為貼切，也因而有了第二層文化的意義：調適；不管是困難挫折，作者始終以歡暢的心情去面對，這也便是作者所稱的「與自己共舞」。

在異國生活最大的最初的面對便是融入與調適，難免有不愉快、艱難的處境，所以作者建言並身體力行「與自己共舞」，給自己空間去選擇，才有意想不到的驚喜，也才可能有轉機。

本書分為四輯，含括的方向有：婚姻、人生的快樂源泉、婦女的生活態度、與朋友的相處。另外在書末附有〈簡宛與你分享做一個快樂的母親〉訪問稿與「中國家庭在美國」的座談內容，更實證了作者在書中的想法。

本書處處充滿睿智的生活思想，同時呈現作者文學的素養，亦可視為雋永的文學小品文。

靈根自植

張春榮

「夕陽中的笛音」這樣的書名，彷彿浮動「夕陽無限好，只是近黃昏」的傷逝之感，充滿花果飄零的幽幽悲情。逮走入書中，但見傷逝之中，逸出一抹堅定的聲音；花果飄零裡，呼喚靈根自植的熱力。

基於廣宇悠宙的視角，基於教學中東西文化撞擊的撼動，作者呼籲現今中國知識分子應有的器識；應有的道德價值，正與美國華倫懷斯所提的「尊重、負責、信守、關懷、正義」五項行為準則，互為發明。指出現今知識分子的新形象，在於告別當擁有珍寶而不自知的乞兒，揚棄自卑自欺的附庸心態，走出自我貞定的格局。

書中最精采處，當推修正「愛是強者的道德」（曾昭旭名句）為「愛是勇者的道德」。指出所謂的「道德」並非法律條文的外在規範，「而是人性中自發自制自強的內在品質，含有責任心、慈悲心、容忍心……甚至犧牲的情懷。唯有堅強的心靈才有此種種秉賦，才足以擔負痛苦，才能在一往情深中成長透悟」，而一字之差的修正，正是去除「強」字的「權力」運作，呈現「勇」字的道德力量。似此詮釋，猶如陽光中的黃鐘大呂，說理通透，滌盪人心。

至於針對傅大士禪詩：「人從橋上過，橋流水不流」的發揮，針對布拉格「查爾士橋」的三次改變，引申出：「橋面人潮更多少流遷？而橋下福他發河，始終是宇宙自然現象，如果不帶今昔意義的涵賦，它是『恆流』，也是『永駐』」，把握「自其不變者而觀之」的宏觀思維，凝視「逝而猶在，常而恆遷」的弔詭真諦，發人省思。

《夕陽中的笛音》無疑是一隻「文化」的蟬，以高亢嘹亮的「文學」嘶聲，唱出今生今世中真切的悸動。

城市脈動與心靈抗衡

方　梓

這是一本十分有趣的短篇小說集；一本探索現代人疏離的感情，以及對物質迷戀的奇特心態的都會人，在城市脈動中的各種面貌。

〈電話人〉描述現代極流行的電愛，一對夫妻因安裝電話而認識聊得契合最後結婚了，婚後同床卻仍得倚賴互通電話才能溝通，才能表達愛意和進行性生活。本文指涉現代人被電話／機械控制的心靈。

〈時裝人〉裡的人都是拜物者，每個人都想成為被模仿或者模仿別人的對象。而時裝人的生命是非常短暫的，一批批的時裝人消逝，另一批新的時裝人再出現。人的生命是被時裝控制，這是一個沒有心靈的衣架社會。

〈鐘錶人〉中「我又聽到城市鐘錶一樣『喳喳』走動的聲音，那是一種吞食一切的輪盤轉動的聲音。」城市的腳步愈快，人的心情也跟著飛跑，怕慢了追不上城市的脈動，趕不上時代的潮流。

〈公關人〉談的是人與人的疏離中，卻有一種公關人周旋在千人萬人之中；「人的靈魂沒有固定的面孔，只有面具才真正能顯現出當代人的靈魂。」一個隨時戴著面具的公關人，奔波在都會四處都是面具的人群中談靈魂，反諷十足。

在二輯十八篇小說的篇名中，可窺探出作者企圖展現現代人性靈的空虛、缺乏的心態和某種盲目迷戀物質或潮流風尚的情懷，如〈地圖愛好者〉、〈直銷人〉、〈大使晚宴〉等等，在在展現出現代人的迷思和無所適從，被高科技馴化、異化，困在城市的迷宮，任由所謂文明，所謂繁華牽引。

作者藉由種種不同面向的城市人來反思現代人的處境和困頓，高科技和人性的衝擊，城市的脈動和心靈的抗衡，結果是人被宰制了。這是一本極富創意與令人省思的短篇小說集。

225 零度疼痛

邱華棟 著

文學創作 小說

世事洞明

張春榮

歲月留金

226

鮑曉暉 著

文學創作

散文‧雜文

　　從流沙歲月，至流金智慧，是生命歷程的提升，亦是個體歷練的意義。

　　全書素面淡顏，質勝於文；以世事洞明的坦然，人情練達的豁然，正視人生旅程的荊棘坎陷。經歷年少時抗戰烽火的洗禮，經歷為人妻為人母的柴米油鹽，經歷重遊大陸的今昔對比；作者一再強調「人生彷彿是齟錯綜複雜、隨時代變化的戲。我們都沒有已定的藍本，只看自己如何用智慧去演好這齣戲，全掌握在自己手中」，揭示人生不能沒有一盞智慧之燈，用來照亮四周的情境，照向未知的前方，吾輩理當氣定神閒，臨深履薄，踏上人生旅程。

　　而所謂的「人生智慧」，作者隨筆敘及，無非「韌性」二字。以喜神為本，以知足為宗，化干戈為玉帛，化災難為豁達。於是，看似嬌柔的玫瑰，變成壓不扁的玫瑰；看似纖弱的蘆葦，變成折不斷的蘆葦。迎向生活中的狂風急雨，走過失意困頓的際遇。

　　當然「人生智慧」，並非整天說教；「韌性」，並非只是咬緊牙關的負荷；而是能向苦難微笑，對荒謬開懷；能讓缺憾添趣，讓思維活絡；展現充滿創造力的「幽默」特質。以林語堂在昆明西南聯大演講為例，講題為「物質生活和精神生活」。林氏眼見克難茅草屋校舍及泥土操場，有感而發道：「聯大的同學生活，在物質方面是不得了，在精神方面是了不得」，藉由回文形式（「不得了」、「了不得」），藉由話中有話（「不得了的差」、「了不得的好」），迸射令人莞爾的機智，激發開低走高的含苦如飴；正是面對生活困頓的高貴品質，亦正是全書「汰沙留金」的精義所在。

面面俱到

辜振豐

　　作者陸以正在外交戰場打拼多年，經驗豐富，加上他本身具有歷史和人文的素養，寫起文章來，自然兼具深度和廣度。外交人員在處理人際關係上，講究彈性和靈活的策略。他處理外交關係，往往有另類思考，所以閱讀他的文章也讓人從中得到一些啟示。例如交朋友本來就要花錢，即使人與人之間，請客送禮也免不了破鈔，而國與國之間的關係也免不了要為他國造橋鋪路。而趁元首到訪機會舉行簽署或落成儀式，送點小禮，也是人情之常，不需要大驚小怪。作者並沒有掉入主觀的幻想，而是以具體的數據來印證。他強調世界上已開發國家每年都會撥一筆預算來從事對外援助，畢竟臺灣的經濟力是世界各國有目共睹的，所以援外經費是不應該削減的。

　　作者曾在駐外單位任職，但不會一味的吹捧，談到情治單位如聯邦調查局，特別指出，即使響滿全球的美國聯邦調查局 (FBI) 也有過不少濫用職權，刺探政壇人物的隱私，作為政治交換手段的事實。例如知名的胡佛局長能夠連任長達四十八年之久，除了做事認真以外，他平時還蒐集歷任總統的隱私，以求自保，因為後來有兩本傳記加以披露，而美國人對於胡佛私下的作為大感驚訝。作者也具有豐富的歷史知識，例如友邦尼加拉瓜，原來是從 1927 年起由美國陸戰隊佔領，六年後沙卡沙總統就職，美軍才撤退。當時抗美游擊隊領袖桑定諾隔年應邀和國民軍司令蘇慕薩會晤，本來是共商國事，但被蘇家暗殺。此後蘇慕薩家族統治尼國將近四十年。讀者要想了解國際政治如何在檯面下運作，本書是值得一看的。

在鐵砧上挺直脊樑

張春榮

《請到我的世界來》是醫師散文。全書散發實驗室般的清凝風格，沒有過度的感性，沒有繁縟的鋪陳；只有適度的理性映照，只有點到為止的內斂。自顯冷眼旁觀的敘事趣味，自顯言簡意賅的行文之姿。

全書縱橫三十年，從第一輯「回首當年」的往事追憶，第二輯「瑞典生涯」的北歐留學，至第三輯「重訪故園」的今昔抒感，無不以「人」的眾生相為敘述核心，繚繞在「人，才是最教人難以忘懷的啊」的事件上。於是，藉由情節的開展，藉由情境對比，見證出貴州山鄉特殊遭遇，見證出北歐異地特殊風情，見證出故里重訪的特有滄桑。

書中各篇敘述，大抵由事而理，由敘而論，由特殊而概括，千里結穴，兜出立意。諸如：〈北京小記〉中「新『賣柑者言』」寫到身後一位老頭的接腔：「這世上小的都不假，越大越有假。孩子不說假話，長大了就說假話。小百姓不說假話，當官了就說假話，官越大，假也越大。擺架子，說空話，威風得不得了，其實全是假。」〈尋找往日的記憶〉中「母校的雕像」結尾：「歷史如潮，可以被攪得一片混濁，但到了海晏河清的時候，各自仍然會回到他應有的位置上。」均為真知灼見，持平公允。

至於僅敘事而不說理，僅呈現而不議論之作，則可視同小說。諸如：〈癩子山醫院的小故事〉、〈西雅圖來的外籍教師〉、〈我的老房東〉、〈瑞典眾生素描〉、〈一片羽毛〉、〈歐遊散記〉、〈上海鄉家的紫荊夢〉，均為書中精品，值得品味、欣賞。

228 請到我的世界來

段瑞冬 著

文學創作

散文‧雜文

6 個出走的女人

張堂錡

2296 個女人的畫像

莫 非 著

旅美女作家莫非的小說集《6 個女人的畫像》，雖然作者一再強調不是婦女解放運動者，這些小說也無意趨「女性主義」的潮流，但這些探討女性困境的作品，卻是典型的「女性文學」，其中所觸及的「女性失落、出走」，「什麼是女人？」，「女人何時失去女人的身分？」，「女人為何在現實中都有出走的衝動？」等議題，都是關心女性境遇、女性文學、女權意識者無可迴避的話題。書中的六篇小說，就是莫非多年來對此思索與經驗交織而成的心得呈現，她採用小說的形式，讀來令人沉重，但也開拓了女性成長的空間。

毫無疑問，這本書的主角是女人。六個女人在現代社會的不同遭遇，各自代表了女性的處境：掙扎、痛苦、猶豫、犧牲、背叛、渴望、自憐、出走，她們都有著千瘡百孔的受傷心靈，但也有著令人訝異的韌性。這些女人為家庭守了大半輩子的門，心思都在丈夫、孩子、家務中打轉，轉來轉去，青春失去了，自我也失落了，甚至於被丈夫遺棄或孩子誤解，其間的心酸與艱難，作者透過一個個生活化的素材，生動且深情地表達出來。身處困境，這些女性用各種方式「出走」，試圖找回失落的自我，如〈情愛閱讀〉中的她，藉閱讀羅曼史小說來傳達對現實的失望；〈虛構的故事〉中的她，則以幻想為自己打造一個祕密花園。然而，也有不想出走，只想一生守門等待的女人，如〈母親的畫像〉中孩子回憶的母親；還有〈遊子身上衣〉中因丈夫外遇而在婚姻、親子關係都產生危機的莊太太，以及〈未寄、未寫之信〉中被父母放逐到美國陪弟弟讀書的姊姊，她們都面臨了兩難的困境而難以自拔；六個女人中，只有〈冬日之夢〉中的她，從繪畫中找到真愛，並在母親的夢想中走出清醒的自我。

家庭、婚姻、親子、自我之間複雜的關係，有人幸運地破繭而出，重獲新生，有人自欺逃避，葬送一生，書中六個故事，就是六個案例，對女性認清自己、活出自我，具有當頭棒喝的啟示作用。

文學創作 小說

小說社會學經典

張錫模

「罪犯的存在，反而彰顯出我們所謂『文明社會』之所以運行的原理與基礎。」這種信念，使偉大的俄國小說家杜斯妥也夫斯基寫下不朽的心理分析名著。確實，小說是社會文化活動的產物，特定的小說反映特定的社會，特定的社會催生著特定的小說。社會的力量不僅從骨子裡影響著小說的敘事與內涵，小說的力量也足以凸顯特定社會的特定內容。傑出的小說，事實上必然是一部傑出的社會學觀察，《戰爭與和平》（托爾斯泰）如是，《追憶似水年華》（普魯斯特）如是，《百年孤寂》（馬奎斯）如是，以及其他文學經典，皆如是。

就小說看小說與就小說看社會這兩者，需要不同的研究方法與路徑，前者是文學研究的主流，而後者較少人問津。事實上，有關前者的書籍汗牛充棟，有關後者的實例書籍卻不多。畢竟，很少有人有足夠的功力從小說中洞見出社會，這不僅需要深厚的文學修養，還需要高明的社會學洞見。在中文世界中，此類從文學洞見社會的著作尤其罕見。

戰後臺灣政治學泰斗薩孟武的《紅樓夢與中國舊家庭》允為特例，開宗明義，即從《紅樓夢》進入清朝初期的社會動態，從大家庭制度的威力與流弊、上流地主階級的倫理觀與政治意涵、青矜子弟的精神徬徨與肉體墮落、血親與姻親的複雜社會網絡、人際網絡與官場力學原理、奴才與清客和主人互動的階層交往，以迄探春的政治改革，一貫以「小說是社會意識的表現」之方法論貫穿全書，分篇論述，洋洋灑灑，娓娓道來，加上旁徵博引，各式中國古典信手捻來，令人歎為觀止，允為文學社會學實例的不朽經典。

陽光的智慧

張春榮

《與阿波羅對話》是作者與生命的對話，由神話至人話，由歷史至現代，由歐美至兩岸；上天下地，緣事而發；出入中外，多元觀照；在在展現「凡事盡心，用心體味」的積極性格，映射「溫暖的心」、「冷靜的腦」的陽光色澤。

全書立論，以尼古拉・庫薩 (Nikolaus von Kues, 1401-1464) 對人的界說：「人是絕對而限定的極大」為核心，指出人在真理的追求上，往往異化成「有學問的無知」。這樣的「無知」，往往建立在「自我的極大化」上，包括「天真的無知」（「多半的美國人在安寧、和平中過了一輩子，要他們懂得人世間的危險，常常很難。」）、「僵化的無知」（「醫院裡上上下下對這一幕視若無睹，因為實在是太平常、太平常，不值得大驚小怪。」）、「以暴易暴的無知」（「仇恨是有毒的，仇恨不能使世界變得美好。」「仇恨的根、莖、葉都是有毒的，播種仇恨，收穫的必是加倍的仇恨。」），讓人際、社會、國族、宗教間，充滿歧視、偏執，充滿漫天烽火，充滿黑色災難。

基於根源性的透視，作者重申「智慧化解」之重要（「我不敢奢望和平，因為經過二千年，人類並沒有學得多少智慧。」「生命的存在不是為了受難，人類在作出無數犧牲之後有沒有得到一點智慧?」）。而智慧化解，絕非「有學問的無知」，絕非劍拔弩張的攻擊；而是「同情心、同理心」的了解（「人類需要學習了解，人類也需要學習不訴諸武力的了解。」「人類該懂得生活方式可以有各式各樣的。」），而是相濡以沫的了解（「人不能永遠衝鋒陷陣吧? 人需要一點溫馨，一點慰藉，一點諒解，一點愛惜。」）；完全歸結於文化素養的深度（「何以缺乏智慧? 又何以遇事只能意氣用事? 細想一下，無非是好書讀得不夠而已。」）。

似此陽光般的用心、陽光般的智慧，切中人情事理，值得傾聽，值得凝視。

2 3 1 與阿波羅對話

韓秀 著

文學創作

散文・雜文

文學與親情

辜振豐

本書的書名出自作者對於父親沙鷗的懷念。他和父親以談文論藝來相處，真是令人羨慕。從小父親教他閱讀文學作品和寫作，後來父親的詩集《失戀者》出版前，還幫父親寫序。最後父親住院時，作者剛好要出書，還抱病為兒子看稿。以往論述文學的文章，的確很少看到這樣感人的描述。書中作者在多篇文章中提到他父親，更顯露他對父親往生的懷念。

作者在論述文學時，範圍從中國現代文學，一直延伸到歐美文學，並旁及日本文學，讀來一點也不拖泥帶水，即使引經據典，也能恰到好處。在討論小說家谷崎潤一郎時，他就道出日本文學都是感官之美，而且審美體驗涉及所有感官，無論是味覺或視覺，谷崎所呈現的是無所限制的體驗，尤其《春琴抄》這部作品就是具體的明證。此外，論及小說和虛構的相互關係，他舉的例子十分貼切，如小說乃至於一切虛構藝術的本質就是「騙局」，作者和讀者閱讀之前，雙方原本就有約定，或者是說「默契」，換言之都要信以為真，大家都不能互相拆穿。小說家放心去騙人，而讀者也要甘心受騙，此一契約關係就決定小說的成立。

作者在探索疾病時，則將生老病死視為一體，足見他對於生命是有深刻的洞察力，而這是身為作家或論述者不可或缺的能力。他指出，「病」並不僅僅是疾病而已，而是可以代表人生的一切不如意，無論是來自於自己的，別人的，還是社會的。一切不如意都是對生命的錘煉，從而體會到生命的真正意義。生作為開頭，便提供了全部基礎，因為老是它的趨向，病是它的負擔，而死就是它的結束。

傳說與紀實小說　　　方　梓

233
百寶丹

曾
焰
著

文學創作 小說

　　被掠奪家產的 11、12 歲孤兒曲煥章——阿章四處流浪，跟過乞丐、
趕馬幫，後來因緣際會跟著有「再世華佗」之稱的姚宏金和其徒弟杜
璞璧，四處行走練就了辨識各種草藥能力，後來拜師凌虛法師通曉各
種藥理和病症，回鄉開業，以白藥（即雲南白藥）治癒鄉人的痲腳瘟
（霍亂）而發跡。

　　本書如《鏡花緣》般，阿章師徒三人歷遍雲南等山野，見聞各種
不同的夷蠻族人的禁忌、習俗、傳說和祭典。

　　清朝雲南蠻荒地帶，諸多傳說和不同的族人習性，一一在作者筆
下呈現，我們彷彿經歷了不同地域、不同族人的神奇的傳說；啃食熟
雞頭看雞喙卜吉凶；傳說中的食人族野卡佤人；原始但善良的佬黑族
人棄病人以祭山神的傳說；拔了牙，全身赤裸的窩尼族人取捨嬰兒和
剮祖父的肉身的習俗；大理景致、擺夷人的潑水節、暹邏貓由來等。
全書充滿了傳說和民俗色彩。

　　本書主要是描述雲南白藥創始人曲煥章——阿章的一生；自幼失
怙，為姑母撫養，姑母過世，姑丈為奪家產險些將他害死，幸而老僕
萬福伯犧牲生命救了他。四處流浪的阿章幾度面臨死亡，終有貴人相
救平安度過。而生性善良也相當聰慧的阿章，在兩位師父的傾囊相授
下，練就通曉藥草性味和病灶醫理的專業知識，成了雲南白藥的創始
和推廣之人。

　　本書最可觀之處在於，翔實記述中國傳統的病理和草藥細述，書
內諸多藥草的詳介與藥理偏方的處治，以及雲南大理等滇南地區的民
俗傳說和人文特色。本書除可當傳奇小說閱讀，亦可當滇南地區各族
人習俗、禁忌研讀，是一冊十分趣味且知識豐富的傳奇小說。

繁花過眼

張春榮

繁花過眼，暖目動心。動心書寫，可以感性揮灑，噴薄而出，也可以知性映射，於凝呈現。前者是搖蕩性情，熱筆抒懷；後者是靜定觀照，冷筆敘說；而這兩種筆調，同時交替在本書中，成為鮮明的標幟，標示著兩種不同語調的書寫世界。

《矽谷人生》全書計分三輯。第一輯「家在矽谷」（十五篇）、第三輯「夏園小札」（九篇）為「內聚焦」（第一人稱）之作。「家在矽谷」為旅美生活經驗，「夏園小札」為故國飲食之思。第二輯「千面人生」（十八篇），係「外聚焦」（第三人稱）之作，敘述天涯淪落人（美國、大陸、臺灣）的不同際遇。如果說，第一、三兩輯是「有我」的「散文」，第二輯則是「無我」的「散文化極短篇」，充滿戲劇性的色彩。

第二輯「千面人生」，為全書扛鼎力作。文中，作者化敘述為呈現，化直接說明為間接揭示。於是，篇中人物的「半生」或「一生」，在極短篇幅中「須臾」展示。於此，作者讓人物自演，讓事件發聲，讓抉擇衝突，讓結局意外；不加批判，不點明主旨，讓讀者慨然而思，掩卷而歎。喟歎人生的「弔詭與反諷」：誠然「機關算計太聰明」，誠然「時也，運也，命也，非我所能也」，誠然「天有不測風雲，人有旦夕禍福」。原來「應然」和「實然」有很大的落差，「心想」並不能保證「事成」，而造化弄人，「天下的事，總要親歷才知道」。

浮世逆旅，蕭條異地，最能照見生命的全幅滋味：「是捨棄也是獲取」、「人間，總是歡樂和痛苦」。

文人情懷

郭強生

　　作者殷志鵬為紐約哥倫比亞大學教育學博士，長年旅居紐約，與夏志清教授知交甚篤，乃以「側寫」的方式，記載了歐美漢學界重鎮夏志清先生率真、熱情、頑童性格的另一面。本書既非傳記、亦非文學史料，而是長年所聽、所聞，有關夏志清先生為人，以及文學筆戰的轉述，信筆拈來，時有令人莞爾的片段。尤其對夏志清教授與另一知名漢學教授唐德剛先生、前臺大文學院長顏元叔教授的論戰，不以文學觀點切入，而採透視當事人性格與文化圈紛擾齟齬的癥結，或許可一饗讀者對美國華人世界知識分子群眾的好奇。

　　除〈夏志清兩次筆戰探源〉外，另有〈夏志清參加文聚的記錄〉、〈七友評夏志清治學與為人〉、〈和夏志清教授文交的心領神會〉等多篇，在在可見作者對夏志清先生的景仰與傾慕之情，一封信、一頓飯，都在捕捉如作者所言，夏志清先生「人文情懷」之善心與真性情。

　　書末並附有夏志清先生出版著作與發表文章之目錄與內容簡介，以及作者訪夏教授談文學前途一文。並有夏志清先生文稿手跡與文聚中照片多幀，頗有作家剪貼簿之趣味。而另一位在美國東亞學界頗負盛名的劉紹銘教授為本書作〈夏志清傳奇〉序文一篇，精采可讀。

235　夏志清的人文世界

殷志鵬　著

傳記

隔岸素描

張春榮

　　《文學的現代記憶》是作者當研究生時的「青春」論述。以「點、線」的透視，隔岸觀臺灣文學（第一輯）、香港文學（第二輯），燭照夏濟安、王文興、歐陽子、羅門、張愛玲、西西等重要的現代作家。

　　全書論述，注重作品主題的爬梳與闡發。以〈現代精神的成長——對王文興小說創作主題的一種貫通〉為例，通過探本溯源的挖掘（「一條暗隱在現代人成長、生存過程中的精神發展線索」），釐清王氏創作歷程：「感受與覺悟：早期小說」、「最初的背叛：《家變》」、「全面的抗拒：《背海的人》」、「探索的血淚：藝術家畫像」，指出小說中人物的精神蛻變與履歷，正與王氏相互呼應（「作者在精神上的投射」），歸結出「創作與經驗」的不可分。可說條理清晰，自成定見。其他如〈靈視之域——羅門的詩和詩論〉、〈日常生活的「不對」和「亂世」文明的毀壞——四十年代張愛玲創作中的現代「恐怖」和「虛無」〉，均為言之有據的力作，照見作家創作世界的圖貌。

　　至於別有會心的論述，當推〈傾城情諧未　盛世人飛灰——兩個香港故事的參照閱讀筆記〉。此文比較張愛玲〈傾城之戀〉與黃碧雲〈盛世戀〉。兩篇小說雖相差四十年，然參照閱讀，共同指涉：「隔了四十年的故事，讀來讀去其實差不多，蒼涼的故事，無聊的婚姻，何時沒有」、「不管是兵荒馬亂，還是金粉太平，最驚心動魄的愛情故事也只能如此」，總括愛情的理想、理想的愛情，無論在任何世代，任何時空，終歸灰飛煙滅；在煙滅未諧中，永遠浮動「充滿絕望的渴盼」。事實上，本文論述方式，乞靈於張愛玲散文《流言·自己的文章》。張氏道：「我不喜歡壯烈。我是喜歡悲壯，更喜歡蒼涼。悲壯則如大紅大綠的配色，是一種強烈的對照。但它的刺激性還是大於啟發性。蒼涼之所以有更深長的回味，就因為它像蔥綠配桃紅，是一種參差的對照。」由此觀之，所有「充滿絕望的渴望」的愛情，終在時間滄桑中兜出沉沉的蒼涼。

經營人生才有愛情

謝鵬雄

愛情是真的嗎？愛情可能真誠嗎？愛情可能永久或長久嗎？愛情是不是終究只是一個幻想？

問這種話的人，通常頭腦比較簡單，他把愛情孤立起來——從人生孤立起來，作為一項單獨的思考對象，於是發生了這許多問題。

愛情當然存在。只不過它是人生的一個面，它和人生一起存在、成長、消沉、淪喪。你若覺得人生是真實的，愛情就是真實的。人生是長遠的，愛情就是長遠的。若有一日愛人背叛了你，配偶另結新歡，而你心中仍然有愛，這愛也會和你的人生一起存在。愛，可以肉麻到只在床上發生，也可以「哲學」到成為一種心中堅持的理念。但多半時候，愛是實際人生的部分、人生的「精神」。

馬瑩君女士，以十幾年的時間，寫了一本書，主要的意思就是：愛情是現實生活的一種情感，不要以愛情小說中幻想式的觀念去期盼愛，也不要稍有不如意就以女性主義、女權運動者的架勢要爭取什麼。愛情是一種人生，而且是兩個人的人生，這人生必須互補互助，而且互相負責才能過得好，過得好的人生、互相間的情感叫做愛情。很普通也很實際，很平凡也很可貴的。

作者有時正面說埋、諄諄告誡，有時俏皮說笑、說「女人笑著扣分數」，有時東西援引，在已有的作品中找例子，藉故事喻現實。可是點滴都寓著要人好好經營人生，人生成功，乃有愛情之意。這是千真萬確的事。你要好好看這本書，也許愛情就在你的作為中，不必到處東張西望，尋找什麼白馬王子。作者說：「讀你千萬遍」，你要愛情，但你的人生經得起情人終生閱讀而有內容、有情感可以不斷供應嗎？

237 女人笑著扣分數

馬瑩君 著

社會人文

探險的樂趣

衣若芬

很少有學術論文可以寫得這麼「好看」,即使像我這樣,以學術研究為「職業」的人,比起一般讀者有更多的機會閱讀大量的學術著作,老實說,眼前「過盡千帆」,真正能感到「深得我心」的文章有如鳳毛麟角,孫教授的著作是其中數一數二,熠熠生輝的珍品。我不敢說是孫教授的忠實讀者,但的確拜讀過不少孫教授的論著和散文集,並且從中學習到治學的態度與「好之,樂之」的精神。

在我為三民書局撰寫的二十本「三民叢刊」導讀中,《文學的聲音》是我挑選的第一本書,可以說,潛意識底,我最樂意為讀者介紹這本書,與讀者分享我的閱讀經驗與感受。可是,在撰寫的過程,《文學的聲音》卻一次又一次地被我放下,以至於成為最後一本「非寫不可」的書。為什麼會如此呢? 面對電腦閃爍的浮標,我想,問題在於我不能確定《文學的聲音》發出的,道出我心中事的回響,能不能也切中讀者們,讓大家也油然生起與作者相契的山鳴谷應?

這絕非孫教授,也絕非《文學的聲音》所應承擔,而是我不願意輕易放棄,輕易給自己的疑惑找一個勉強的解答。自從「學術研究」成為一種工作,「讀書」成為完成論文寫作的必須要素;自從臺灣的學術象牙塔愈蓋愈多,愈蓋愈大,學術的人口增加,比例擴大,區隔讀者層級的現象更為明顯,「專業學者」與「普羅讀者」的鴻溝如何跨越? 我想,透過《文學的聲音》,正好可以提供大眾一個接受學術論文的捷徑。

本書分為「性別的聲音」、「經典的聲音」、「抒情的聲音」三個專輯,其實探究的是人人都好奇的問題: 作者為什麼寫? 作者想說什麼? 作品裡說的是作者的話嗎? 讀者一邊讀,一邊想,也替作者和作品說了什麼?

孫教授在本書的序言裡,引述了羅蘭・巴特曾經說過的一段話:「閱讀是一種樂趣,這主要是因為閱讀本身就是一種探險。」如果您也是對宇宙人生充滿好奇心,喜歡探險的樂趣,試試看,翻開本書,您會覺得「不虛此行」。

以城市為鏡

張春榮

以銅為鏡，可以正衣冠；以古為鏡，可以知興替；以城市為鏡，可以明文化；以《一個人的城市》為鏡，可以照見現代女性漂流的心靈。

全書六輯，城市之間、生活在城市、書窗外的城市、城市舞臺、別人的城市、穿行城市的日子，以北京、上海、深圳、巴黎的空間漂流為對位，以時間歷時的動態為變化，掌握「他山之石，可以攻玉」、「他山之石，可以攻錯」的比較思維與對照批判。書中毫無小女子風花雪月的閨怨之思，但見親自印證的深情寄盼與冷眼旁觀的理性揭示，展現不讓鬚眉的陽剛格局。

全書坦陳生活的兩難（「生活有時就是如此不可思議，不知不覺中就發生了陡轉，走向自己的反面。」）、成長的兩難（「忘記過去就意味著背叛，但沒有深刻反省的張揚過去又意味著什麼呢?」），剖析理想與現實的扞格（「把磷火當作不熄的明燈，卻把支柱視為易逝的影子；她們看不清環境，也審不明自身；實現不了理想，也把握不住現實。」）、想像與真實的扞格（「其實，導遊那茫然的眼神、淡漠的表情和低沉的聲音才是流浪的人的真實形態，導遊傳達的那種孤獨、漂泊以及擺脫不掉的命運感才是流浪的真實意義，而這種與生命同構的特徵才是流浪動人心弦的力量，是流浪美麗而浪漫的根本所在。」），洞視生命的雙刃坎陷（「足球比賽是人生戰場具體而微的形象寫照」）、理想自身遮蔽的坎陷（「人的所謂理想，其實不少是畫地為牢。」），正視「智慧的痛苦」、流浪的痛苦（「每一城市都使我在愛過之後卻又心生厭倦，在決意停留之後卻又逃將而去。」），成就全書「既迷人也傷人」的深刻張力。

而所有縱深、景深的歷練滋味，無不指出生活的意義、成長的真諦、流浪的價值，即在「過程」本身。原來，「過程」的全力以赴、發光發熱，即是生活的意義、成長的真諦、流浪的價值，不假外求。

文學創作　散文‧雜文

深入淺出遊詩國

白　靈

當我們捧讀眾多現代詩書籍，神往於其中迷人的世界時，是否可曾想過數百年前、甚至千年前，「詩」這樣子的一個玩意在當時的社會扮演了什麼樣的角色？或是曾經因為它而發生過怎樣的故事？

在向明的《詩來詩往》一書中，上溯古典中國，下探現代臺灣，為我們揭示了詩是如何和人互動。在輯一「布衣亦可傲王侯」裡，作者以鄭板橋、國父等人為例，說明了文采是可以讓恃權傲物的人也為之折服的。〈布衣亦可傲王侯〉一文中提到了國父自美返國，想求見湖廣總督張之洞，卻被一句「持三字帖，見一品官，儒生妄想稱兄弟」隨便打發離開。但國父隨即回了一句「行萬里路，讀萬卷書，布衣亦可傲王侯」，張之洞一看，心想此人必有才識而趕緊以上禮迎接。

輯二則是以「詩」作為每篇文章的主題，探究詩背後延伸的故事。〈亂世文章不值錢〉一文裡向明以宋朝人呂蒙正、楊萬里、及臺灣前輩詩人楊雲萍等人因生活貧困所寫的詩來說明詩在每個時代都一樣，寫得一手好詩並不能讓家人的生活過得更好。輯三是作者對當下臺灣社會的一些文化現況的觀察，例如電視劇《人間四月天》的風行而有所省思，並對徐志摩的詩與人深入討論。輯四為作者近年在各研討會發表的論文。而向明身為一個創作者，寫出的論文免去了一般學術論文枯燥艱深的理論說演，自然多了兼容感性與知性的流暢文字，反倒更能傳達文學最基本的認知。在〈零碎思想談小詩〉中作者遍舉古今詩人的短詩佳篇例證小詩的緣起和形式。〈沒有意象‧詩會異樣──小論詩中的意象〉向明從《周易‧繫辭上》、《文心雕龍》等古籍中來解釋意象一詞的由來和定義，並舉證實例說明意象的運用構成和重要性。

瘂弦以張文江稱讚錢鍾書的八個字「鉤稽沉珠，闡舊闡新」來表示對向明此書在梳理古今詩文典籍的用心。此書中作者以知感兼具、深入淺出的文字，不偏不頗的觀點帶領讀者暢遊古今詩文的美麗世界，值得喜好詩歌的朋友細心閱讀。

（書影左側）詩來詩往

240 詩來詩往

向明 著

文學評論

藝術家的旅遊手記　　　　　　吳月蕙

　　《過門相呼》是畫家黃光男旅遊散文的結集，以藝術家得天獨厚的優勢寫作，一副靈巧敏銳的心眼，抓住的，往往是凡夫俗子容易忽略的珍貴鏡頭，定格住一個又一個永恆的畫面，完成了一部別出心裁的佳構。十四篇文章記錄畫家「周遊列國」的所聞所見，足跡遍布英、法、德、中北歐及美洲，藝術家眼裡的異國風情，格外美麗浪漫，光看〈剪枝玫瑰——記利物浦〉、〈新綠含煙——巴黎早春〉、〈千里孤光同皓月——初訪斯洛法尼亞〉、〈襟上酒痕——過舊金山〉……等標題，已然如詩如畫。細究內文，則文筆清靈飄逸，意境深幽而邈遠，白話行文中援引的古人詩句，適切而巧妙，非但無突兀之感，對通篇典雅的意趣更有加分的效果，帶給讀者「文中有畫，畫裡有詩」的雙重享受，也凸顯了主人翁內在的人文情懷。

　　黃光男在創作之外，也從事藝術評論，主持藝術行政工作，為不可多得的治事長才。就文論文，見其心思綿密，為文宛如織錦，絲絲縷縷，鉅細靡遺，織出了一幅又一幅的世界風情畫。同時，不管是否為公務出訪，以其敏銳的文化嗅覺，每到一地，總能在浮面的山水景致、風土民情之外，深入地觀察各地藝術活動與文化建設制度的發展狀況，不時的拋出各種問題，反覆思索。正因如此，這本書有了更深廣的承載，更豐富的內涵，讀者不只可以領略旅遊的快樂，感受文學的醇美，也能獲得世界各國藝文生態的一手訊息，就好像跟著作者環遊世界，做了一趟藝術考察，附加的學習效益實在不小。

　　他鄉雖好，總是作客心情，作者認為「可居可住者，並不在山高水長，而是舉國和諧」。在溫哥華，他鄉逢親故，「過門更相呼，有酒斟酌之」的熱絡窩心，仍擋不住他的思鄉愁濃，遊記就在這既熱鬧又孤清的情境交揉之中戛然而止，餘味無窮。本書更多的佳妙處，得靠讀者自己去品味啦！

241　過門相呼

黃光男　著

文學創作　散文・雜文

走進小說家的心靈孤島

黃雅歆

在臺灣，只要曾是文藝青年，誰能不知道張愛玲？只要讀過書，誰又沒聽過張愛玲？除了「張派小說」已自成典範，在現代文學史上留名之外，關於她的愛情、她的人生，也成為傳奇在螢幕上搬演。她在上海以通俗小說家成名，廣受讀者歡迎；在幾十年後的臺灣，她成為最為讀者熟知的 30 年代小說家之一，同樣「擁抱」群眾。而討論張愛玲作品的論述也在兩岸三地紛紛出現，特別是她過世後十年來，以她為研究對象的博碩士論文不少，顯示了張愛玲的廣受青睞。只是，學者論張愛玲與作家論張愛玲，眼光會有什麼不同？

《孤島張愛玲》是身為女性、也身為優秀小說家的蘇偉貞，在香港中文大學的碩士論文。在架構上包括〈緒論·順著張愛玲出走的路線〉、〈重繪張愛玲的「上海時期」與「香港時期」〉、〈「秧歌」、「赤地之戀」座標〉、〈「秧歌」、「赤地之戀」的評價與影響〉、〈總結〉等論文寫作的標準形式；討論的範疇以張愛玲 1952 至 1955 年的香港時期作品（即：《秧歌》、《赤地之戀》）為主。這兩部作品在張愛玲的小說中的確是特別的，無論是反共產主義小說或是「命題」寫作，和所謂「張派」小說的既有面貌差異甚大，所獲評價也兩極。

為何捨張愛玲「典型」作品，以此短短三年的香港時期為觀察，作者說最初只是「詫異張愛玲這兩部小說寫來如此正經八百，如此費力」，「不意最後竟擴大成一本書的長度」。這就是身為優秀小說家的敏銳度吧，以小說家對小說家，才能發現所謂「如此正經八百，如此費力」的地方，並意識到張愛玲成為「商品化」的操作，進而探索、解碼，完成論述。

何其不平凡的識見

林黛嫚

　　何凡不只是作家，他寫作長達三十年，共計五千五百篇的「玻璃墊上」專欄，是何凡自謂「以原子筆報國」的具體工作成果，見證了臺灣社會的變動與發展。此外，他還曾是《國語日報》的掌舵者；引進膾炙人口的《小亨利》與《淘氣阿丹》漫畫；翻譯幽默的「包可華專欄」；成立報業第一家出版社，並將多角化經營帶進報社，是林良口中「創意連連，為報社注入了一股新生命力」的報人。這位終身秉持樂觀而執著精神的文人，文字風格平和而不偏執，幽默而不枯燥，是華文世界作家中的長跑健將。

　　他長達七十年的馬拉松寫作並未在廿六冊的《何凡文集》後停歇，在睽違十二年之後，他把專欄停筆後的散文結集成本書，何凡家中客廳掛了一幅字「在蒼茫的暮色裡加緊腳步趕路」，這句話正可以說明他對文學創作的熱情。《國語日報》董事長，也是知名散文家，更是何凡打桌球的搭檔的林良形容何凡的筆像是旗桿，飄揚著理性的大旗，也像是犁，犁一塊廢耕的土地，是一支永不停息的筆，並說他80歲退休前是趕路，於是趕出了五千多篇的「玻璃墊上」，之後則是散步般信筆拈來，才有這本《何其平凡》。

　　孫震先生在本書序言中說：「不論寫作的主題是什麼，何凡先生的終極關懷總是人生幸福與社會進步。何凡先生文筆流暢，析理清楚，旁徵博引，就近取譬，有梁實秋先生《雅舍小品》的風味，而關懷更為廣泛貼近」，無怪乎梁實秋先生說：「何凡把我想說的話，從我的嘴裡挖了出來。」本書依文章性質分為浮生、友情親情、社會及運動四篇，這四個篇目也是何凡先生生活的重點。

　　何凡在《何其平凡》的〈自序〉中表示「可能是寫了一輩子文章的最後一本」，本書出版未久，何凡先生即病故，在本書中我們看到他以「何其平凡」之筆，寫下「何其不平凡」的識見，他女兒夏祖麗寫他去世的前一晚，看了半場 NBA 球賽，在他近乎完美的一生，暮色從未降臨。

何其平凡
——何凡散文

243 何其平凡——
何凡散文

何凡 著

文學創作

散文‧雜文

不在乎的胡適

宇文正

244
現代人物與思潮

周質平 著

社會人文

　　前不久，學者余英時在〈聯合副刊〉上發表〈從日記看胡適的一生〉，關於胡適先生的種種軼事，再度引起矚目。對胡適有興趣的讀者，不妨讀讀周質平的《現代人物與思潮》，書名泛指現代人物，事實上，全書超過一半以上的篇幅寫胡適或與胡適相關的人、事。

　　周質平對胡適的思想生平有深入、獨到的研究。如胡適英文筆下的中國文化、對中國婚俗制度的態度，與他中文筆下微妙的差異──推敲胡適在「為宗國諱」與真實的理念、情感之間的掙扎；〈胡適的暗淡歲月〉讓我們看到胡適鮮少被提及 1950 年代客居美國、擔任大學東方圖書館館長的境遇，「一個管領中國近代學術風騷數十年的宗師碩儒，也一樣要填工作申請表，一樣要接受別人的考核，一樣要面對停職的命運……」同時卻也讓我們看到，胡適在困頓中，不降格、不辱志、不喪氣，仍然維持其獨立人格的氣度。周質平推崇胡適，主要還不是因為胡適的學術成就，而是他的人格風範。〈胡適的「不在乎」〉一文裡，他藉林語堂「不在乎」三字，對胡適的不畏人言、對虛名的淡然，做了中肯的評價。

　　值得一提的，全書另有相當的篇幅討論漢語的發展。「『鄉土』、『鄉音』誠然都是很值得珍惜的祖宗遺產，但如鄉土和鄉音只能透過『幹伊娘』之類來表現，那是鄉土文學的末路……『鄉土』不但不會因此以傳，反而會因此而自絕於國人。」他認為「漢字臺語化是行不通的」，那「不是一個政治問題，也不是一個感情問題，更不是一個種族問題，而是一個不折不扣的語言問題」，「鄉土文學過分的表現在語言的本地化上是孤立自己，而不是壯大自己」。周質平從 20 世紀以來，整個時代的思潮、漢語白話文語言之演變來看待問題，對於當今臺灣的語言教育，似乎是一劑不太受歡迎的處方，但作者單純就語言論語言，除此之外，他大約也是「不在乎」的吧！

活五十年，是那麼不容易

謝鵬雄

不要認為別人的生涯與你無關，這些事其實都與你相關的。因為有這些事，才有今日的中國，臺灣。

如果你要讀一本寫得規規矩矩的「中華民國史」，那也很好。但如果你覺得那樣的書無趣，你不妨看看這本寫得更生動、活潑、有細節、有感情、有真實故事及見證的「另類中華民國史」。這裡面有很多你只聽說而不知實情的事情。

譬如說，你可知「土匪」像什麼樣子？他們什麼時候不聲不響地來？來了與良民之間發生什麼狀況？譬如你可知共產黨和國民黨當初如何在鄉下周旋？互相清算？又譬如，你如果是哈日族，你可知道，日軍侵略中國時是怎樣殺人？還有，你大概也沒嘗過飢餓的滋味吧？本書中，有一大堆資訊、事實、見證及感情，都是你不知道的。

這些資訊，由於都是作者親身所見、所經歷、所遭遇、所體會，說來娓娓動聽，有血、有淚、有思想。譬如，作者當流亡學生，才只是一個初中學童而已，便被導師誣指他和另一同學出去採買時貪污，而且以開除他要脅他寫悔過書，事後才知那是一場潛伏在學校裡「問題人物」的迫害。在這之前，學生寄居廟裡，每人拿一個臉盆，到很遠的地方去洗臉，洗臉後打一盆水端回來備用。每日吃兩頓稀飯、一頓乾飯，都是包穀米，因沒有油鹽，炒岩鹽卜飯⋯⋯。

後面，一連串艱困的生活紀錄，直寫到臺灣的政工幹校，才進入今日的讀者比較熟悉的環境，然而箇中辛酸，仍是少有人知的。後來作者奉派到泰國當武官，又是一番經歷。直寫到今日臺灣連「國家認同」都發生問題的年代，作者的胸懷之苦，只有讀他的書才能領會。而這也是五十年來，中華民國的苦。

2
4
5
孤蓬寫真

陳祖耀　著

傳記

劉邦、項羽及其它

謝鵬雄

不必聽到《史記》就認為那是難懂的古典，遙遠的世界，國文課本裡讓人傷腦筋的文字。《史記》之為古典，古典之所以不朽，當然是因為它到了什麼時代都是有生命、有活力、有趣味，而且貼近人心的文字。

譬如，你可知伯夷、叔齊為何餓死首陽山？他們死時心中有什麼想法？你可知信陵君養客三千，為什麼？他和三千食客的關係如何？三千食客平常都做什麼？或不做什麼？你只知現代的政客把政治當生意做，豈知兩千多年前已有這樣的商人？田單復國為何成功？荊軻刺秦王為何失敗？項羽為什麼戰敗？劉邦為什麼能做皇帝？

作者一邊援引《史記》，為你說故事，一方面解釋故事如此這般的緣故，又剖析故事中的人物，其性格、其道德情操、其感情、其際遇，娓娓道來，也算透過人物的成敗功過，究天人之際，通古今之變，成作者一家之言。

作者在敘述劉邦的好酒好色，狠毒猜忌及無賴之後有一段結語曰：「鏤金石者難為功，摧枯朽者易為力」，在那個時代「劉邦的缺點恰好被掩蓋過去了，他的豁達大度的人格特質卻能與政治才華結合……，使得勝利之神終究站在他這一邊。設使劉邦生長在一個承平的時代，他的無賴本色將使他成為社會中毫不起眼的一個小角色……。」

這個結語可謂說中了劉邦的要害，點出了時勢造英雄的歷史的詭異。

這本書，比想像的要容易看，而且讓人看出趣味來。你只要開始看，就會輕鬆地看完。

汪洋裡美麗的浪花

宇文正

　　20 歲即以一部二十萬字長篇小說《望鄉》驚豔於文壇的鄭寶娟，雖以小說家見稱，其實近年她的散文亦自成一家。長年旅居歐洲，文化的衝擊，加上敏感、細膩的觀察，使她在小說之外，開展出別具風格的散文。

　　這本《無苔的花園》共分三輯。第一輯寫歐洲社會的典章制度與風俗民情。臺灣的「西方觀點」長年為美國佔據，鄭寶娟的歐洲——特別是經常有意無意給予美國幾許嘲諷的法國——觀點，對臺灣而言，倒可說是一種文化的平衡。譬如〈青春作伴好上路〉裡引法國一本旅遊書上的名言說：「好的美國人死了上巴黎」，「聽說過伍迪阿倫因為在巴黎一家海鮮餐廳點了一瓶可口可樂而被侍者拐到門外那回事嗎？」歐洲人對美國人的譏刺，看在我們這些「局外人」的眼裡倒也十分有趣。反而當鄭寶娟秉持著中國觀點來看法國時，有時又忍不住對法國人揶揄起來了，作為書名的這一篇〈無苔的花園〉，對於法國人竟用高壓水注清洗圍牆上的綠色苔痕，搖頭慨歎這個風雅的民族竟然懂不了苔的意趣美感！

　　第二輯是對高科技電子時代的反省，未來能不能採集、裝瓶「女人香」與「男子氣」？是否該把人間所有的苦難、問題都歸咎於基因？（「這是美國式的脫罪方法……」）優生不好嗎？人有必要長得這麼高嗎？機器真的讓家庭主婦擺脫日常雜務嗎？你嚮往愛美許式的人生嗎？……鄭寶娟拋出了一個又一個值得深思的疑問。

　　第三輯是生活散文，最見作者的幽默慧點，〈家事好像癌細胞〉應廣泛影印發給準備結婚或是準備育兒的世間男女，強健主婦生活的心理認知；「操勞的母親的生涯像汪洋大海，回頭無岸」，然而像〈兒語錄〉這樣的文章，洋溢的卻是汪洋裡美麗的浪花。

247　無苔的花園　鄭寶娟　著

文學創作　散文‧雜文

落葉歸根與歸屬認同　　方梓

南十字星只有在南半球才看得到，兩百多年前，英國人靠著它的指引，才來到澳洲這個最古老的大陸塊，成為英國人繼北美洲新大陸後開拓的新殖民地。

華人的移民大半自 1990 年的前後幾年；臺灣的移民大半是商業移民；大陸則是在六四天安門事件之後；香港移民多是為 97 回歸前。這些澳洲的華人移民與百年前的開礦華工後代，不僅移居原因不同，文化背景也有很大的差異。可是在西洋人眼中的東方人永遠是神祕的。本書的發展便是以 1990 年前後華人在澳洲社會為背景，交織出的愛情、文化差異與認同的種種問題。

本書為兩篇中篇小說集成；〈南十字星下的月色〉描述臺灣小留學生跟著父母移民的何偉林與同是臺灣去的芬芬、大陸去的向紅、教授的女兒凱茜的愛情故事。藉由這四個環境不同、文化背景差異的華人與澳洲人交織出華人移民第二代的愛情和價值觀的迥異。

〈我們一共兩百八十歲〉的背景是紐西蘭，描述臺灣去的一對退休到紐西蘭探親的夫妻和一對克羅埃西亞的夫妻，兩對年歲合起來是「兩百八十歲」，因為旅遊而相識。這篇小說所要探討的是這兩對夫妻的出生和因為戰爭、政治因素而流離的故事。「從歷史上看，人類的遷徙本來就是這麼回事。你到底原先是那裡來的人，那根源除了流在你的血液中……是很容易磨滅的。因此人類因為遷徙而發生了衝突，從歷史上看，是很愚蠢的。」這也正是本篇小說的重要精神所在。而老一輩的落葉歸根和第二故鄉的歸屬，以及新一代的對所居住土地的認同，作者藉由兩對不同國家卻有相同政治背景的老夫妻及其兒女的下一代顯現出來，提出卻沒有明確的答案。

左側欄：南十字星下的月色　2 4 8　南十字星下的月色　張至璋 著　文學創作 小說

輕鬆走進藝術殿堂

張堂錡

「人，由於藝術而美，而崇高，而不卑不亢，而堅韌不拔。……藝術過去是、現在是、將來也永遠應該是人類的摯友。」本書作者孟昌明正是基於這樣的理念，願意從藝術深奧的殿堂中走出來，以他一篇篇深入淺出、兼具感性與理性的藝術札記，帶領讀者輕鬆愉悅地走進藝術的殿堂裡。

作者習畫多年，曾在美國、日本、中國等地舉辦過四十多次個人畫展，精湛的藝術修養和開闊的文化視野，使他這一系列為美國《星島日報》撰寫的專欄文章，成為進入藝術史的最佳導讀之作，「每日五分鐘，你可以記住一個藝術家或是一件優秀的藝術品」，這句話可以說明作者的用心，也可以說明這部書的性質。全書分三輯：輯一為關於藝術本質的思考，討論了境界、抽象、精簡、適度、線條等繪畫美學系統中的重要元素；輯二與輯三則為東西方重要的藝術家及其作品風格的介紹，從古典到現代，涉及的藝術家包括吳昌碩、林風眠、范寬、齊白石、顏真卿、金冬心、潘天壽、莫內、雷諾瓦、畢卡索、達芬奇、塞尚、席勒、羅丹等，書法、繪畫、雕塑、印石等不同的藝術表現，在作者筆下冶為一爐，隨手拈來，相互印證又相互闡發，浩有創見。由於這些文章是作者考察各地著名的博物館、藝術館，深入研究藝術和美學之後的心得呈現，寫來充滿了知識性與趣味性，既有藝術大師一生精采的行誼風範，又有作者與之感應、追慕、叩問的心靈對話，這就使得這些散文札記有了人文的光采、生命的重量與審美的啟發。

作者本身是藝術家，對筆下這些藝術家們特別有種尊重與理解，寫來極具真情，對景物、畫作、人物的描繪格外有種形象化的美感與真實感，例如他以〈說不盡的苦澀與蒼涼〉來談李老十的繪畫遺作，以〈夢的歌手〉形容神祕的超現實主義畫家米羅，以〈這個老莫〉敘寫只活了 37 歲的畫家莫迪里阿尼，他甚至說：「在馬約爾的雕塑旁，空間有了重量，時間成了詩。」我覺得，孟昌明的這部藝術札記也有一種詩的重量，就等待讀者慢慢地感受吧！

249 尋求飛翔的本質──關於藝術和藝術家的札記 孟昌明 著

社會人文

記憶交織的錦繡

衣若芬

本書《紅紗燈》共分為三輯，第一輯為生活雜感；第二輯為陸續登載於《婦友月刊》的短文；第三輯為作者之讀書心得與文壇交遊錄。喜愛琦君散文的讀者，可以具體而微地由本書的三個面向，享受琦君的文采煥發。

本書第一輯收錄的幾篇作品，諸如〈下雨天，真好〉、〈髻〉、〈紅紗燈〉等，有的曾經被編入教科書，可說是琦君的經典之作，其中〈故鄉的江心寺〉、〈憶姑蘇〉、〈南湖煙雨〉和〈西湖憶舊〉等，以「記憶」之絲線，將景物、人事、歷史交織鈎勒，有如一幅幅色彩清麗，典雅精緻的錦繡，直可比擬南宋周密懷念杭州的《武林舊事》、耐得翁的《都城紀勝》等名著。

本書第二輯的短文，即使是隨筆性質，在筆尖游刃有餘之際，仍有其言之成理的格局，寫人生體悟，最忌流於說教、倚老賣老，琦君的散文避開了這個陷阱，難怪老少咸宜，在文壇歷久不衰。

本書第三輯中，最值得注意的是〈中國歷代婦女與文學〉。近年來，關於女性文學的研究已經如火如荼，琦君的這篇文章，雖然不能說開風氣之先，其洞察與識見，在今日看來，仍具有不可磨滅的地位，尤其是以「溫柔敦厚」為中國女性文學之特質，強調「寬恕」與「愛心」，與許多學者標舉的抗爭異議大異其趣，讀者參酌比對，或可另有會心。

琦君為中國文學科班出身，畢業於詩詞研究傳統根基深厚的杭州之江大學，加上家學淵源，對於中國的抒情美典經常可於行文中順手拈來，花開處處。詩詞一向被認為是延續中國抒情傳統的血脈，琦君卻以散文之筆，將詩詞與散文融合無隙，樹立了現代的抒情典範。

250

紅紗燈

250 紅紗燈

琦君 著

文學創作

散文‧雜文

太平演義之二

李福鐘

《裂變》是《人禍》的續篇。《人禍》主要描述楊秀清與洪秀全的權力衝突，《裂變》則交待石達開出走的經過。1853 年太平天國定都天京（南京）之後，東王楊秀清功高震主，兼又專擅跋扈，逼得洪秀全於 1856 年 7 月密令北王韋昌輝伺機刺殺楊秀清。不料韋昌輝刺楊成功後，一不做二不休，在天京城內大肆捕殺楊秀清餘黨，牽連誅死者上萬人，一時間人心惶惶。原本在安徽南部安慶督軍的翼王石達開也接到洪秀全的勤王號令，然而先是持觀望態度，後見韋昌輝濫殺無辜，於是嚴辭譴責韋昌輝。韋意欲一併除去石達開，石獲報乘夜遁走，韋昌輝遂率軍包圍翼王府，殘殺石達開全家。石達開返抵安慶，率部攻打天京。洪秀全一來見韋昌輝難以約束，二來又擔心石達開大軍殺入天京，於是主動誘殺韋昌輝，將韋的頭顱送至石達開軍中，以平石達開憤。至此太平軍起事之初的六名領袖只剩二人。翼王石達開雖然在 1856 年夏天的內訌中碩果僅存，然而與天王洪秀全的關係再也無法回復到起事之初的和衷共濟。可以說，1856 年的蕭牆之禍，即是太平天國由盛轉衰的轉捩點。自此之後洪秀全重用其才具平庸的兩兄弟洪仁發與洪仁達，石達開有志難伸，遂萌求去之念。1857 年 5 月石達開私離天京，潛回其根據地安慶，旋率領旗下三十萬大軍西向進入江西，與天王洪秀全分道揚鑣，之後轉戰浙江、福建、湖南、廣東、廣西、貴州、雲南、四川等十餘省，最終於 1863 年 4 月被圍於四川大渡河畔，被捕處死。一年之後天京被清國軍隊重重包圍，洪秀全見大勢已去，服毒自殺。1864 年 6 月天京城破，太平天國滅亡。

彭道誠先生《人禍》與《裂變》二書基本上緊抓住太平天國十五年歷史中最關鍵的 1856 這一年，憑空杜撰了許多的情節及人物，目的在於將這一幕 19 世紀發生在中國的奇聞奇事寫得活靈活現。就辛辣腥羶的程度而言，頗具娛樂效果，只不過強調通俗性的同時，相對犧牲了不少嚴謹的真實面。其實通俗的，未必真實；而真實的，往往遠超乎通俗的想像之外。這是讀者在閱讀時，最好能先有的心理準備。

筆畫人生

李福鐘

陳景容先生是國內著名畫家，筆者還就讀中學時，就已在國中美術課本上欣賞到陳教授的作品。陳先生的畫作偏近於「超寫實」風格，在曚昧無知的少年時代，看了陳教授的畫，總隱約感覺到畫中充滿著一種冷峻與孤獨的氣氛，甚至帶點不安的恐懼。對於十幾歲的孩童來說，這種感覺多少是具有驚嚇效果的，也因此我曾極力幻想畫家本人可能具有的清癯、嚴峻的神色。這是少年時代的我，對陳教授留下的第一個印象。

《靜寂與哀愁》一書是陳教授近年來在繪畫之餘，勤於筆耕所彙集而成的另一類型創作。讀了陳教授所寫的自序，才知道原來畫家把自己的風格定位在「靜寂」與「哀愁」。畫家本人的感受，與觀賞者的觀察當然未必需要一致，只不過讀完陳教授本人的文字，極大地修正了我對畫家的主觀感受，清癯與嚴峻的眼神不見了，取而代之的是內省的恬靜。陳教授為花蓮門諾醫院所作的鑲嵌畫、為國家音樂廳和省立美術館所作的大型壁畫，都可以看出畫家沉穩內斂、溫柔和煦的一面。陳教授的散文文字，展現的亦是這種風格。這多少令我納悶，另一位神祕且危疑不安的畫家，究竟躲藏在陳教授靈魂中的哪一個角落？

倒是閱讀陳教授的師友回憶文章，無意中竟發現另一些寶貴的臺灣歷史見證。在紀念師範大學美術系已故系主任陳樞真女士一文中，陳景容先生有意無意地透露出他所經歷的 1950 年代至 1970 年代臺灣政治上的白色恐怖記憶，包括陳教授大學畢業後辦理出國留學手續「屢遭刁難」，最後靠著陳女士的先生、時任副總統陳誠幕僚的郭驥幫忙，出入境管理局才肯放人。又有一次陳教授隻身至淡水寫生，畫下了海岸線風景，被情治單位逮捕，準備以「思想犯」罪名起訴，結果仍賴郭驥先生營救，才倖免於難。

原來畫家的生命經驗不僅僅只容納著藝術而已，也有政治與世俗的負擔。讀陳景容教授的文章，藝術的「象牙塔」所反映的，其實是真實的人生。

一份不偏食的營養書單

宇文正

253 與書同在

韓 秀 著

這篇文章，介紹一本「為讀者介紹書」的書，而打開此書，第一篇卻是介紹知名「專業讀書人」莊信正的讀書筆記《展卷》，想來不禁莞爾——這文章是拋磚引玉，而那玉又引來鑽石了！

鑽石處處可拾，從莊信正的讀書筆記到林文月的《飲膳札記》，從琦君的小說到賈平凹的傳奇，於梨華動人的散文、李家同的淑世情懷、劉大任的生命之旅、老舍的鄉愁……。《與書同在》是韓秀 2002 年在〈中央副刊〉上的專欄「我讀故我在」的結集，她自稱為「讀書報告」，當然不只是「報告」，許多篇什本身正是優美的散文，例如〈念想〉一篇寫董橋的新書《沒有童謠的年代》，遙遙憶起的卻是自己與夫婿深刻的生命經驗，她說：「我們只剩了念想。」於是我們要閱讀，懷著念想，淡然處世。又如〈逝去的家園〉一篇，從閱讀安徽作家陳曙光所寫的《Check in 塔里木》，勾起她睽違二十六年的塔里木的記憶。韓秀的回首與陳曙光的描述，共同交織一首幽遠的悲歌。

《與書同在》展現韓秀豐富的閱讀視野，品評的作者，有臺灣作家（如林文月、李家同、廖玉蕙），有大陸作家（如陸天明、衛慧、陳丹燕），有香港作家（如董橋），有海外作家（如高行健、於梨華、鄭寶娟），更有國外作家（如井上靖、普魯斯特、哈維爾）；探討的作品類別有現代文學（小說、散文），有戲劇（如《有爭議的話劇劇本選集》），有古典論述（如魏子雲《金瓶梅的作者是誰》），有藝術（如《林布蘭特蝕刻版畫展》），有雜誌（如《傾向》、*The Chinese PEN*），甚至有科普著作（如李傑信《我們是火星人?》）。她為讀者提供的是一份不偏食的營養書。她在評董橋時說「青年們隨著董橋，必會看到一個有希望的、綠色的、小說般的、相當真實的美麗新世界」，我想讀者隨著韓秀的《與書同在》，看見的會是一片繽紛的遼闊原野！

文學評論

文如其人

宇文正

「文如其人」，認識簡宛的人，讀其散文都會有這樣的感受！

車過綠色原野，繁花玉樹或枯枝敗葉，要放到心裡去的，是我們自己的選擇。「我們不必把垃圾往心上堆」，……「我們要用心生活」。

這段話可以說是這本書的精髓，更是簡宛其人的生活態度。

全書從「書情」、「旅思」、「友情」、「愛情」到「世間情」大致勾勒了作者閱讀、旅行、交友到情感，完整的生活面。在「書情」中，我們讀到從事寫作的美國退休總統卡特從高峰上跌下、重新奮起、另闢領域，堅忍的人生態度；讀到婦運倡導者貝蒂・佛瑞坦的「人生行路」、她的成就與晚年的歎息。讀「旅思」，我們跟隨作者漫遊布拉格之春、樸實的拉脫維亞、從歌聲中獨立的愛沙尼亞、頑強的聖靈樂土立陶宛……，漫遊的不是風景山水，而是文化人情！

「友情」與「愛情」二輯，其實並沒有太大的分野，簡宛所謂的「愛情」是廣義的情感。這兩輯最見作者的真性情，也最表現作者對人、對生活的認真、樂觀、良善。「世間情」更推而廣之，思索女性問題、政治人物的誠信、消費主義、教育的問題……，視野寬闊，卻絕不道貌岸然；如〈你為什麼不去養條狗?〉令人莞爾，卻是今日普世的問題（臺灣女人寧願養狗養貓，不生小孩）、〈春之邀約〉則是清新雋永的小品……。

她說「我是愛的信徒，唯有愛和尊重才是解決一切的根本。」書裡一篇篇小品，傳達的正是愛的語言、愛的力量。書情、旅情、友情、愛情乃至世界情，《用心生活》輻射了作者寬廣的生活與胸襟，一切世事，在她筆下，盡皆有情有愛！

254 用心生活 簡宛 著 文學創作 散文・雜文

處處「留情」的溫厚與幸福　　黃雅歆

　　學者的散文會是什麼樣子？大概有學院派典型風格：文字典雅、思想正統、情味雋永。但也許也因為學術工作嚴肅沉穩，所以情感內斂。相較於高潮迭起的筆墨、狂喜狂悲的激情，似乎顯得「平淡寡味」。

　　若說臺大中文系教授洪淑苓的《扛一棵樹回家》是「學院風格」也沒錯，因為本書記錄了作者如何成長為一名中文學者的歷程，包括刻苦卻幸福的童年、勤懇自律的求學時光、如何在大學志願卡上以中文系為第一志願、中文系生活的甜美，一直到身為女性學者對女性處境的關懷與思索，都與學院有關。

　　但即使如此，卻不能用「平淡寡味」來為本書定調。因為洪淑苓兼具學者與優秀現代詩人雙重身分，正確的說，詩人身分遠遠早於學者身分，這也是她即使身處學院，始終無法忘情寫作的原因。作者的創作才情躍然紙上，使本書顯出活潑輕快、敦厚自然的調子，生活雖然圍繞著學院，訴說的心情卻超乎學院之外，令人讀來津津有味。

　　作者說：「我想我骨子裡對生命、對天地萬物都有一種酣然與單純的脾性：認真看待周遭的人事，欣然接受人生苦與樂。」這種「留情」的溫暖貫穿著本書，無論她寫擺攤賣蚵仔麵線、常「童工」幫助家務的童年往事；或者參加大學第一次舞會的少女情懷、與中文系的感情；談戀愛、為人妻、為人母的深情；都能在堅持自我與無怨無悔的付出間找到平衡點。

　　既溫柔又幽默，既傳統又進步。閱讀本書不僅分享了一名女性學者的成長心路，更能讓正徘徊在人生交叉點的姊姊妹妹們，獲得追求幸福的力量。

255 扛一棵樹回家

洪淑苓 著

文學創作 散文・雜文

閱讀與窺伺

衣若芬

「於我，閱讀是窺伺。透過閱讀，我窺伺了偉大與不偉大的心靈，窺伺了智慧和白痴的腦袋，窺伺了正常與變態，窺伺了古今中外或燦爛或平凡的各種人生。」

袁瓊瓊在她的《食字癖者的札記》一書中的序裡如此剖白，一語道盡了閱讀迷人之處，透徹明白，人之所以喜愛閱讀，是因為對這個世間充滿了關心、好奇和困惑。

老掉牙的「開卷有益」之說，實在太過積極與天真，孟子早就說過：「盡信書，不如無書。」雖然孟子說的「書」不是普通一般的書籍，然而《書經》的確也是一部「書」。如果我們堅持肯定「開卷有益」，除了經由閱讀累積知識，解答疑問，套用袁瓊瓊的觀點，閱讀毋寧說是滿足個人的心理慾望，讓書裡形形色色的人生萬象，彌補或增添我們體驗世界的各種可能。

《食字癖者的札記》收錄袁瓊瓊自 1999 年至 2001 年在《聯合報》「讀書人」版的書評。所評論的書籍層面很廣，包括現代中外文學、宗教、歷史，乃至於命理數術，完全符合作者自稱「食字癖者」的名號。不過作者並非來者不拒地「飢不擇食」，本書既然擔負著「書評」的使命，便不能僅止於作者單純的「讀後感」，身為資深的筆耕者，儘管作者在本書序言裡說道：「我不寫小說也不寫散文了，只寫書評，因為書評是這麼簡單，不用憑空創造，只要把我看完書的想法說出來就成。」仔細品讀《食字癖者的札記》，發現其實未必如作者所說的那麼簡單，袁瓊瓊有著較諸一般讀者或學者對於「寫作」更為深刻的敏銳度與洞察力，經常在一邊閱讀他人的著作時，透露出作家的自省，一邊直言評賞時，歸返創作者的心有戚戚。

動人總在平實處

宇文正

　　作者孫震在自序中謙稱：「我原無浪漫的才思，亦少華麗的詞藻，無寧性格拘謹，經濟學的訓練又要求平實與準確，使文字受到拘束，乏善可陳。」其實真性情的文章，未必需要浪漫華麗的詞藻。《時還讀我書》是一部真性情的散文集，亦是勵志的好書，無論作者奮力求學的過程，或者寫李國鼎、梁國樹等多位知名人物，都是青年的典範。

　　說此書真性情，書中作者的生命經歷真實清晰，毫無掩飾。例如〈記得當時年少〉寫求學的過程，他說，「我在經濟系應算很用功的學生，笨笨的上課，笨笨的念書。」他的一位好友不大上課，考前借他的筆記抄一抄。那次考試作者得了很好的分數，但全班還有人多他一分，就是那好友，「大學有人念得很辛苦，有人很輕鬆，不能不佩服。」他總說自己並不聰明，只是「笨笨的」努力罷了。而寫自己幼時本與住城裡的外祖母相依長大，「一年夏天，母親接我到鄉下過暑假，由於貪玩哭鬧不肯回到城中……少年自私，深恩負盡！」對年少的自己，毫不寬赦。

　　真性情之外，經濟學者孫震的筆下，更有許多耐讀之處，尤其第二部「還鄉」最表現作者的感性。如〈近鄉情怯〉一文裡，回憶大陸舊居院裡的棗樹，「夏末的雨夜，隔著紙窗，聽棗子掉落的聲音不絕……記得小時候念念魯迅的〈秋夜〉，開頭好像是：窗外有兩棵樹，一棵是棗樹，還有一棵也是棗樹。我們都不解為什麼這樣寫。有位同學上作文課，依樣畫葫蘆寫了兩句，被老師劈臉一個耳光，說：『打你個還有一棵也是棗樹！』」讀來令人忍俊不住，然而「如今棗樹不見了，舊日的院子當中，蓋起一排房屋……」多少概歎盡在其中。誰說沒有華麗的詞藻，就不是動人的文字呢？

公開的私語

衣若芬

蘇偉貞 著

文學評論

　　身兼報刊編輯與資深作家，蘇偉貞的《私閱讀》並沒有辜負她的這種雙重身分。本書收錄她 1989 年至 2002 年的書評、作家訪談和文學報導。

　　本書和袁瓊瓊的《食字癖者的札記》、韓秀的《與書同在》同時策劃出版，三位女作家的讀書札記，對照參看，別有趣味。袁瓊瓊在《食字癖者的札記》裡提到：「忘了是在哪裡看到的句子，說：『閱讀是跟性行為一樣私密的事情。』」蘇偉貞的《私閱讀》正是將私密的閱讀公開展現。《私閱讀》裡寫到袁瓊瓊，說她「生活在紊亂時序的颱風眼中心，充滿了危險的寧靜。」兩位可算屬於同一輩分的作家，同時在談論閱讀時意識到自己不如從前的視力，對於目盲的恐懼、對於老化的無奈，偏偏，樂在閱讀的人最需要的就是足於應付瀏覽大量文字的「好眼光」，苦惱所促使的，竟是另一種閱讀的經驗。

　　蘇偉貞在〈這一代的軍人作家〉文中，提及自己出身軍旅，「軍事訓練在她的作品中絲毫嗅聞不出，反而有評論認為她的小說中帶有強烈的女性意識，她表示軍人背景對她最大的影響亦在此——她周圍全是男性軍人，使她更加意識到自我女性的角色。」這種鮮明的女性意識，不僅呈現於她的小說創作中，也一致地流貫於《私閱讀》一書裡，本書談到兩岸三地許多的女作家、女學者，談到英國的吳爾芙時，連帶提及凌叔華、虹影，其中〈女性觀點的家族史〉、〈香港女性新生活史〉、〈女性出走——虛構・女性・小說〉等篇，已經儼然專業的學術論文，值得研究者參考深思。

奇幻小說的政治學

辜振豐

《西遊記》是屬於奇幻文學，談仙說佛，並夾雜許多妖魔鬼怪的情節故事。儘管這種文學類型極盡誇大渲染之能事，但仍舊是以現實作為基礎。顯然，《西遊記》的幻想還是以中國社會和政治現實為出發點。薩教授在書中能夠掌握到這個關鍵，分析小說之餘，也把故事內容與社會現實結合為一，因此《西遊記》的一些問題也就迎刃而解。值得探討的是，孫行者和唐三藏、玉皇大帝的關係。

在天庭中，跟凡間一樣，位有尊卑。以玉帝而言，本身能夠領導群仙，在於自幼修持，歷經許多苦難，練得無邊的法力，故能享盡仙界的榮華富貴。如此一來，就引起孫行者的羨慕，以至於覬覦。孫行者逃出丹爐，大敗天將後，一反過去作風，不再敬畏玉帝，而企圖竊取天位。他要求玉帝搬出天宮，讓他居住，以為「玉帝」這個位置，是可以輪替的。對此關鍵情節，作者指出，這是一種革命思想，與項羽所說「彼可以取而代也」、劉邦所說「大丈夫當如是也」同出一轍。顯然，小說的神怪情節和現實的關係也就不言而喻。

在作者看來，《西遊記》的情節可以藉題發揮，以說明政治的道理。在中國歷史上，漢高祖、唐太宗取天下，其豐功偉業等同於唐三藏到西天取經。劉邦為了實現雄心壯志，勇往直前，絕不退縮。而唐僧跋山涉水，逾越險阻，其取經的雄心，誰都不能否認。但要實現雄心，必須克服很多困難。這要用現實的方法來解決，加上強化自己的實力，並非只有多多念經而已。換言之，唐三藏的「善心和大志是相互矛盾的」。所以他們一行人倒是耽擱了許多的行程。

薩教授在書中對於人物性格有精采而獨到的分析，同時又跟歷史人物相比較，讀來真是趣味盎然。而他的書寫風格一點也不像學術論文，反而像一位飽學之士在讀者面前講故事。因此有意了解傳統的章回小說，本書是值得參考的。

薩孟武　著

古典文學評賞

為詩史開路

白　靈

　　創世紀詩社三巨頭之一的詩人張默，不只是拉著該詩社向前衝的
火車頭，也是整個詩壇走過半世紀仍能運轉如新的最重要策動人之一。
他那為詩癡狂、五十年如一日的熱誠、果敢和明快的行事作風，為後
輩詩人樹立了楷模和典範，若求之壯年或青年兩輩詩人，迄今仍不可
再得。此書是他行走詩國多年、「點將用兵」後之論述所得之一，謙稱
為「筆記」，其實若與他其他著作參看，正是他為當代臺灣詩史開路的
一部重要紀錄。

　　此書約二十萬字，厚達三百七十頁。計分四卷，卷一收論述十一
篇，有對中時和聯合兩大報文學獎中之新詩獎項的回顧、評析和期許，
閒話兩岸小詩，詩人的筆名，詩中之酒，誰來綜理新詩史料，和藉談
「年度詩選」期勉中生代接棒者等。題材的探觸和關照面甚是寬闊，
而愛深責切的心情卻躍然紙上。卷二是對李政乃、彩羽、吳望堯、邱
平等四位崛起於 50 年代的詩壇老將做一回顧和探討。上述詩人的作品
及創作歷程可能少人熟悉，張默花了近一百頁的篇幅給這群寂寞的身
影肯定的讚歎，並深入探討和論述，顯現了張默的慧眼獨具和雪中送
炭的詩人情懷，此種鉤沉探潛的精神，不僅意義非凡，且令人感動。

　　卷三選評了多達三十九人的作品。包含從紀弦至劉益州等十三人
之詩集或詩作之閱覽點評、或個別評析。其餘則是《天下詩選》及「年
度詩選」入選詩作的編選簡評，眼光銳利，用語嚴謹。也可看出張默
的詩壇「功課」有多漫長和繁重。

　　卷四則單獨記載了自 1900 年以迄 2002 年 10 月，共橫越一百餘年
的「臺灣新詩大事紀要」。此事不僅繁瑣，且史料蒐整不易，彌足珍貴。
整個詩壇恐只有張默有能力為之。

　　張默不僅是著名的前輩詩人，也是臺灣詩運的重要開拓者，更是
新詩文獻史料的當然守門人，此書內容的繁花盛景，為詩的研究者和
愛好者提供了一有力的佐證。

百味人生

衣若芬

在高中時代，我便從當時的國文老師口中經常耳聞裴溥言老師的大名。等到自己也考上了臺灣大學中文系，大學三年級，終於有機會選修裴老師的「詩經」課，久仰的裴老師形象，馬上與高中時的幻想兜合在一塊兒，沒錯，就是那慈眉善目的普賢菩薩的模樣。

可惜在我唸大學時，臺靜農、鄭騫等幾位長輩學者均已經退休，無緣於課堂上親炙。我慶幸還能趕得及聽到裴老師的諄諄教誨，並且間接感染變動的時代環境中，幾位令人由衷敬佩，堅毅不屈的長者的泱泱風範。而在裴老師的《溥言雜憶》中，過去曾經於課堂上斷續聆聽的故事軼聞，就如同初次攏聚普賢菩薩與裴老師的神采，霎時顯得清晰明白，沒錯，那是真真切切，活生生的近現代歷史，是以身、以命，有苦有樂，和時代的脈搏一起共振的百味人生。

裴老師已經年逾八十，《溥言雜憶》裡的二十三篇文章，包括五個部分：「學與教」，談求學歷程與教書生涯。「戰亂及災難」，回憶抗戰時從事地下工作以及後來逃難過程的傳奇經歷。「傷感及其他」，思念師丈糜文開教授，敘述退休後的生活。「演講及論述」，《詩經》、儒家思想、家庭教育等等，都是裴老師學有專精以及畢生關心的課題，其中，胡小石先生「杜詩研究」的筆記，更是彌足珍貴的文學研究史材料。「附錄」裡是糜文開教授的兩篇遺作——〈淵明愛菊新解〉和〈美遊點滴〉。

歷史的記錄方式和觀察角度不必定於一尊，讀《溥言雜憶》，更是印證了這種想法。縱使因時勢所趨與個人取捨等等諸多因素，造成歷史解釋的差異，我們仍然能夠感受到裴老師為歷史作見證的深沉力量。

禪學與道家思想的協和音　　辜振豐

　　作者吳怡是研究老莊的專家，在書中他將禪學和老莊思想結合為一，無疑是一項創舉。尤其是禪學早已融入中國傳統文化，過去佛教有所謂的「三武之禍」，即北魏太武帝、北周武帝、後周世宗，而唐武宗還曾經發動道統的排外運動，當時被排斥的，包括佛教、祆教、回教、景教和摩尼教。佛教真正受到摧毀的，除了廟寺的廢除、僧侶的還俗，根本原因在於思想制度為中國文化所不容，因此佛教一度有衰落的跡象。不過，有趣的是，禪宗非但沒有受到打擊，反而日漸壯大。

　　作者短短幾句話，便說出禪宗的特色。在他看來，禪宗不立文字，教外別傳，不需要任何宗教儀式，就可以單傳，所以不受任何排佛運動的影響。高僧如道一、懷海提倡叢林制度，確立禪門清規後，中國佛教才有自給自足的生活方式。禪宗早已成為中國文化的產物，那種捨棄經典的作法，也是一種排外運動，只不過是從經典的改革著手。

　　一開始禪宗只限於禪定修持，但慢慢超越傳統的範圍，也就是禪與道的結合，而成為禪道。這種禪道著重於心的「本來清靜，元無煩惱」和老子清靜無為之說相通。其實禪宗的導體就是自然，它有兩層意義：一是指本來面目，一是指平常心。這兩種意義與老子的觀點相契合。在禪宗的眼裡，我們的經驗往往是製造錯誤的根源，經驗越多，錯誤越大。所以為了明心見性，就需要拋開經驗的有色眼鏡，去認取自己本來的面目。

　　作者將老莊跟禪學融合為一，一面引經據典，一面也以淺白的語言，說明這種境界。其實就是一切順乎自然，茶來喝茶，飯來吃飯，睏來既臥，醒來便穿衣的平常心。因為行住坐臥，莫非禪機。所以在日常生活中，這一切都是生命的顯露，不需要有造作之心。如果讀者想要將這兩種學問融入生活中，《禪與老莊》是最佳的入門書。

禪還在……

262　禪與老莊

吳　怡　著

社會人文

心是萬化根源

楊　明

263 在心集　彭歌 著

　　書名取為「在心」，作者用的典故是王陽明所說的：「萬化根源總在心」。世間種種現象，不論善惡優劣，都是因為人的心念產生，心中懷抱青雲之志的人，行為自然磊落。

　　彭歌曾經擔任《中央日報》社長，為《聯合報》撰寫專欄「三三草」多年，如今旅居美國舊金山，依照他的說法是：「風清月白之夕，頗得閉門讀書之樂。」本書便是他閉門讀書寫作的成績，書中他談蘇東坡的論政三言、鄭成功和施琅的歷史評價、唐浩明的歷史小說《曾國藩》、沈克勤的《孫立人傳》、諾貝爾文學獎得主高行健、前立法委員吳延環抗戰時的敵後工作等，本書收錄的文字有歷史省思、文學評析、人物描述，作者個人的所感所思，一一從筆端流瀉。

　　彭歌寫道：「近來讀書，有遠離現實的詩集，也有反映現實的小說。古老的，新近的，皆在人情之中。太與人情背狃的，無論它怎麼出名，怎麼流行，總是讀不下去。」簡單幾句話，道出他讀書寫作的態度，人世間的恩恩怨怨，即便最後都將告終回歸塵土，但是發展總要在人情之中，才有啟發感人之處。

　　作者在本書的第一篇作品中，討論宋朝大文豪蘇東坡提出的「結人心、厚風俗、存紀綱」，政風與民風互有影響，如果一個國家從上到下，都能知恥守法，自然會國富民強，彭歌認為蘇東坡的建言「發人間之至情，論政理之得失」，不僅是宋朝政治史上的重要文獻，也是理解中國政治中人本主義的參證。彭歌讀《蘇東坡文集》，討論他的論政三言，不難發現他對時局的憂思，雖說是遠在異國閉門讀書，知識分子的責任感依然未曾稍減，字裡行間不時透露出他得自於歷史的領悟以及感懷，希望當人們明白了「萬化根源總在心」的道理之後，能夠擁有足夠的智慧，創造合乎「人情」的社會。

文學創作　散文・雜文

政治的四季拼盤

張錫模

　　每一個國家與社會都有自己的根本問題。根本問題既是長期問題，也是戰略問題，而且深刻地影響該社會幾乎所有生活領域的運行。在發展規律上，如果這些根本性的問題未能獲得根本性的解決，隨著時代的演進，問題固然會以不同的樣貌出現，但其本質仍舊不變。在臺灣，雖已邁入 21 世紀，但 20 世紀積累下來的一些最根本的問題，仍難謂已獲得根本性的釐清與解決。其中，經濟全球化對臺灣經濟、教育、文化與政治體系的衝擊最為深刻，而中國與臺灣的長期對峙與政治糾葛，則對臺灣社會與國家的發展造成結構性的制約。這兩大變數的內涵，支配著當代臺灣的政治變遷，自由政治思想、市場經濟原則、行政革新、教育改革、產業政策、貿易爭議、新聞自由、外交角力、內政衝突等，都不過是這兩大變數的動態反映，是事物的外在顯現，而非事物的內在動力。

　　《橘子、蘋果與其它》一書，由作者在 21 世紀初發表的報紙評論集結而成，全書凡六十三篇，有長有短，議論的議題極多，從政治世代交替、新聞自由、外交政策、公民投票、文化理念與其他等，相當豐富，而主要焦點則置於臺灣的政治與外交，以及國際局勢，尤其是全球反恐戰爭的影響等，允為時政論集。全書並未提供理論視角以展示挖掘問題的深度與力度，而是以退休外交官及新聞記者之筆觸議論風騷。各文雖是散篇雜論，但各篇緊扣貫穿全書的基本精神：探討臺灣的「舊問題」，並以這些「舊問題」為引，對當局展開批評，而批評中仍存幽默，一如書名「橘子、蘋果」般之雋永。對熱愛議論時政的讀者而言，本書可為案牘讀物。

陶然忘機

卓清芬

在中國古典文學中，「曲」其實是相當通俗的，沒有艱澀難懂的文字，短短的篇幅，淺顯的口語，卻道盡了人生百態，為生活提供了不同角度的思索與體會。只是因為不熟悉，所以大部分的人就與這樣美好的閱讀經驗錯身而過。

羅麗容教授的《雨墨齋談曲》，用散文的形式詮釋元人散曲，原文之後有兩篇短文，第一篇先闡釋曲的內容意境，第二篇則是羅教授個人的引申聯想。不需繁冗的註釋，經由清麗感性的文字，使讀者悠遊於元人令曲的廣闊天地之中。

全書分為七部分：「綠楊繫馬」寫相思戀情。愛情的悲喜嗔怨，是千古不變的話題。「風流調笑」用幽默輕鬆的口吻自嘲或戲謔對方。在活潑的語調背後，隱藏著真摯的情思。「紙上功名」視功名如糞土的睥睨姿態，和時代背景脫離不了關係。元代讀書人地位低落，大多以隱居為樂，視富貴如浮雲的風骨節操，恰與熱中名利的現代社會成為對比。「歇即菩提」接受人生的有限及無常。或閒適自得，或及時行樂，或放下執著，看透一切。「耕讀漁樵」反映了元人的隱居心態，不爭不求，超然物外，因此可以笑傲紅塵，無拘無束。「胸中錦繡」描寫文人生活，寫詩、讀書、賞景、飲酒、插花，流連風月，怡情養性，生活與藝術合而為一。「美感距離」欣賞世間的美好，綠柳清蔭、紅葉霜風，只要用心體會，美是無處不在的。

羅教授以散文小品呈現元曲的意境，頗能貼近現代人在時間不夠的壓力下又渴望身心放鬆的需求。在忙碌的生活中，不妨暫時停下腳步，泡杯好茶，欣賞書中的文章，幾分鐘之內就可以抽離現實，滌蕩心靈，獲得再出發的動力。

265 雨墨齋談曲　羅麗容　著

古典文學評賞

翻譯家的感性告白

辜振豐

說起黃文範先生，很多人都知道這位翻譯界的老將，卻不曉得他已經有八十本譯著的成績。有趣的是，他過去曾翻譯《鐵達尼號沉沒記》，多年來乏人問津，但電影一登場，一夜之間它卻變成暢銷書。他還翻譯過五位名人的傳記，分別是麥克阿瑟將軍、巴頓將軍、杜立特將軍、名記者恩尼派爾和女星瑪麗蓮夢露，這對於喜歡閱讀傳記的讀者倒是貢獻不小。

身為翻譯家不免關心人名的譯法。多年來，一到諾貝爾文學獎公布，當晚報社為了搶時間，得獎者的中文譯名在各報往往會有所差異。作者認為如此一來會造成混亂，讓讀者無法適從。因此有一些工具書是必備的，如《標準譯名錄》、《專有名詞發音字典》、《世界姓名譯名手冊》、《世界人名翻譯大辭典》。眾所周知，翻譯是一件苦事，但作者倒是能自得其樂。他強調，從事文學翻譯有三樂：字字細讀文學精品，反覆咀嚼，體會真意，一樂也；經過仔細推敲，把它們化為中文，與讀者共賞，二樂也；這種專業，電腦代替不了人腦，既可安身，又可立命，三樂也。顯然，作者的樂觀態度倒是對於翻譯後進有莫大的鼓勵。

作者寫起感性散文，也是很生動，例如返鄉探親、颱風夜的印象等文都是值得一讀再讀。此外他對於中西文學的詩歌也有深刻的體驗，在書中，他舉了很多例子來印證他的觀點，令人折服。在其他文章中發現作者也通曉經濟、歷史、政治、軍事、娛樂。所以從此書可以了解要從事翻譯務必要博覽群籍，各種領域的文章都不可以忽略。而這就是名翻譯家黃文範所傳達的啟示。如果讀者對於作者的其他著作有興趣的話，《翻譯新語》、《翻譯偶語》、《翻譯小語》等三本書也是值得參考的。

時代精神的素描

張錫模

　　哲學是社會意識的一種形式，其特點在於從總體上把握世界的理論體系，是理論話語體系化的世界觀，據此支配著人們的思想與行動。正如同一切藝術都帶有其特殊歷史時代的印記，在兩千餘年的哲學思想流變中，不同的哲學思維總是反映著自己時代的精神氛圍，而當代哲學的最根本內涵，則是圍繞著思維與存在的相互關係，也就是意識與物質、精神與自然界、社會意識與社會存在的相互關係等問題的爭論。沿著此一重大問題，兩千餘年來的哲學體系，分裂為唯心與唯物兩大陣營，唯心主義力主社會意識決定社會存在，而唯物主義則反其道而行，堅決聲稱社會存在決定社會意識。從過去到現在，兩派從未真正駁倒過對方；從現在到未來，兩派的爭論也不會止息，沒有唯心主義制衡的唯物主義，將流為壓制人類創造力的教條主義；沒有唯物主義挑戰的唯心主義，則將流為不受任何拘束的自我膨脹。

　　《生命的學問》一書，是戰後臺灣哲學界唯心主義派的重要著作。本書以提高人的歷史文化意識作為其論述的中心主張，全書圍繞著歷史哲學、政道與治道，以及道德的理想主義等三大主題前進，以專業哲學的特有角度，通俗流暢的文筆，理性論述與情感流瀉兼具的敘事策略，探討哲學專題、人類的生活、鄉愁情懷與政治意識、比較中西文化、比較宗教學、人文主義與宗教、為學與為人、黑格爾辯證法，以及人類自救的積極精神，樣類繁多，不僅展示作者對中國古典哲學的深厚造詣，更展示著作者企圖結合王船山學說與總結德意志古典哲學的黑格爾哲學，允為兼治中國與歐陸唯心主義的兩大傳統，並充分反映作者所處時代所特有的唯心主義氛圍。閱讀本書，讀者既可進入專業的哲學世界，釐清世界觀的樣態與內涵，更可以一窺作者所處之特殊時代的特殊精神風貌。

社會人文

經典，永遠值得再讀　　宇文正

268 泰戈爾小說戲劇集

泰戈爾 著／糜文開、裴普賢 譯

文學創作

小說

　　在琳瑯滿目的書叢裡，經典，永遠值得一讀再讀。臺灣的讀者普遍熟悉泰戈爾的詩歌，其實泰戈爾的小說、尤其戲劇在他的作品中亦佔有相當的分量。

　　《泰戈爾小說戲劇集》收錄〈奚德蘿〉、〈郵局〉兩部戲劇。〈奚德蘿〉是一部獨幕劇，以史詩中英雄美人的題材抒發作者對愛情的看法，優美而古典。〈郵局〉透過臨死的小男孩阿瑪兒的眼睛，從唯一的一扇窗口窺探這個世界，領悟生命的真諦，是一部耐讀的二幕劇。從小男孩之口，訴說聳立的遠山，「是因為大地不能講話，就向天空伸出它的手打招呼。」他向賣牛乳的人學習叫賣的方法，他向更夫探問逝去的時間到哪兒去了？「我猜想是從來沒有人到過的地方了！噢！我倒願意和時間一起飛到那沒人知道的地方去呢。」在死亡的陰影下，馬陀扶對孩子的愛、孩子對世界熱情的嚮往，點燃永恆的星光。譯者糜文開在序中自承所以選譯這一篇〈郵局〉，實在因為泰翁把小孩主角阿瑪兒「寫得可愛極了，讀來令人愛不忍釋。」泰翁確是寫孩子的高手！

　　本書收錄的小說裡，首篇〈喀布爾人〉又是一個小女孩與流浪小販的故事，真摯的友情裡，充分表現泰翁的人道關懷；〈無上的一夜〉裡的愛情純粹而聖潔；〈皈依者〉、〈戀之火〉，對階級、宗教藩籬重重的印度社會，報以深深的歎息；〈骷髏〉控訴印度對寡婦的賤視；〈餓石〉以超現實魅惑之筆，試圖釋放一座傾圮的宮殿裡所埋藏熱烈的靈魂而未果，徒留夢一般沒有結尾的故事；〈我主——嬰兒〉又是一首階級社會感傷的哀歌。這些作品篇幅都不長，卻飽滿有力地呈現泰戈爾的人道精神。

人不好學枉青年

張錫模

　　臺灣正進入大學錄取率日漸攀升的時代。在不久的將來，臺灣很快就會進入「大學全都入」的新時代，屆時所有青年都是大學生，在大專院校中接受讀書與治學的知識訓練。學問之道，將不再是少數精英的特有旅程，而是一整代青年的必經之路。這種史無前例的劃時代變局，不僅召喚著整個社會重新思考與推進新的文化建設，同時也要求著一整代青年學子從基本點出發，深度探索學習之道，以及迫詰學問對個人與社會的意義。在最根本意義上，邁向「大學全都入」時代的臺灣，意味著新一代的青年必須深刻體悟到，學問將成為他們今後整個生命中不可或缺的一部分，對於讀書，對於學問，新一代青年必須要有長遠的眼光、終極的詰問，與適切的途徑，簡言之，新一代青年必須培育與鍛鍊自己的「讀書力」，否則將不足以回應新時代的挑戰。

　　專為青年寫作論學問之作，在臺灣並不多見，而《青年與學問》正是一本與青年共同探討讀書與治學之道的專書。作為新儒家代表人物之一的作者，根據其新儒家的思想立場，以最大的熱情、輕快的筆觸、簡明的論理，專意向青年闡述學問之於人生、讀書的重要性、閱讀與聽講的差異、學問的各種不同階段、增長學問的方法與探究學問的內容，從各種層面剖析學問與青年的相互關聯性及其意義。書中各篇雖各自獨立，但彼此連貫，構成嚴謹系統而自成一格，要旨則在勉勵與教導青年如何與古人、與遠處人為師，自立自強，勉力開拓青年的精神視野，豐厚其精神內涵。青年閱讀此書，不僅可從全書字裡行間隨處感受到作者對青年之真誠與熱情，且對新儒家的治學之道將深有所獲。

269 青年與學問

唐君毅 著

社會人文

以誠心擁抱全世界

辜振豐

　　韓秀是一位非常特別的作家。從作品中，發現她除了博覽群籍，還以真誠之心關懷生活的每一個層面。例如，國際關係、藝術品、花草樹木、動物、出版物、藏書票、消費等題材，經由她的健筆一寫，每每生動有加。令人詫異的是，身為作家，她還關心到數學，並撰文指出，偉大的匈牙利數學家保羅·艾狄胥，在他八十三年的歲月中，有六十多年，每天工作十九個小時，幾乎所有的時間都用來思考和證明數學難題。人生還有一些雜事，他都讓朋友來處理，而錢財則捐給慈善機構。

　　她時時能夠享受生活，定居美國時，有家廚具公司舉辦發表會，平烤盤以陶土製作，烘烤過程中，麵皮外酥裡嫩；烤盤十分耐用，過了一段時間，如同塗上了釉色，古樸美麗。一聽到這個消息，立刻前往參觀，並嘗到公司提供的美食。她也經常逛博物館，甚至還參加紐約大都會博物館的會員，即使旅居世界各地也會收到該館寄來的報告，告知展覽的內容以及最近的收藏品。她的文章可以引導讀者去豐富自己的精神層面，而這就是閱讀的收穫。此外，她也鼓勵大家多多讀書，並舉拿破崙為例，敘述他在作戰時，還隨身帶了八百本書。而拿氏更下令部下製作攜帶方便的口袋書。可惜這種口袋書在臺灣並未掀起一股熱潮，反而在日本大為流行。

　　至於作者在寫作過程，也傳達一段有趣的故事。幾年來，她一直關心兒子的成長，因此透過心中不少的體會，想到許多極為有趣的題目，而這些題目也變成一篇篇感人的文章。

陳冠學為你說文解字

楊　明

象形
字

271　象形文字

陳冠學　編著

古典文學評賞

　　從倉頡造字以來，漢字歷經了數千年的演變，從小篆、大篆，到隸書，許多字形都不是現代人所能辨識的，其間的演變發展也成為一門獨立的學問，漢字不同於拼音字，造字的原理屬於象形文字，所以每一個字在傳達字面意義之外，字形也具備了獨特的美感，書法甚至成為我國重要的藝術，鄰近的日本和韓國也受到中國的影響，發展出書道，可見漢字的美與深奧，是拼音文字所無法比擬的。

　　陳冠學編著的《象形文字》一書，共收錄了中國一百七十餘個象形文字的演變，全書分成日月、雲雨、山川、草木、飛禽、器具、人物、走獸、魚蟲和其他共十類，以圖解的方式呈現文字的演變，並且附有作者簡單易懂的說明，短短數語，卻清楚道出數千年前古人造字的原始創意。

　　陳冠學在《象形文字》的卷頭語中明白表示，寫作此書是為了吸引讀者對於文字學產生興趣，所以我們可以將本書視為文字學的入門書，雖然只收錄了一百七十餘個字，但是卻可以看出漢字的變化過程，進而了解古人的生活思考模式，是一本讀來既有趣味又有意義的書。

　　臺灣現行學校教育中，只有中文系的學生才讀文字學，其實從一個民族文字的起源和發展中，可以看出該民族的文化脈絡，年輕的讀者經由閱讀本書，了解中國文字的演變，相信更能體味到古人造字的用心與智慧。

詩人的人文關懷

辜振豐

272
靜靜的螢河

張
錯
著

文學創作

散文・雜文

　　張錯是在臺灣受過教育的僑生，後來前往美國深造，接著留在美國任教。平時經常有詩作和散文出現在港臺的報章雜誌。很多詩人經常陷於無病呻吟，內容更不離風花雪月，但作者則強調社會的關懷，除了人外，還延伸到動物和花草樹木。在他看來，許多詩作內涵的啟發和追尋，每每出自於人對水深火熱和人間疾苦的感受與體驗。顯然他是在中西文化傳統的薰陶下，培養這種情操，其實唐朝詩人杜甫、英國阿諾德、美國的愛默森都以社會關懷的角度來創作，自然引起很多讀者的共鳴。

　　作者還能夠享受孤獨的狀態。超越語言後，所有智慧認知，一切歸諸沉默。而沉默未必就是沉默，它更接近於暫頓，把表達凝聚在某一無為的時空，而達到更大的表達意義。所以在他看來，詩人雖然相信語言為利器，另一方面也承認語言的局限，如把話說盡了，有如摻水的酒，平淡無味，最好把話說一半，讓讀者有無窮的聯想。而散文是另一道半掩的門，充滿告白，文中的我，若隱若現，真多於假，但敘述者娓娓道來，讓聽者為之動容。至於小說則是一道敞開的門，讓人升堂入室，人物的亮相，就像走馬燈，情節波濤起伏，令人眼花撩亂，目不暇給，雖然人物是虛構的，待人處世，卻處處實情實理，讓人明知是假的，卻願意信以為真。

　　此外，作者還談到香港的變化、SARS 以及隱居在紐約的張愛玲，篇篇都是真情的流露。尤其是來自臺灣的編輯想去見張愛玲，但他尊重這位小說家的隱居生活，不願跟他們去打擾她，由此可見作者的人格修養。親近文學作品，當然可以了解作家的文學觀念，但對讀者在人格的潛移默化，更是閱讀過程中的回饋。至少《靜靜的螢河》有這些優點。

功在臺灣

辜振豐

《楊肇嘉回憶錄》雖然是一本老書，但它卻是非常珍貴的史料。本書記錄了作者個人的成長歷程，同時也讓後代了解這位典範人物是如何以大公無私的精神貢獻給臺灣。此外他雖然接受日文教育，但也有很高的中文造詣。他身為養子，但一點也不感到自卑，反而能夠自立自強，長大後還是一位硬漢子，為民族打拼，同時還鼓勵很多後進。

他在東京留學期間，受到大家的推崇，白天上課，晚上則接待來自臺灣的朋友。他強調自己的人生觀，以服務為樂事，而為了救臺灣，改善人民的生活，絕非一二人可以做到的。往後必須培養人才，提拔後進，使臺灣的人才輩出，代有英雄，方能成就未來的大事。他平時還扮演「贊助人」的角色，對臺灣的文藝發展貢獻很大。他不但出錢支援，而且鼓勵有加。尤其在畫展、雕塑展、音樂演奏、作曲發表會的場合，難免花費不小，但他往往會盡力幫忙，而這些人的表現也沒有讓他失望。

身為知識分子每每流於自大，但楊先生時時反省自己的問題，這種人格的修為真是令人欽佩。在日據時代，他曾到上海經商，結果事後檢討起來，發現做生意是一件不容易的事情。它不但磨練人，而且可以增長人生經驗，商場如戰場。尤其是資金的運用，就像戰場上兵力的調配，而人事上的配合跟用才的困難，猶如政治上的道理。他個性喜歡勞動，即使灑掃的工作還會親自去做，如此一來，大家便一體同心。

臺灣光復後，他覺得早年的願望已達成，可以告老還鄉，但逛遍全島發現臺灣人在日本人的統治下，那種冷漠的心理仍未改進，而對於社會、政治、經濟也需要進一步的認識，所以受聘為民政廳長，繼續為臺灣奮鬥。

273 楊肇嘉回憶錄

楊肇嘉 著

傳記

神遊於古今文人的心靈世界 宇文正

274 忘憂草

莊信正 著

文學創作

散文‧雜文

　　莊信正先生的博學向來令人羨慕佩服，他在散文集《忘憂草》的序裡說：「處在這樣的亂世，而還能翻翻古書，寫寫雜文，我覺得是一種逃避，也是一種奢侈。」其實，處在這樣的亂世，能安安靜靜翻閱這一本《忘憂草》，從普魯斯特與喬依斯的瑜亮情結，到拜倫、濟慈、華茲華斯的鄉愁，卻是一種奢侈的寧靜與快意。

　　這幾年出版界流行旅遊文學，圖文並茂的旅遊書廣受歡迎，購書者未必是作旅行前的準備，往往只是紙上神遊便覺得心滿意足。這種紙上神遊其實大可擴展，能神遊於希臘、埃及並不稀奇，那是雙腳確實到得之處，能神遊於歷史時空才更難能可貴。莊信正善於導遊，遊於古今中外，那不僅需要博學多聞，更需要一支擅長說故事的筆，隱藏於卷帙中的種種軼聞，由他道來，讓人覺得津津有味。

　　《忘憂草》漫遊的世界，大抵是古今文人的心靈世界。文人中的奇才傳奇、異兆、滯塞與靈感，文學對人的影響，文學與畫、批評的關係，文人筆下諸如鄉愁、秋葉、髮、馬、劍……種種吉光片羽，以小品文的形式彙集成書，置於案頭，每天隨手翻閱幾則，等於有人幫我們從沙礫中篩出了亮閃閃的金子。

　　在說故事的同時，其實《忘憂草》裡也隱藏了作者莊信正對現實社會的批判，讀者一不小心，也許就略過了。譬如〈林肯與文學〉一開頭說道：「到目前為止，美國已有四十多人作過總統，其中昏庸者頗不少──當前這位就是特別出色的例子。」此書出版於 2004 年 2 月，收錄作者近二、三年內的作品，所指者應是現任的小布希總統。文人罵人往往不帶髒字，回頭思之，不禁莞爾。

科學家的另一面

林黛嫚

　　一般人對科學家的印象多是冷冰冰、不苟言笑的模樣，以為科學家一頭鑽進實驗室裡，就不食人間煙火，而我們對於生理醫學的感覺就更陌生了，這似乎是學術殿堂中才會遇見的學門，本書的作者是一位生理學家，專長神經內分泌學，本書雖說是作者的筆記，卻和作者本身的專業研究無關，比較像是把一些艱澀的科學名詞及枯燥的科學理論，以深入淺出的方式，介紹給一般讀者，讓讀者可以輕鬆進入科學的專業領域，欣賞科學的奧祕，同時透過一些科學故事，讓讀者了解科學家不為人知的那一面。

　　本書是作者在報紙副刊的專欄結集，一般副刊專欄多以文學創作和時事評論為主，但和作者一起執筆寫此專欄的作者都不是文藝作家，而是專長在科學領域，於是此專欄也是報紙副刊唯一以科學為主題的專欄，可說是為科學與人文的對話打開一道窗口。報紙專欄有字數限制，有時內容較長還得隔週刊出，如今出書時，作者重新整理，加以增補，使得內容更為豐富完整。

　　全書分為科學人生、科學拾穗及科學萬象三輯，其中有科學家的故事，如諾貝爾生理醫學獎的得主、女性科學家雅妻的成就，打破了女性不適合鑽研科學的迷思，以及證明科學實事求是的態度和浪漫的情懷並非不能共存，而且雅妻和柏森長達二十年的夥伴情誼，在科學界也是傳誦不歇的佳話；書中也有和人類日常生活息息相關的話題，如宿便的迷思，PCR、鴉片、避孕藥、小兒麻痺疫苗等介紹，細讀之後，會發現許多我們習以為常的觀念是錯誤的，需要矯正。作者雖是生理學家，擅寫專業的學術論文，但在本書中卻能以簡要曉暢的文字來呈現，為作者自己的說法「科學和文學及藝術一樣，都是人類最精緻的思想及行動表現」下了最好的註腳。

275 科學讀書人——一個生理學家的筆記

潘震澤 著

科學人文

文學書寫

張春榮

　　向陽《浮世星空新故鄉》，副標題「臺灣文學傳播議論析論」，明確指出全書係以「文學書寫」為核心，探析文學書寫的新趨勢與傳播困境。書中聚焦鮮明，理路一貫；充滿盱衡文壇「憂之喜之」的前瞻建言，亦充滿與時俱變「明之察之」的書寫定見。

　　就文學書寫而言，向陽返本歸原，揭示書寫的意義：「在於創造新而獨立的書寫典範」，儘管作家書寫可以有「文學史意圖」、「社會學意圖」、「商業性意圖」，成功的優質的書寫，莫不回至「文本本身」，不待外緣因素。畢竟文學書寫有其美學、意義上的基本要求。因此，文學不必貼上標籤，區隔「大陸文學」、「臺灣文學」、「華文文學」。歸根究底，只有「好的文學」、「壞的文學」兩類。至於「好的文學」，向陽認為必須具備三層涵義：第一層「趣味性」，第二層「想像力」，第三層「啟發性」，能夠全然展現作家的「深度、創意、真實、美和正直」。

　　就文學傳播而言，向陽自傳播本質「創造性、互動性和開放性」出發，強調「文學傳播的重要」（「就在於它關注媒介功能的發揮，著重如何激發讀者／社會的閱讀與回饋，來成就書寫之意義的完整」，〈自序〉），呼籲文學傳播與網路媒合的必要，期待網路文學的開展與突破。而網路文學（「超文本」）的深耕與拓植，當訴諸作家「量變」（「文本形式之變」）與「質變」俱進的多元智能，展現語文智能（文本）、視覺智能（動畫）、音樂智能（影音）統合的表現，激發作家與讀者的互動，超越傳統平面媒介（報紙副刊）的限制，開發臺灣文學書寫與傳播的豐贍新徑。

　　至若攸關詩人向陽對「臺語詩」、「新詩」的堅持與賞析，可翻閱書中卷三「打造文學新故鄉」。其中〈另類的聲音〉、〈給流離以安慰，給冤曲以平反〉、〈小太陽與大風景〉、〈對鏡心情〉四篇，均為當行本色之語，值得推薦。

276
浮世星空新故鄉
──臺灣文學傳播議題析論

向陽 著

文學評論

藝術與人生的關照

林黛嫚

2002 年 4 月以 90 高齡去世的劉其偉，因其興趣廣泛又常保一顆赤子之心，而有「畫壇頑童」的美稱，他九十年的人生本身就是一部豐富的作品，22 歲時，劉其偉考取庚子賠款公費，進入東京鐵道教習學院電氣科讀書，四年後，應聘回廣州國立中山大學工學院任教。直到民國 45 年之前，他都維持著單純的工程師身分。開始學畫的那年，劉其偉 45 歲。1965 年，美軍在越南金蘭灣登陸，中南半島籠罩於越戰的黑色硝煙下，劉其偉決定應聘至越南工作，在中南半島三年培育了他研究原住民民俗的興趣，1996 年他出版《文化探險──業餘人類學入門》，並以鑽研此領域為晚年之最大志趣。這一生，從未學過畫的他成為著名的畫家，不是科班出身卻成為人類學家，雖然也因此始終不能被納入「正統」，但他毫不在意，工程、考古、探險、教學，他忙得很，畫畫只不過是興來隨筆罷了，親切、幽默、瀟灑、豁達，他絕得很，「畫畫只不過是換點銀子罷了」（劉氏晚年自嘲語）。這就是劉其偉。

本書是劉其偉 60 年代的著作，內容分為三部分，包括繪畫分析、原始藝術、論述等。繪畫分析是他當時仟教中國文化學院「藝術欣賞」課程的講稿；原始藝術是他在報章發表有關藝術研究基本的知識；最後的二篇論述〈物質文化方法論〉敘述怎樣研究原始藝術，另一篇〈中南半島藝術〉是劉其偉 1966 年遊歷中南半島的紀錄，這部分內容雖比其他短文顯得沉重，但對於喜歡研究民俗藝術的朋友，應是參考的重要材料。除本書外，劉其偉尚有《菲島原始文化藝術》、《原始藝術探討》、《占婆藝術探討》、《臺灣土著文化藝術》等著作，是劉其偉深入叢林蠻荒探險的顯著成就，而在旅行和大自然的觀察中，對他的人生觀提供了更多的啟示。另有《探險天地間》等多本描述他精采一生的傳記，雖然劉其偉已過世，我們慶幸他留下了這些珍貴的作品。

277 藝術零縑

劉其偉 著

社會人文

智慧人生從閱讀開始

楊　明

　　謝鵬雄是著名的專欄作家，文字雋永，語帶幽默，從身邊周遭的種種事件分析人生哲理，顯現出作者的智慧以及豁達的人生觀，《莎士比亞的政治語言》收錄了他近年在報刊發表的八十餘篇專欄，對於現代人關心的諸多問題，他旁徵博引，精闢分析，面對已然失序的社會，說出了自己的看法。

　　有人說，話人人會說，各有巧妙不同。對於說話，謝鵬雄的看法是，「我們的社會感覺很嘈雜，可能是因為愛說話的人多過不愛說話的人。愛說話的人通常認為多說話才能造勢，把各種事情說成對自己有利的局面。這實是人類最容易犯的錯誤判斷。」

　　關於現代人常常掛在口上的壓力問題，他認為「乃因所求或野心較大，人想要多少東西，便承受多少壓力，希望升到什麼地位，就遭遇什麼困難，這是很公平的事情。」

　　談到交友，原是很一般的道理，但是他說：「從前的人因為會絕交，所以他若沒和你絕交，你就能相信他一定會對得起你。現代人不絕交，所以你永遠不知道他是否表面依然卻暗地裡在挖你的牆角。從前人會絕交，所以沒絕交的全是朋友。現在的人不絕交，所以誰都不知誰是朋友。」

　　本書討論的題目全是現代人生活中上演的劇目、面對的問題，因為貼近你我的生活，而且篇幅不長，適合各種不同階層的讀者閱讀，即使是因為忙碌而缺乏閱讀時間的人，都可以利用偶得的時間邊讀邊想。

　　為什麼書名叫「莎士比亞的政治語言」，因為人類的社會中自古便發展出政治生態，演變至今，政治和人類的關係愈來愈密切，愈來愈直接，甚至愈來愈尖銳，讀《莎士比亞的政治語言》，也許你會覺得深有同感，也許會恍然大悟原來是這麼回事，也或者你會開始內省，並且從而得到啟發。

是傳記也是中國藝術發端

方　梓

　　豐子愷 (1898–1975) 是中國現代文化史上一位知識廣博，勤奮多產的漫畫藝術家、文學家、藝術教育家和翻譯家。豐子愷在中國藝術文化的貢獻有：一、藝術人生化、人生藝術化；二、在大師的經典作品與庶民的欣賞趣味間架起一座溝通的橋梁，提高整個社會的文明程度和審美的情趣；三、執著的生命、人生探究，真誠而又情深似海的紅塵之緣。

　　本書便是在探索豐子愷的紅塵之緣，藝術的世界。豐子愷是一位藝術家，同時也是一位佛教居士，他曾和弘一法師一起以「緣緣堂」命名自己的居所，與佛法有極深的因緣。真正的藝術家，其境界往往是空靈虛幻的，關注的是人的精神與心靈的層面，與宗教一同屬於人類文化中最為精粹的部分。

　　豐子愷最初皈依佛教的出發點是在於「人生無常」之慟；他與佛法一生相連的紐帶，是在於人生的根本追究；而佛門的智慧和精進，賦予了他積極進取的人生態度，也因這一切建構了豐子愷自己的紅塵和對此紅塵的無限因緣和深切的眷戀，成為他藝術心靈中的獨特面貌。

　　本書以非常活潑生動，且淺近的文字重現豐子愷豐富廓大的藝術世界。作者以蒐資、訪談豐子愷女兒豐一吟女士的方式，詳述了豐子愷的一生，尤其是在藝術的卓越貢獻；從豐子愷的出生、就學至接觸藝術，以其獨特的藝術情懷，並觸及當時的文人、藝術家和宗教，層面極廣，可視為一段中國藝術的斷代史，並藉此窺探中國藝術的發展端倪。

　　這是一本豐子愷的傳記，也是中國現代藝術發端的一頁。

科學與人文的對話

林黛嫚

科學與人文應如何對話是近年來大眾傳媒的熱門話題，從二十年前，中研院院長吳大猷和人文學者余英時的對談開始，類似的活動不斷舉行，只是對談的對象從單純的自然科學學者和人文科學學者（同樣是學者），擴大到宗教領袖、半導體企業家和青年楷模等等，話題也不只局限科學與人文這兩門學問要如何均衡發展，而是聚焦於如何加強人文關懷，這樣的轉變自然來自於人們擔心科技的發達危害了人的生活，一句販賣手機的廣告詞「科技始終來自人性」表面看來是肯定，實則正顯露出現代人的焦慮。科技未來如何發展，並非本書要探討的問題，但是科學和人文是否能對話，在《另一種鼓聲》中卻給了讀者思考的空間。

在這本書中，我們可以獲得一些有趣問題的答案，譬如：科學革命為什麼沒有在中國發生？什麼樣的問題不見了，為什麼？愛因斯坦一生中最快樂的想法是什麼？如果世界發生大災難，所有的科學知識都被銷毀，我們要留下哪一句最少的字卻包容最多訊息的話給後代？毛澤東對李政道提出的第一個問題是什麼？史上唯一獲得二次諾貝爾物理獎的人是誰？同時，也可以知道一些科學家有趣而豐富的故事，譬如：諾貝爾醫學獎得主、發現 DNA 雙螺旋的科學家華生，在寫《雙螺旋》一書時，他的寫作目的是要寫一本和費滋傑羅的《大亨小傳》一樣棒的書；物理學家薛丁格寫了二十世紀生物學領域最重要的一本書《生命是什麼》；達爾文物競天擇理論的靈感是來自於馬爾薩斯的《人口論》……；科學家史諾可以是一位暢銷小說家；維爾的回憶錄《一位數學家的成長》也可以是一部文學作品，這正是科學與人文的對話。

280

另一種鼓聲——科學筆記

高涌泉 著

科學人文

舊情的溫暖

辜振豐

作者莊因以輕鬆悠閒的筆調，呈現臺灣舊時代的風土人情。他雖然在美國任教多年，但對於求學期間的 50 年代懷念有加，讀者也可以當成筆記小說來閱讀。當代消費社會的點點滴滴，令人眼花撩亂，偶爾回味一下過去生活，那段美好時光仍舊魅力不減。例如，當年臺大旁沿羅斯福路口的一排違章建築中的大中華豆漿店，環境衛生並不好，但窮學生能在小店享受燒餅油條的快意，依然令人難忘。尤其是顧客要求在熱豆漿中加一個蛋時，店員一聲「加蛋」，頓時令人側目相視。古老時代的叫賣聲使人著迷。如果是冬天的夜深時分，幾聲「燒肉粽」的呼喚，和著風雨叩窗，也就急急下樓買一顆來嘗嘗。在作者看來，叫賣聲是富有人氣的，而人氣乃是人與人之間一種可供呼吸感受的情感傳達。

作者思古之餘，也不忘傳達處世哲學。以「隨緣」為例，是屬於你的，誰也取不走；不屬於你的，無論怎樣設法也留不住。隨緣的妙處不是鼓勵一個人事事拋開自己，不去競爭。它其實是勉勵為人處事不要過分，不要認為一定要達成目的不可，尤其是把事情成否的尺度定得太過僵硬，也就沒有轉圜的餘地。非黑即白，完完全全把其間「灰」的成分拋掉了。這也是古代哲人所說「矯枉過正」的毛病。不過處世難免涉及友情，他對「朋友」一詞也有獨到的見解，如真朋友未必是時時包圍在你周圍的人，但只要你需要時，真朋友都不會躲得遠遠的。他犀利的眼光，撼人的熱情，透心的語言，如清風明月，春雨秋霜。有這樣的一位朋友，勝過成千的酒肉之交。此外他也談及跟親人作家的互動，如知名作家何凡、林海音夫婦是他的岳父母，而對於散文家廖玉蕙也有詳細的介紹。

娓娓的女聲

衣若芬

嚴歌苓 著

文學創作
小說

　　小說家有兩種，一種擅於「說」故事；一種擅於「編」故事。嚴歌苓的文字綿密濃郁，不像是纖錦，像是雨夜異鄉裡舟中聽曲，即使情節和結局八九不離十，客途中人還是欣然、解悶、安慰，同是天涯淪落，比一兩句體己話更窩心的道聽塗說，街談巷語。

　　更何況，這故事發生在我這個年頭，故事裡有我們的老鄉。這年頭，說漂洋過海也不是稀奇事兒；那異地裡紮根攀長的老鄉能現出的美醜，多少也有些血脈裡的親切。

　　嚴歌苓的《密語者》一書中，共有兩篇小說，〈花兒與少年〉和〈密語者〉，講述的都是中國女子遠嫁西洋郎的堅毅、辛酸與無奈。這種題材在嚴歌苓的小說中並不奇特，《少女小漁》、《扶桑》也都是嚴歌苓膾炙人口的作品。不以題材取勝，《密語者》流露的是作者藉故事中女主角的生命經驗與回顧過往的片段記憶，所投射出的是近現代中國的歷史剪影。

　　這歷史剪影，縮小了看是離開中國丈夫，改投洋人懷抱的女子的困惑——當初背叛棄絕的最終目的，難道就是這樣的「天堂」生活？放大了看，學者自然可以在「現代化」、「主體性」與「後殖民」中大作文章。

　　有意思的是，嚴歌苓的文字裡很少有火氣，她讓陰柔溫婉的女性聲音為心心念念展翅高飛的女子自白，她們的志向只有一個，就是「離去」。她們勇敢果決，吃苦受罪也甘願，承受不名譽的屈辱也奮不顧身，她們那麼綿裡藏針，提振起來可以讓中西男人見血，刺傷了她們的男人之後，天可憐見，她們還是能夠正常呼吸，昂首闊步。所以我說，嚴歌苓的小說不是「編」出來的，環顧四周，你會發現她「說」得多生動。

常識與知識之間

白　靈

283 天人之際——生物人類學筆記

王道還　著

科學人文

「科學」、「生物學」、「人類學」一般人乍聞之下，似乎是一門門艱深的學問。也許因為在我們的日常生活中對這類的「知識」接觸甚少，所具備的也僅只是一些微薄的「常識」。但這樣的「常識」有其「危險」，光從書本上、報章雜誌上所獲得的其實單薄且有待驗證。當我們輕易從媒體吸取這一類訊息的時候，往往會被眼前這些報導限制，以至於不再會去注意其背後所能延伸更多更有價值的知識。在王道還的《天人之際》中，或許可以稍稍彌補這種缺憾。

作者為哈佛人類學博士候選人，任職於中央研究院歷史語言研究所。這本書中介紹達爾文的物種演化為人類歷史揭開歷史的一頁，但也曾經遭受宗教家、學者極力的質疑和問難，甚至掀起了一場科學和人文的革命。而作者也談到近年來相當熱門的話題——「複製人」，以數篇文字為讀者詳述其來龍去脈，並針對這個議題提出一些看法與需要省思的地方。此外本書也提到了基因在遺傳學上的爭議以及被學界發現的歷史因緣。而在〈前浪死在沙灘上〉一文中用脫離人類世界許久的「狼童」為例，說明人類學習語言其實是有重要的關鍵期。

作者在〈山盟雖在　難　難　難〉裡以《霍金前妻回憶錄》說明了女人的偉大與犧牲。霍金雖然身體殘障無法行動，但他努力不倦以《時間簡史》一書成為舉世聞名的科學家。霍金的一切作為都使人敬佩，可是曾有人想過他的背後是有一個怎樣比他的成就更偉大的力量在支撐著他？那就是霍金的前妻。沒有她照料他，恐怕我們看不到今天精采的黑洞理論。但卻少有人會去注意到光鮮亮麗背後是有人怎樣的無私奉獻。

作者不談高深的論理（讀者可免去看不懂擔心的心理），以本身理性周延思考和人文素養反芻出一篇篇精采、引人入勝的文字。在許多人開始要求重視「科普」這門學問的同時，本書就已經夠資格作為這門學問的最佳讀本。

生命韌性與熱情

方　梓

「我只希望作一個平凡渺小的人，只願用整個的心力貢獻給文學。」這是謝冰瑩的自許。謝冰瑩是中國歷史上第一批女兵之一，她不僅上過戰場，更是一位終生寫作不輟的作家。本書是她的回憶錄。

謝冰瑩生長於書香之家，但由於當時民風保守，重男輕女的觀念根深柢固，她的母親認為女子只要能識字懂會計，便足以掌理家務，因此反對她在私塾之後繼續升學。當時年紀輕輕的她不惜絕食三日三夜，以性命爭取進一步求知的機會。12歲進入大同女校，開始接觸西洋小說，思想逐漸得到解放，反抗傳統禮教的激越靈魂，使她不願接受父母在她3歲時為她訂的婚約，半年之中逃家三次，皆未成功。後來藉受聘於學校教師的機會，離開夫家，並在報上刊登離婚啟事，解除婚約，掙脫束縛，追求自由和愛情。

本書是回憶錄也是傳記文學；這兩類作品除了敘述個人的事蹟和人生觀念、價值與其奮鬥心路歷程外，其實也是一部斷代史。作者處在新舊交替、改朝換代的時代轉捩點，其中勾勒出的舊社會的輪廓與當時的艱困，極有歷史參考價值。

本書也是女性生命的書寫；民初雖是從皇朝跨入新世紀，即使在西方國家，女權運動仍方興未艾，何況是在中國。除了極少數的富可敵國之家或知識分子的家庭，女子受教育是極為困難的一件事。謝冰瑩以其對生命韌性與熱情，不但爭取了受教育權，更是拚命力搏傳統婚姻的桎梏。

即使在間隔了半個世紀，我們高聲爭取了女性的權益與平等之際，那個還是非常封建的年代，謝冰瑩單打獨鬥抗爭父權這樣的精神，依舊鼓舞著所有的女性，也熨燙了我們的心靈。

花團錦簇的拼盤

黃雅歆

285 琦君小品

琦君 著

　　琦君散文最膾炙人口的就是描寫童年時光的懷鄉之作了。身為「富貴人家」小小姐的她，生活裡似乎總有許多奇妙的故事發生，包括長工、奶媽、私塾老師、菩薩般的媽媽、威嚴的父親，以及忽然出現的姨娘……，這些圍繞在她身邊的人物，不管喜怒哀樂，或者曾經怨憎痛苦，在琦君筆下都滿溢著感謝與感動。他們共同造就了琦君散文的溫暖與精采，而自然樸質、溫柔敦厚的風格，也因此成為琦君散文的特質。

　　這樣的特質當然也出現在《琦君小品》裡，不同的是，《琦君小品》不以回憶之作為主，大部分是琦君在臺生活的隨筆，它混合著回憶、雜感、遊記、小小說、詞與讀書心得，所以無以名之，故名曰「小品」。以內容來看，似顯雜蕪，小小說部分因以第一人稱「我」為敘述觀點，讀者若一時不察，容易與散文混淆。但本書除了作者自言有「可以隨時拿起隨時丟下」的「優點」外，並能夠提供琦君在回憶之作外的創作面相，讓讀者看看離開了「鄉愁」之後的琦君，展現如何的筆下風貌。

　　臺北故事沒有故鄉故事的「傳奇」，多數散文寫親了的互動與身為母親的感懷，八篇小小說也以闡述親情至愛為主題，寫身為妻子、母親、婆婆的女人們，對丈夫、兒子之間的牽絆，以及含蓄深厚的愛。在各式各樣的創作形式中，仍然充滿琦君風格，作者的慈悲寬厚依然是文章基調，唯隨年歲漸長，誠心如佛的宗教情懷也愈加強烈，〈慈悲為懷〉、〈佛緣〉兩篇就道出她的心情。也正因如此，當她回憶過去，才能有笑有淚，讓所有的怨憎憤怒都隨風而逝吧。

文學創作　散文‧雜文

時代風雲

卓清芬

286
我生一抹

姜超嶽 著

傳記

曾任總統府祕書的姜超嶽先生，在他的自傳《我生一抹》中，敘述了幼年回憶、苦學歷程、教書成婚、任黃埔軍校書記、北伐軍總司令部祕書、國民政府參事祕書、總統府祕書、文書局副局長等職的經過。

1898 年出生的姜先生記憶力驚人，不僅記得幼時見鬼、種痘、啟蒙等瑣碎之事，也記得睽隔多年的同學姓名，對四十年前的學生詩作亦能覆誦無誤。在讀書、教書的成長過程中，時有同儕相互較勁、逞才炫學，而姜先生深厚的國學根柢和出色的文筆，也於此嶄露頭角，經常在作文比賽中拔得頭籌。

棄教投軍後，親歷了北伐、行軍、抗戰、遷臺等歷史大事，南來北往，奔波勞頓。除了山川風土的刻劃之外，戰爭死難的觸目驚心、驚險萬分的死裡逃生、劫難過後的滿目瘡痍，亦有詳盡的描述。從顛沛流離、倉皇渡臺到續絃定居、重整家園，姜先生以一名文書官，見證了大時代的變動：有價值萬元的商品，一夕之間因幣制改革而跌為以角、圓計價；有百棟花園華廈，因國共內戰而付之一炬，淪為廢墟。盛衰興滅，如夢幻泡影，令人感歎。

《我生一抹》記載的時間歷程頗長，從民國前 10 年起到民國 70 年為止。八十年的時間，發生的事情何只千數，姜先生以一百九十二篇短文連綴成書，以標題標記其事，以小序貫串平生，綱舉目張，鉅細靡遺，無論大事、小事俱能按年分檢索，十分詳明。

這本以淺近文言寫成的《我生一抹》，文字典雅、敘事簡要，附錄的書信公函，可作為史料閱讀。走過時代風雲，見證百年滄桑，姜先生的親身經歷，為中國近代史增添了一筆真實而珍貴的紀錄。

海闊天空的人生觀

辜振豐

287 逍遙的莊子

吳怡 著

　　蔣夢麟在《西潮》一書指出，中國人得意時，是儒家；而失意時，則是道家。因此要了解中國文化，道家經典是必須好好研究的。除了《老子》外，當推《莊子》一書，但這本大作，文字較為艱深，要是有好的入門書，則讀者便可受益無窮。顯然，在《逍遙的莊子》中，作者以深入淺出的語言詮釋《莊子》，別樹一格。他指出〈逍遙遊〉是《莊子》的精髓、莊子所描繪的理想境界，全篇文字生動，一氣呵成，再加上大鵬小鳩的寓言點綴其中，讀起來很順暢，而有情味。但也有危險性，因為全文都在描寫逍遙遊的境界，沒有詳論功夫，所以容易使讀者誤解，以為只要學學文中大鵬的一飛沖天，便可逍遙。可是大鵬怎樣才能一飛沖天的？想要把握〈逍遙遊〉的精神，必須配合〈齊物論〉、〈德充符〉等文來讀。

　　在〈齊物論〉中，莊子描寫莊周夢蝴蝶的物化境界。另一方面指一種功夫，這種功夫由於不斷的修煉，能突破形骸、知識、經驗的限制。具體來說，也就是莊子所謂的「坐忘」，這個「忘」字乃是入化之門。此外莊子所謂的「德充符」乃是內在有德，而不求顯耀，卻很自然地能符於外。例如相貌殘缺的人，不符合世俗的要求，可是他們因內在的充實之德而溢於外，猶如和暖的春風，使人陶醉。因此大家不在乎外表，而樂於追隨他們，和他們共遊。換言之，這種內在充實而不求於外的德，是莊子理想的德，也是〈德充符〉一文的主旨。

　　目前，在緊張忙碌的工商社會中，大家為了工作，往往忽略內在的修行和人際關係。因此要是能夠好好閱讀《莊子》，倒是可以培養自己的處世之道，而這本《逍遙的莊子》就是一本極佳的入門書。

社會人文

觸動心弦的細膩與感性　　　黃雅歆

　　如果「女作家」一詞沒有被污名化為「風花雪月、不食人間煙火」的話，楊明的小說就十足是女作家風格。她大部分的內容都是女性，從女兒、女學生、女性上班族、母親等，無一不觸及。她善於經營「平靜正常的生活軌道下似乎該有什麼變化要來臨了」的心情，總是能觸及人們心中那塊不為人知的波瀾起伏，特別是女性在家庭、求學、戀愛、工作中的微妙感受。

　　生活中許多故事的發生，往往就在於巧合，有時人生更因此而轉變。《走出荒蕪》裡就有許多的巧合，令人讀之充滿興味。如〈地板下的日記〉中 17 歲女生因為閱讀了舊屋主藏在地下的一本日記，將兩個時代的母女情分相互映照、連結起來；〈南十字星〉裡男主角遇見「援交」女學生，因而獲得檢驗自己內心的機會；〈愛的出口〉則讓五年前的好友兼情人在醫院巧遇重逢，將五年前未完的故事和心情做個了結。其中〈臺九線盡頭〉是比較「離奇」的一篇，讓搶匪和被挾持的人質在車上變成朋友，各自傾訴了自己內心的祕密。

　　除了這些人生巧遇之外，佔有全書近三分之一篇幅的，其實是作者「玩」得最高興的〈單身女子聊天室〉。楊明綜合了自身十多年來都市上班族女子的經驗，設定了各種生活態度的單身女子，讓她們在小說中對話、表演，激起火花，寫來得心應手，難怪作者說是「非常快樂的寫作經驗」。

　　楊明的作品總是既「好看」又「好讀」，好看是指故事吸引人，好讀是說讀者總是在不知不覺下就參與了她書中描述的所有心情。楊明小說不依靠絢麗文字、不追求艱澀意旨、不刻意設計情節的高潮迭起，而以「生活化」為基礎，有極為細膩、精準的情感表現，也因此令人回味。

288 走出荒蕪
楊明 著
文學創作 小說

中國舊社會的分析　辜振豐

289 水滸傳與中國社會　薩孟武 著

　　章回小說雖然是虛構的，而故事中的情節和人物也是由小說家憑空捏造的，卻反映了社會的文化現象。薩教授是知名的政治學者，但對於傳統的章回小說卻有獨到的研究，因此論述小說和傳統社會的辯證關係，見解十分獨到。在舊社會裡，老百姓是很無奈的，當他們受到官員或土豪劣紳的欺負，往往要靠朋友，因此作者指出，朋友便是他們寂寞的安慰者，又是他們生命的扶持者。所以人一旦流落江湖，朋友要是能夠適時伸出援手，便能脫離困境。在《水滸傳》中，這一群梁山泊好漢，便展現朋友的道義。例如，魯智深在菜園裡舞起鐵禪杖，因為林沖一聲喝彩，即認為是知己。後來，林沖受了高太尉的陷害，刺配滄州，魯智深便一路跟去，暗中保護。接著還救了林沖一命，這種義氣的表現，至少他視林沖為知己。所謂「士為知己死」，這句話唯有下層人士才做得出來。

　　雖然他們的義氣令人欽佩，但在作者看來，這些人屬於流氓集團，因此本書開宗明義就從梁山泊的社會基礎來分析帝王的形成因素。在中國歷史上，有爭奪帝王野心的，有兩種人，一是豪族，如楊堅、李世民等；二是流氓，如劉邦、朱元璋等。究其原因，豪族有所依靠，便於取得權力，而流氓無所顧忌，勇於冒險。豪族擁有土地，不必耕耘，可將土地租給佃農，按時間收租，平時可以到處遊玩，上結官府，下交游士。要是天下大亂，他們可以建立城堡以自衛。而有野心者則可糾集部下，要是有得人心的領袖，不滿舊政權，同時想救人民掙脫苦難，也可以結合各方人馬，以掀起爭奪帝位的大戰，如劉邦、朱元璋。至於流氓，社會並不依靠他們，但他們則要依靠社會討生活。在飢荒時代，天下的流氓盜賊便開始作亂，甚至演變成流寇，劫掠農民。

　　除了這些精采的分析之外，薩教授還從潘金蓮和西門慶這兩個角色來探討傳統的婚姻，而且也比較林沖和關勝在地位上的差別。近幾十年來，以社會學的角度研究文學逐漸受到重視，而薩教授無疑是開創文學社會學研究的先驅。

古典文學評賞

新儒家的夢想與困境　　李福鐘

　　自兩千多年前西漢武帝獨尊儒術、罷黜百家開始，儒家學派與中國歷代的帝制王朝原則上攜手合作，形成長達二十個世紀的政教合一體制。期間並非毫無例外，例如 6、7 世紀的南北朝，儒學或許並非最當紅學派，然其勢仍不容低估，及至 15 世紀之後的明、清兩朝，儒學的統治地位更達到登峰造極的地步；稱儒學為一「宗教」，或許亦不十分精確，因為儒家並無明顯的集體崇拜儀式行為，然儒家強調道德本體（心性）的概念，又隱含有宗教的內在約束鞭策力量。儒學在哲學意義上無疑具有某些宗教的特質，此所以德國歷史社會學者韋伯 (Max Weber) 稱中國儒家為「儒教」。

　　儒家的盛極而衰在 19 世紀，主要原因則在於中國被歐美文明打開了大門。19 世紀以前儒家之所以能夠在中國政治上掌握絕對優勢，與宋朝以後欽定以儒家經典作為國家科舉考試的標準教科書有關。而 19 世紀儒學的沒落，標誌正是廢科舉、興實業。所謂「實業」，其實就是西方的現代工商業。物質條件的徹底改變，摧毀了原本牢不可破的政治、經濟、教育「三位一體」的超穩定結構。科學、民主的新價值標準被樹立起來，即使在 20 世紀中葉經歷過社會主義的洗禮，共產黨人亦不否認科學與民主的制高地位。對於哀歎儒學的沒落，亟欲振衰起敝的 20 世紀「新儒家」來說，過去一百年的情勢發展，前景不見樂觀。

　　中國新儒家有無能力在 21 世紀完成興亡繼絕的夢想，關鍵還在其所倡導的「開出」究竟如何與現實世界接軌。王邦雄教授是臺灣新儒家大本營《鵝湖》雜誌的創始人之一，其所著《用什麼眼看人生》雖是報刊雜文的合輯，然而正由於文字淺白易懂，不失為一窺當代新儒家內在心靈與思維取向的入門讀物。

陽光中的石榴果

張春榮

琦君的文學天地，正如陽光中成熟的石榴果，「裂開了紅豔豔的笑臉，露出一顆顆小小的晶瑩的小瓣籽。」極具多滋多味的口感。而似此口感，內蘊傳統人性、人情、人倫、人道之美的豐富知感，展現溫柔敦厚、真善悲憫的文心，搖曳出一抹金紅色澤。

論及章方松《琦君的文學世界》，全書以「知人論世」、「以意逆志」的爬梳，照見琦君其人（外緣）與其文（內緣）的互動，照見人格（作者）與風格（作品）的相涉。因此，書中經由第一章〈琦君的故鄉與童年〉的植根，及至第二章〈琦君的文學理念〉，明白揭示琦君一以貫之的寫作原則：「語言要『清』，感情要『真』，含義要『深』」。據此檢視琦君在散文、小說、詞上的創作實踐，莫不由此出發；邁向美與善相契、文心與佛心相會的境界，直指文化的核心價值與理想。

第三章〈琦君的情感世界〉，探討作者與自我（「回憶與鄉愁」、「慈悲與憐憫」）、與家人（「愛情與家庭」）、與自然（「大自然與美感」）、與社會（「社會人文意識」）的四個面相，概括琦君內心環環相扣的精神風貌。逮及第四章〈琦君與現代作家的文學比較〉，則通過主題（「周氏兄弟與琦君的故鄉情結」、「冰心與琦君的鄉愁文學比較」）、作品（「朱自清的〈背影〉與琦君的〈髻〉」、「沈從文的《邊城》與琦君的〈橘子紅了〉」、「張愛玲的〈金鎖記〉與琦君的〈梅花的踪跡〉」、「楊絳的〈回憶我的父親〉與琦君的〈父親〉」）的異同比較，客觀呈現琦君名篇佳構的特色，最具參考價值。

當然，在「以意逆志」的賞析上，可以有不同向度的詮釋（如〈橘子紅了〉的反諷與雙關）。然無可置疑，章方松此書，確實為用力之作，亦為研究生論述琦君的重要參考專著。

琦君的文學世界

章方松 著

291 琦君的文學世界

文學評論

荒謬事件中的人生啟示

楊　明

下一站・天堂

292

下一站，天堂——公車劫持事件簿

紫石作坊　主編

文學創作

小說

　　這是一本集體創作的小說，書名定為「下一站，天堂」不難看出創作群寫作時，企圖藉著一件社會新聞中的犯罪事件呈現人生中的荒謬感，本書由谷淑娟、高岱君、陳思宏、吳雅萍、阿法、林嘉慧、詹雅蘭和張維中共同書寫，故事的中心環繞著一椿公車劫持事件。

　　一輛載著乘客的公共汽車，突然有人宣稱在車上裝了炸彈，在不確定下一刻生命是否還能繼續的情況下，過往的人生片段在腦中湧現，有人看清了原本的迷惑，有人放下了之前的執著，一對發生誤會的情侶，情急下反而大聲說出了真相；一個因為不能生育，老公索性明目張膽搞婚外情的女人，面臨生命危險時發現自己對完全沒有血緣關係的外孫有多心疼；身陷複雜三角戀情的高中生，青澀歲月中看似無憂，其實隱藏著沉重的家庭問題……。

　　無辜而又意外的乘客，因為上了這班被裝置炸彈的公車，而打亂了生活節奏，人生突然在這一輛公車上停頓下來，而劫持公車的炸彈客，他的人生卻是在更早的時候就已經走樣了，在引爆炸彈與不引爆之間，他的人生都無法回到原來的軌道。

　　面對死亡時，許多原本看似尋常的情節都變得荒謬，你以為自己在乎的，這一刻可能變得微不足道，你以為唾手可得所以漫不經心對待的，說不定才是你真正重視的，生命有時隱藏了它真實的價值，而我們也偽裝了自己真實的感覺，反而是生命最後的結局——死亡，讓人不得不正視內心，讓人領悟珍惜的價值。本書是紫石作坊所策劃的，八位作者，八個角色扮演，共同陳述這一場荒謬事件中的人生啟示。

以莊嚴的心情記取我們的軟弱 <small>楊 明</small>

　　因為一場突如其來的瘟疫，整個世界陷入了混亂，人們彼此懷疑，身邊的人是帶菌者嗎？自己會是下一個病毒摧殘的受害者嗎？在對死亡的恐懼中，人們何嘗不是擁有了反省的機會？

　　和《下一站，天堂》一樣，《愛，有沒有明天？》同樣是紫石作坊策劃的小說集，一共收錄林怡翠、李振豪、孫梓評、陳柏青、譚華齡、陳慶佑、路瀠瀠和林育涵等人寫作的八篇小說，主題環繞著以 S 為名的傳染病，八篇小說描述八個陷入因傳染病而遭封鎖醫院中的人物心路歷程，對自身命運的未知，對過往情事的審思，甚至悔恨，以及如果生命還有明天，他們對未來的期待。

　　死亡是每一個人一定會經歷的過程，但是人們對死亡的恐懼卻是難以言喻，突如其來的死亡，有時只能讓人默默接受，再怎麼企圖掙扎，再怎麼努力反擊，因為一切發生得太快，有時還來不及多做反應。但是面對傳染病，從潛伏期到發病期，其間的折磨更讓人難以承受，對未知病毒一步一步猜測，一步一步發現，害怕病毒接觸到自己的心情，讓人變得自私，但也讓人變得寬大。

　　瘟疫是一種生命場景，這場景的衝擊性之強，不亞於戰爭，這是一本以瘟疫為背景的小說，提供讀者不同的審視方向。因瘟疫而動盪不安的城市，我們都曾經身在其中，記憶猶新的憂慮中，我們曾經得到過些什麼啟示，現在卻可能逐漸忘記，如同張曼娟的推薦字句，本書提醒你：「直到瘟疫入城的那一天，是我們最軟弱的時刻，也是最莊嚴的紀念。」

293 愛，有沒有明天？──瘟疫入城事件簿

紫石作坊 主編

文學創作 小說

相互衝突的視角

張錫模

哲學家史賓諾沙曾洞視出,「人並非天生下來就註定是公民,公民是後天的製造。」同樣地,人並非天生下來就會認識到政治並形成政治意識,政治意識是後天環境的產物。後天環境中的各種社會力量,通過有意識地對政治議題進行篩選與傳播,影響著人們的政治意識。在根本意義上,討論政治就是在討論政治議題,而各種政治議題的總體積累及其意識,則在不知不覺中構成人們各自的政治意識。當一個社會的政治議題越集中,焦點越明確,該社會人群的集體政治意識就越能聚焦,對各種政治問題的解決方案也較有討論的空間。相對地,當政治議題越多樣,人們的政治意識觸角固然可以越多樣,但由於政治議題過多,也極容易導致政治意識的焦點渙散,以及由此而來的對策模糊,各說各話。正是在這層意義上,政治勢力之間的權力爭奪,不僅是人事的衝突,而且總是圍繞著議題的設定與爭奪,而這些議題則構成每日新聞版面的變化內容。

《台灣的新政治意識》由曾任新聞記者的退休外交官陸以正執筆,以作者在 2004 年 3 月臺灣總統大選前於《聯合報》系所發表的政治評論集結而成,內容圍繞著大選期間臺灣政界與媒體所設定與爭奪的各種議題展開討論,並陳述作者對這些議題的個人意見。全書共收錄六十七篇時政評論,討論的議題不下四十種,具體而微地顯露出大選期間臺灣社會議題紛飛、熱鬧非凡但焦點闕如的生動畫面。作者行文雖自謙「局外人」,但入戲十分,以文字為武器而展開批判與擁護,使全書內容具有「當事人」意見的內涵。對臺灣政治饒富興趣的讀者,可在本書中窺見臺灣政治議題變遷的動力學原理。

美醜並呈的時代

林黛嫚

295 穗子物語

嚴歌苓 著

文學創作 小說

嚴歌苓是說故事的高手,並不聳人聽聞的故事,但是她就可以說得迷人至極。長篇小說、短篇小說都擅長的嚴歌苓,在這本《穗子物語》中更是把這二種體裁運用得淋漓盡致。本書以穗子為主軸,十二篇故事每一篇都是完整的短篇小說,但全書合起來看,又是一部描述穗子童年、少年經歷的長篇小說。嚴歌苓自己說,這本書是最接近她個人經歷的小說,但她又拒絕承認這是她的少年版本,而只是她藉由穗子呈現自己對那個時代的印象。書中的人物都真實存在過,只不過是嚴歌苓根據真實人物的性格和背景,找出故事的邏輯,把當年人們猥褻娛樂式的閒話,拼接成穗子的版本。

把書中一篇〈梨花疫〉選入「年度小說選」的袁瓊瓊說:「嚴歌苓的小說,如歌,如詩。她是文辭的魔法師,在她的手底下,文字可以豔,可以清,可以既濁又秀,亦俗亦仙,既醜又美。」譬如下面這段文字,「他看見萍子的五花大綁在她胸前勒出個十字叉,他為她買的淺花小褂撕爛了,兩個乳房流淚似的乳汁淋漓。他跟她之間隔著兩步遠,他既沒有看見塌陷的鼻梁也沒有看見她盛麗的面色有何異常」,正是一段既豔又清,似濁又秀,既美又醜的描述。

不只是文字呈現了一個美醜兩極並列的文學世界,這本《穗子物語》也呈現一個美醜並呈的時代,是這些小人物:披掛一堆不相干的金屬徽章佯裝英雄的老人魚;穿長絲襪、高跟鞋踢了穗子兩腳,後來回心轉意,也怕起自己對嬰兒突發的怨毒而從此不穿那雙高跟鞋的穗子媽;從養媳婦到戲子到造反的紅衛兵的老臘姐,還有角兒朱依錦,還有于老頭以及萍子。這些人以他們卑微的人生和整個家國的命運聯繫起來。這就是嚴歌苓的穗子的故事。

捕詩半世紀的漁夫詩話

林黛嫚

一般讀者常有看不懂新詩的困擾，就連詩人自己也說「捕詩難於捕魚」，因為「詩總是滑溜得／勝過任何一條魚」（向明語），因此需要詩評家從他的角度來談詩、論詩，讓讀者藉由詩評得以進入詩人的世界中，這也是詩評之必要。

前輩詩人向明左手寫詩，右手寫評，50年代起便活躍於現代詩壇，曾主編《藍星詩刊》，逾七十高齡猶創作不輟，其為詩而狂的精神是文壇一絕，除了詩創作，向明關於詩評論的作品還包括《新詩一百問》、《客子光陰詩卷裡》、《走在詩國邊沿》、《窺詩手記》、《詩來詩往》，這是他第六本詩話評論集。

向陽說向明：「他的詩風於儒雅處見辛辣、於平淡處蘊深沉，餘味無窮，耐人咀嚼，引人深思，卓然自成一家；他的詩話則縱橫開闔、敦厚恢宏，充滿理趣和慧見。」向明說詩，以淺顯的文字，讓人頓然意會，譬如非馬一首小詩「支著腮／思索／如何／支著腮／看電腦／思索」，向明評析道：「看到這首詩便不由得像看到羅丹那座沉思者塑像，支頤專注的神情。這裡前後用了兩次思索，前面是自己思索，後面是看電腦如何思索，兩相連扣，構成詩思的深度」，短短兩句，就讓讀者會意到詩是自然生成的道理。

除了評詩，書中所述一些詩壇軼事，不僅有趣，也很耐人尋味，譬如孫伏園說了一句「這些散文很詩意，分行印了就是詩」，這句話迄今仍是諷刺新詩是「散文的分行」的最佳註腳；又如散文家陳之藩去聽國學大師錢穆演講後，有感的認為像錢穆這樣一代學術宗師，尚且拿前人的詩句自況，不自己寫詩表達心境，而感慨說那是一個「無詩的時代」；又如智利詩人聶魯達19歲出詩集，到69歲病逝共寫了卅四本詩集，他臨死前卻說「我是寫詩很久以後／才知道我寫的是詩」，30年代老詩人卞之琳到老年時也突然感慨的說「我寫的詩中，找不到一個詩字」，類似這些和詩有關的詩人詩話，也可說是詩的入門吧。

寧靜的女性詩

林黛嫚

蓉子本名王蓉芷，和張秀亞、胡品清等人同為 60 年代抒情女詩人。蓉子於民國 40 年開始發表詩作，不久加入藍星詩社，42 年出版處女詩集《青鳥集》。蓉子的主要創作文類是新詩，兼及散文和兒童文學，其寫作主題則包括哲思、親情、對大自然的讚頌、女性的形象、旅遊、社會現實素材、都市文明批判、環境保護等等，寫作題材相當廣泛。前輩詩人鍾鼎文曾形容她的詩風：「充滿著一種寧靜的寂寞和淺淺的悒鬱。」

在詩派林立的現代詩壇，相較於眾多詩名鼎盛的男詩人，女詩人顯得格外安靜，以蓉子來說，早期並不熱中參加詩社，卻頗勇敢地將自己的作品拿給負責編輯《新詩週刊》的紀弦、覃子豪看，從而獲得發表，並在兩年後出版《青鳥》詩集。隨後因結婚而停筆六、七年，這也是她思考如何寫詩的沉潛期，再於 1961 年底，由藍星詩社出版第二本詩集《七月的南方》，奠定她寫詩的前程。此後她不但積極參與詩壇國內外活動，並先後出版《蓉子詩抄》、童話詩《童話城》、《維納麗沙組曲》、《橫笛與豎琴的晌午》、《天堂鳥》、《雪是我的童年》、《這一站不到神話》、《只要我們有根》等詩集，蓉子迄今已出版了十多本詩集和三本詩選集，堪稱出版詩集最多的臺灣女詩人，她曾獲頒國際詩人獎與國家文藝獎，作品並選入英、法、日、韓、南斯拉夫、羅馬尼亞等外文版詩選集以及中文版詩選集等近八十種選集。

本書中的詩作是作者寫於民國 58 年到 62 年間，其中一首〈傘〉並入選國中課本。此外，蓉子作品中寫於 60 年代初期的〈亂夢〉亦以能反思女性劣勢處境、預報女性抗爭焦慮、映現女性自覺，而被評論家認為是「女性詩」的代表作。所謂女性詩是指含攝女性主義思想的詩，詩評論者陳義芝認為，臺灣女性詩的出現，早在女權運動興起前，最明顯的例證就是蓉子的這一首〈亂夢〉。雖然蓉子已久未發表新作，但賞讀詩人早期的代表作，也可作為了解臺灣新詩發展的佐助。

297 橫笛與豎琴的晌午

蓉子 著

文學創作 新詩

平實的故事，溫潤的情思
林黛嫚

298
賣牛記

琦君 著／田原 圖

文學創作 小說

琦君以散文聞名，評論家鄭明娳在〈談琦君散文〉中說：「琦君散文，不論寫人、寫物、寫景，都在平常無奇中含蘊至理，在清淡樸實中見出秀美；她的散文，不是濃妝豔抹的貴婦，也不是粗服亂頭的村俚美女；而是秀外慧中的大家閨秀。」讀者印象深刻的琦君作品如《桂花雨》、《紅紗燈》、《留予他年說夢痕》等也都是散文集。我們當然知道琦君也有小說作品《橘子紅了》、《菁姐》等，但因為她的散文實在太出色，以致我們經常會忘了琦君也是小說家。

也有評論家認為琦君的散文善於刻劃人物，在氣氛的烘托渲染上，非常接近小說筆法，從這個角度來看，我們也可以這樣解釋，琦君的作品都是在說故事，以說故事方式道出陳年往事的點點滴滴，而她所傳達的人情世故、傳統禮教和兒女情長，便自在其中。

這本書是她少數的以小說體裁來說故事的作品，二個簡單平常的故事，選擇的場景、人物和事件，都是琦君熟悉和關心的，熟悉的農村、熟悉的小人物、熟悉的鄉親人情以及她一向關心的物我之間的情誼。〈賣牛記〉寫一個牧牛童不忍心朝夕相處的老牛被賣掉，而離家出走尋找，巧遇一位善良的賣膏藥老伯替他贖回老牛的故事；〈老鞋匠和狗〉寫一位自身就無可蔽風雨居處的老鞋匠，卻傾盡所有，照顧二隻小狗和一位小男孩的故事。故事雖簡單，文字亦明白曉暢，彷彿線索分明的童話故事，然而在平凡的故事裡，我們卻看到了琦君細膩溫潤的情思，她藉由男孩聰聰、多多和動物間的擬人情誼，來說明大自然間物我的相處之道。

我們都知道琦君寫作是完全主觀的投入，而不是客觀的捏塑，也許有人會認為她小說中的人物因此過於一廂情願，但正因這些小說作品是琦君主觀的情思，所以她的思想越廣，感情就越深，這些作品風格雖一致，卻日見廣闊，更耐久讀。

和琦君一起明善心，見真性情 林黛嫚

琦君的散文以溫柔敦厚之筆敘寫傳統舊社會中的女性，我們在《琴心》、《桂花雨》等散文集中領略許多；她同時也以悲憫之心觀照大時代中的小人物，《橘子紅了》、《賣牛記》中有許多耐讀的篇章，但類似《讀書與生活》中關於她閱讀古典與當代文學的所思所感，以及對日常生活的體悟與感受，卻是非常難得與少見的。

本書分為二輯，第一輯為「讀書隨筆」，雖是作者披覽文學作品的感想，但並非硬梆梆的論評與分析，仍以情趣著眼抒發旨趣；第二輯則以她一貫輕快溫厚的筆調，娓娓訴說她的見聞及人生態度。第一輯中琦君的讀書心得，素材寬廣，從《論語》、《詩經》到唐詩宋詞，呈現琦君深厚的古文根柢，其中可貴的是，她自剖心境的敘寫，她在〈婉轉詞心〉一文中提到，當年師長對她的啟迪：「你不一定要做詞人，卻必須培養一顆溫柔敦厚、婉轉細膩的詞心。對人間世相，定能別有會心，另見境界。正如你不必要是一個宗教信徒，卻必須有一顆虔誠、懇摯的心」，這一段話，讓我們對於琦君溫柔之筆的由來豁然開朗。

這種婉轉詞心在本書第二輯「生活雜感」中有更多細膩的體會，於是我們得以知道，琦君如何看待吸菸這件事，她說宋明理學家講究「明心見性」，要求「此心把握得住」，有一次一位病人問陽明先生「格病工夫最難，當如何著手」，陽明先生答以：「常快樂便是工夫」，琦君把明儒王陽明的道理借來形容吸菸，她說：「吸菸要吸得快樂，戒菸也要戒得快樂」，這是〈最後一支菸〉中琦君把理學運用到吸菸小事上。再如〈天堂在心中〉一文，一位小藥房的老闆勸人多保健，少吃藥，以及巷口賣西瓜小販，都讓琦君發現人人心中有天堂，就像宋儒陸象山所說：「滿街都是聖人」，琦君對人生非常樂觀的看法，便是從這兒來的吧。凡此種種，在本書中，我們透過許多生活細節，和琦君一起「明」善心，「見」真性情。

299 讀書與生活

琦君 著

文學創作

散文·雜文

有心、多情的人間趣味

林黛嫚

300
對荒謬微笑

廖玉蕙 著

文學創作

散文‧雜文

人生有時在經歷過一段路程之後，能夠停下來回顧，緬懷一下當時的情境，蓄積一些繼續前進的力量，真是一件幸福又幸運的事，本書對作家廖玉蕙來說，就是這樣一種情境吧，當她的寫師生關係的新作《像我這樣的老師》剛剛出版，而又有這一本早期作品的精選，讓她能回顧自己的創造歷程與人生經驗，自然是幸福的事。而對喜愛廖玉蕙作品的讀者來說，那些湮埋在書市底層，不再容易遇見的作品，由作者親自梳理出精華，讓讀者藉由這些篇章認識早期的廖玉蕙，毋寧是幸運的。看待這一本從廖玉蕙早期（雖然不過是十多年前的事）四本散文集中精選出的散文，正可做如是觀。

廖玉蕙的散文，如她自己自述「呈現出現代人的若干喜怒怨嗔，雖然一直提醒自己，不作任何價值判斷，但筆上大概仍不自覺流露出些許的批判意味」，她的寫作題材從這四本書的題目便可看出端倪，《閒情》、《今生緣會》、《記在心上的事》、《紫陌紅塵》，總結起來就是緣會今生的紅塵心事，也就是尋常人生裡的細微小事，然而最讓人感動的不就是這些尋常人生嗎？譬如掉到地上的蛋糕髒了，孩子不能吃，「『那是媽媽吃的！』我喜歡這句話。這裡頭有歲月的聲音和豐富的印象，只要稍稍運用一下想像力，過去的卅多年便排山倒海的澎湃在心頭」。

「靜坐回首，常被許多細微末節的人、事招得吃吃發笑，甚而歡喜讚歎，仔細想來，這寧非人世裡的另一種緣分麼」，於是我們記起，那位：一把刷子十五元，卻用五十元買回三把還自以為佔了便宜；被吸塵器推銷員糾纏了整晚，在趕赴遲到已久的約會後，仍打電話訂購，只因為那推銷員的一句「給小弟一個業績嘛」；一個光著腳丫子、渾身是血的女人，拿著一把閃閃發亮的菜刀，紅著眼，在四合院的中庭，披髮狂奔，追逐一隻斷了半邊脖子的雞……。這些人，這些事，都是廖玉蕙有心、多情的人間趣味。

【附錄】

三民叢刊作者與作品索引

（依姓名筆劃檢索）

國家圖書館出版品預行編目資料

在閱讀與書寫之間:評好書300種 / 鄭政秉等著.－
－初版一刷.－－臺北市：三民，2005
　面；　　公分.－－(文學評論叢書)

ISBN 957-14-4189-9　(平裝)

1. 書評

011.69　　　　　　　　　　　　　　94000480

網路書店位址　http：// www. sanmin. com. tw

© 在閱讀與書寫之間
　　——評好書300種

著作人　鄭政秉等
發行人　劉振強
著作財　三民書局股份有限公司
產權人　臺北市復興北路386號
發行所　三民書局股份有限公司
　　　　地址／臺北市復興北路386號
　　　　電話／(02)25006600
　　　　郵撥／0009998-5
印刷所　三民書局股份有限公司
門市部　復北店／臺北市復興北路386號
　　　　重南店／臺北市重慶南路一段61號
初版一刷　2005年2月
編　號　S 811270
基本定價　參　元
行政院新聞局登記證局版臺業字第○二○○號

ISBN　957-14-4189-9　（平裝）